AF546748

MANFRED CHOBOT • HAWAIʻI – MYTHEN UND GÖTTER

MANFRED CHOBOT

Hawai'i – Mythen und Götter

Wieser Verlag

Die Herausgabe dieses Buches erfolgte mit freundlicher Unterstützung durch die Stadt Wien.

Wieser Verlag GmbH
Založba Wieser

Klagenfurt/Celovec · Wien · Ljubljana · Berlin

•

Wieser Verlag GmbH
A-9020 Klagenfurt/Celovec, 8.-Mai-Straße 12
Telefon: +43(0)463 37036 Fax: +43(0)463 37635
office@wieser-verlag.com
www.wieser-verlag.com

•

Lektorat: onlinelektorat.at · Sprachdienstleistungen
ISBN 978-3-99029-497-0

INHALT

HAWAI‘I – MYTHEN UND GÖTTER

Die alten Hawaiianer kannten weder das Schießpulver noch Porzellan oder Tongefäße. Sie lebten angenehm wie ihre Vorfahren in einem „paradiesischen“ Klima. Fantasievoll erzählten sie sich wunderbare Geschichten von Göttern, Gnomen, Drachen und Menschen, von der Vulkangöttin Pele oder vom Gott Māui, der den Himmel hob und die Sonne fing; von den emsigen kleinen Menschen, den Menehune. Eros und Sexualität prägten ihre Mythen. Über Jahrhunderte wurden diese Legenden von Generation zu Generation mündlich überliefert. Manche der Geschichten sind nahe verwandt den Legenden, die man auf Tahiti, Samoa, Fidschi, Neuseeland und anderen Inseln des Pazifischen Ozeans erzählt.

Alle Hawai‘i-Inseln sind vulkanischen Ursprungs. Jede Insel besteht aus einem oder mehreren Vulkanen, die sich vom Grund des Ozeans über die Wasseroberfläche erhoben haben. Verantwortlich für Vulkanismus ist die Tektonik der Kontinentalplatten: Auf dem flüssigen Magma des Erdinneren schwimmen die Kontinentalplatten von rund hundert Kilometer Dicke. Eine davon ist die Pazifische Platte; auf ihr sitzen die Hawai‘i-Inseln. Durch die Bewegung und Reibung der Kontinentalplatten werden gewaltige Energien frei, die Erdbeben und Vulkanausbrüche verursachen.

Während die Kontinentalplatten Bewegungen ausgesetzt sind, ist der sogenannte „Hot-Spot“ unterhalb des Meeresbodens seit Jahrmillionen stabil. Durch den Druck der Lava im Erdinneren bricht die Erdkruste auf und über dem Hot-Spot entsteht ein Vulkan, der im Laufe der Zeit aus dem Wasser emporragt. Sobald er sich zu einer Insel entwickelt hat, ist die Landmasse der Erosion durch Regen und Wind ausgesetzt. Infolge der Tektonik der Pazifischen Platte driften die Hawai'i-Inseln jährlich etwa zehn Zentimeter nach Nordwesten. Als würde man einen Kochtopf nach und nach von der Herdflamme schieben, erkalten die Vulkane allmählich. Vulkanische Aktivität findet sich daher bloß noch auf der Großen Insel – der geologisch jüngsten –, und zwar am heftigsten im Süden, wo der Vulkan Kī-lau-ea zu den aktivsten und am besten überwachten der Erde zählt.

Inzwischen hat sich bereits ein neuer Krater auf dem Grund des Meeres südlich der Großen Insel gebildet, der Lō'ihi, beachtliche dreitausend Meter hoch. Obwohl diese zukünftige Hawai'i-Insel lediglich etwas mehr als neunhundert Meter von der Wasseroberfläche entfernt ist, wird es rund tausend Jahre dauern, bis sie aus dem Meer ragen wird. Der äußerste westliche Zipfel des hawaiianischen Archipels, das Kure-Atoll mit einer Fläche von knapp einem Quadratkilometer, ist inzwischen mehr als zweitausend Kilometer vom Hot-Spot entfernt und zirka siebzig Millionen Jahre alt.

Da die westlichen Inseln bereits zu Zeiten der hawaiianischen Mythenbildung keine vulkanische Tätigkeit mehr aufwiesen, konnte sich die Vulkangöttin Pele – wie überliefert wurde, landete sie mit ihrem legendären Kanu Honua-i'a-kea samt Gefolge zuerst auf Ni'ihau – dort nicht dauerhaft niederlassen, sondern fand ihre Heimstatt erst auf der Großen Insel in einem Krater des aktiven Vulkans Kī-lau-ea. Dank ihres wunderbaren

Grabstocks Pā'oa konnte sie erkunden, wo vulkanische Tätigkeit anzutreffen war.

Acht Hauptinseln umfasst die Hawai'i-Gruppe: nämlich Hawai'i (Big Island oder die Große Insel), Maui, Lāna'i, Moloka'i, Kāho'olawe, O'ahu, Kaua'i und Ni'ihau.

Die Besiedelung erfolgte aus dem Südpazifik, wobei zwei Einwanderungswellen bedeutsam waren: Zwischen dem zweiten und sechsten Jahrhundert (manche behaupten, nach dem achten Jahrhundert) kamen Polynesier von den Marquesas-Inseln, denen im elften Jahrhundert Einwanderer von den Gesellschaftsinseln und Tahiti folgten. Ganz genau weiß man es (noch) nicht.

Möglicherweise waren die ersten Siedler jene legendären Menehune, die von polynesischen Einwanderern unterworfen und in abgelegene Wälder vertrieben wurden. Ursprünglich bedeutete das Wort „Sklave“; erst später wurde damit ein sagenumwobenes Volk von Gnomen beziehungsweise Zwergen bezeichnet. Sie arbeiteten ausschließlich während der Nacht, errichteten Straßen, Fischteiche und Tempel. Was sie in einer Nacht nicht fertigstellen konnten, blieb unvollendet.

Entsprechend der Legende Kumu-honua (*Entstehung der Erde*) waren die vier Brüder Kī, Kanaloa, La'a-kapu und Hawai'i-loa, Söhne von Aniani-ka-lani, für die Entdeckung und Besiedlung der pazifischen Inseln verantwortlich. Kī besiedelte die Gesellschaftsinseln (Tahiti usw.), Kanaloa die Marquesas-Inseln und La'a-kapu die Inseln im Westen. Nachdem Hawai'i-loa die hawaiianischen Inseln bevölkert hatte, unternahm er mehrere Reisen nach Tahiti zu seinem Bruder Kī, aus dessen Familie er Frauen zwecks Ehe mit seinen Söhnen mitnahm.

Auf einer seiner Reisen erkannte Hawai'i-loa, dass sich Kī von den alten Göttern Kū, Kāne und Lono abgewandt hatte, weshalb er jeden weiteren Kontakt mit seinem Bruder beendete. Von Hawai'i-loa und Kī stammen die hohen Häuptlinge (*ali'i nui; ali'i lani*) ab, die Adeligen von Hawai'i, hingegen wurde der Navigator von Hawai'i-loa – ein gewisser Makali'i – zum Vorfahren aller einfachen Leute.

Ferner wissen wir, dass der hawaiianische Halbgott Kumu-kahi, der sich nicht nur in den pazifischen Goldregenpfeifer verwandeln konnte, im Gefolge von Pele aus *Kahiki* nach Hawai'i kam, sich an der östlichsten Spitze der Großen Insel niederließ. Sein Erkennungsmerkmal ist ein roter Stein. Zwei seiner Frauen (*Leiter der Sonne* beziehungsweise *Quelle der Sonne*) manipulierten durch Steine die Jahreszeiten, indem sie die Sonne zwischen den Sonnenwenden hin und her schoben. Anhänger der Sonne brachten ihre Kranken zur Heilung an diesen Ort.

Warum Menschen auf hölzernen Booten mehr als fünftausend Kilometer nordwärts segelten, ohne zu wissen, wohin sie gelangen würden – angewiesen auf die Navigation mit Hilfe der Sterne, der Meeresströmungen, auf Deutungen des Vogelflugs, der Fischschwärme und der Wolkenformationen –, wird wohl für immer rätselhaft bleiben. Waren es Abenteuerlust, Dürrekatastrophen, Überbevölkerung? Jedoch die Idee einer weiten Reise von fernen Inseln zieht sich wie ein roter Faden durch die hawaiianischen Mythen – immer wieder die Sehnsucht nach dem fernen Land *Kahiki* (Tahiti) und einem Kurzbesuch dorthin. Denn Mythen und Legenden sind nicht bloß fantastische Geschichten menschlicher Kreativität.

Irgendwo dazwischen verbirgt sich stets ein Körnchen vergessen geglaubter Erinnerungen.

Die Hawaiianer kannten keine Schrift, ihre Sprache wurde erst nach der Entdeckung (18. Januar 1778) der Inseln durch James Cook (20. Januar 1778: Landung auf Kaua'i) von christlichen Missionaren in der Mitte des 19. Jahrhunderts schriftlich festgehalten. Das hawaiianische Alphabet besteht aus zwölf Buchstaben: den fünf Vokalen sowie den Konsonanten h, k, l, m, n, p, w. Ausgesprochen werden die Vokale wie im Deutschen, Lateinischen, Italienischen oder Spanischen (natürlich beherrschten die Missionare Latein). Eine Prinzessin heißt daher Like-like, nicht „Leik-leik". Die hawaiianische Sprache kennt keine Doppelvokale. Jeder Vokal ist gesondert auszusprechen! Ka-u-a-i, Ni-i-ha-u, Hi-i-aka, A-iwo-hi-kupu-a oder Hawa-i-i. Jede Silbe endet – ebenso wie jedes Wort – mit einem Vokal. Mit den anderen polynesischen Sprachen ist das Hawaiianische nahe verwandt. Ob ein Mensch, ein Geist oder ein Gott männlich oder weiblich ist, lässt sich weder an der Endsilbe noch am Endvokal erkennen.

Ein Makron (im Hawaiianischen *kahakō* genannt) über einem Vokal, wie bei ā, ē, ī, ō, ū, bedeutet, dass der Vokal lang gesprochen und die Silbe betont wird. Da die unterschiedliche Aussprache hawaiianischer Wörter zu verschiedenen Bedeutungen führt, ist die Schreibung mit *'okina* (ein hochgestelltes, umgedrehtes Komma) und *kahakō* eine wesentliche Voraussetzung für die richtige Verwendung hawaiianischer Namen und Begriffe. Die Mehrzahl wird niemals durch Anfügung eines „-s" gebildet, wie folgendes Beispiel zeigt: Frau = *wahine;* Frauen = *wāhine*. Bei Lehnwörtern aus dem Englischen, die mit „S“ oder „T“ beginnen, wird daraus ein „K“ – und ein „R“ wird zu einem „L“.

Abgesehen von der Sprache importierten die Polynesier aus dem Südpazifik nicht nur Bananen, Süßkartoffeln und *Taro*-Wurzeln (von ihnen *kalo* genannt), sie brachten auch Schweine, Hühner und Hunde mit – desgleichen ihre Götter. Vier Hauptgötter wurden auf Hawai‘i verehrt: Kāne, Kū, Kanaloa und Lono. Daneben gab es unzählige weitere Götter und Halbgötter. Das Pantheon hawaiianischer Götter war dicht bevölkert – ein Lied spricht von vierhunderttausend Göttern, was freilich als poetische Übertreibung angesehen werden mag. Allesamt waren sie keineswegs unfehlbar, vielmehr besaßen sie menschliche Eigenschaften, waren ungerecht und zornig, begingen Fehler, die sie allerdings eingestehen konnten. Die Götter wurden als Vorfahren der Menschen betrachtet.

Kāne war der Ahnherr sämtlicher Häuptlinge und ihrer Gefolgsleute, der Vater jeglicher lebender Wesen. Er war der Gott des Sonnenscheins, des frischen Wassers und der Wälder. Er schuf drei Welten: die oberste Welt der Götter, das Reich des Himmels, und die Erde als Garten für die Menschen. Später stattete er das Meer mit Tieren und Pflanzen aus. Im Gegensatz zu Kū forderte er keine Menschenopfer.

Kū war der wütende Gott des Krieges, dem Menschenopfer dargebracht wurden. Aber er war auch verantwortlich für die männliche Zeugungskraft, den Regen und den Fischfang. Daneben war die Magie sein Metier.

Kanaloa herrschte über das Reich der Geister. Er war der Herr des Ozeans und der Meereswinde. Mitunter nahm er die Gestalt einer Banane oder eines Tintenfischs an. Auch über Krankheiten und deren Heilung erstreckte sich sein Einfluss. Oftmals trat er in Begleitung von Kāne auf, gemeinsam konnten sie Quellen zum Wohle der Menschen nutzbar machen.

Lono besaß Macht über das Wachstum der Pflanzen, über die Fruchtbarkeit, den Regen, die Winde und das Meer. Ebenso bewachte er den Sport sowie den Frieden. Er konnte in fünfzig verschiedenen Gestalten auftreten und wurde besonders nach der Ernte im November, Dezember und Januar beim jährlichen *Makahiki*-Fest geehrt. (Da James Cook Hawai'i während dieser Zeit erreichte, wurde er für Lono gehalten und entsprechend verehrt.) Der Kürbis, aus dem Wasserkalebassen sowie Behälter für Fische und Lebensmittel angefertigt wurden, galt als Lonos irdische Verkörperung, zumal der Kürbis auch die Erde symbolisierte. Offensichtlich wusste oder ahnte man bereits, dass die Welt eine Kugel ist. Die Kerne des Fruchtfleisches stellten alle lebenden Menschen dar, auch die Sterne des Himmels waren aus den Kernen entstanden. Zudem war Lono ein Onkel der Vulkangöttin Pele.

Die Machtbereiche der Götter waren nicht streng umgrenzt, sodass es oft zu Überschneidungen der Kompetenzen kam, was Streitigkeiten und Eifersucht zur Folge hatte. Aus dem vielfältigen Götterangebot konnte jeder seinen Lieblingsgott wählen, dem er huldigen wollte. Demzufolge wetteiferten die Götter mit personenbezogenen Angeboten: Nachdem ein gewisser Kāne-iā-kama seinen gesamten Besitz verspielt hatte und ihm als Einsatz lediglich seine Knochen blieben, versprach der Gott dem Pechvogel Kāne-i-kāulana-'ula beizustehen, sollte er ihn zu seinem Gott machen, würde er alles Verlorene zurückgewinnen. Ein derartiges Angebot wird niemand guten Gewissens ablehnen.

Nach den vier Hauptgöttern rangierten die Göttin Hina sowie das Götterpaar Haumea und Wākea. Deren ranghöchste Kinder waren Kapo, die Göttin der Zauberei, die aus den Augen ihrer Mutter Haumea geboren wurde, die Vulkangöttin Pele – entbunden aus den Hüften – und der oberste Haigott Ka-moho-ali'i. Die Pele-Sippschaft war weit verzweigt und bestens vernetzt, da die Vulkangöttin zirka acht Schwestern und ungefähr sieben Brüder hatte.

Wobei man es mit ehelicher Treue nicht allzu genau nahm – Adelige hatten oftmals mehrere Ehefrauen –, kam es zu Verwicklungen und Komplikationen. Verwandtschaftsverhältnisse spielten eine zentrale Rolle im sozialen Leben der Hawaiianer und ihrer Götter. Nicht zuletzt wurden Macht und Privilegien eines Häuptlings durch seine Abstammung sowohl bestimmt als auch begründet, weshalb es wesentlich war, die exakte Abfolge der Vorfahren nachzuweisen, wobei die Aufrichtigkeit gewiss keine Tugend war. Wie überall auf der Welt strapazierten die Herrscher „göttlichen Willen", um ihre Macht zu legitimieren. Insbesondere glaubte man, dass sich adelige Gene durch Inzest addierten, weshalb eine möglichst nahe Verwandtschaft als Idealfall für außergewöhnliche Nachfahren galt. Oftmals trugen Häuptlinge die Namen von Hügeln und Gewässern sowie von Gebieten, die sie regierten, oder es wurden die Bezirke nach ihnen benannt. Ebenso ließen sich Eigennamen von physischen Merkmalen oder Eigenschaften ableiten.

Wākea gilt als Gott des Lichts und des Himmels, der *das Tor der Sonne öffnete,* daher ist er sowohl der Vater der Häuptlinge als auch des einfachen Volkes. Mit seiner Frau Haumea teilt er sich den Tagesverlauf. Jeder der beiden beherrscht eine Hälfte: Haumea ist für die Nacht, Wākea für das Licht des Tages zuständig. Wākea ist der Vater der Vulkangöttin Pele. Dereinst kam er mit seiner Frau Haumea aus einem fernen Land nach Hawai'i. Nachdem Haumea sich endgültig von Wākea getrennt hatte, kehrte ihr Geist zurück nach *Kahiki.*

Haumea (auch *Papa* genannt) ist die Göttin der Fruchtbarkeit, der Erde und der Unterwelt sowie die Mutter zahlreicher Götter und Halbgötter. Sie verfügt über die Fähigkeit, sich in verschiedenen Gestalten zu zeigen und sich immer wieder zu verjüngen, dabei behilflich ist ihr stets der Zauberstock *makalei.* Besonders fruchtbare Bäume werden mit ihr in Verbindung gebracht. Daher wird sie auch als Beschützerin der Geburt betrachtet. Manche Pflanzen und essbare Farne gelten als die abgelegte Kleidung von Haumea. Möglicherweise ist sie die Schwester der Götter Kāne und Kanaloa. Etliche ihrer Kinder wurden aus verschiedenen Teilen ihres Körpers geboren.

Pele ist eine der schillerndsten Gestalten der hawaiianischen Mythologie. Ihre Ankunft auf den Hawai'i-Inseln wurde von Blitzen und Eruptionen begleitet. Sie beherrscht als Göttin die Vulkane der Großen Insel, wo sie nach langer Wanderschaft im Krater des Kī-lau-ea ihre endgültige Heimstatt fand. Die Beeren des *'ōhe-lo*-Strauchs sind ihr heilig. Die Liste ihrer Affären und Liebhaber ist ebenso lang wie die Anzahl ihrer Wutausbrüche. Mit Kama-pua'a, dem Schweinegott, hatte sie den Sohn 'Ōpelu-nuikau-ha'alilio, aus ihrer Ehe mit Wahie-loa, der entführt und den Göttern geopfert wurde, entstammen die Söhne Laka und Menehune. Außerdem hatte sie noch einen Sohn namens Kilioe-i-ka-pua.

Ka-moho-ali'i ist der angesehenste und am meisten verehrte Haigott der Hawaiianer. Um selbst ein Hai werden zu können, mussten die Mitglieder der Pele-Sippe dem älteren Bruder einen menschlichen Körper opfern. Seine Höhle, von der aus er den Vulkankrater überblicken konnte, war so heilig, dass nicht einmal Pele es wagte, sie mit ihrem Rauch zu behelligen. Wenn Ka-moho-ali'i eine menschliche Gestalt annahm, erschien er nackt – ein Privileg, das einen Gott auszeichnete. Seine Mutter Haumea hatte ihn aus ihrem Kopf heraus geboren.

Laka ist die Göttin des Hulatanzes und der roten Blüten des *'ōhia*-Baums *('ōhi'a-le'hua; Metrosideros polymorpha)* und ist eine von Peles Schwestern. Mit Kapo, einer weiteren Pele-Schwester, die aus den Augen von Haumea geboren wurde, bildet sie ein Duo, wobei Laka den aktiven und Kapo den passiven Teil darstellt – ein Geist, der über zwei Namen verfügt. Kapo besitzt die Fähigkeit, ihre Vulva auf Reisen zu schicken. Außerdem kann sie die Zukunft voraussagen.

Der Hula verfügt über spirituelle Kräfte, die man auf eine andere Person übertragen kann. Ein Fehler der

Tänzerin in der Schrittabfolge signalisiert, dass die gehuldigte Person das Geschenk nicht angenommen hat. Denn ebenso wie ein Lied geht der Tanz in den Besitz desjenigen über, dem er gewidmet ist.

Hi'iaka ist die jüngste Schwester von Pele und wird ebenfalls als Hulagöttin verehrt. Von ihrer Mutter Haumea als Ei geboren, trug Pele das Ei so lange an ihrem Busen, bis Hi'iaka dem Ei entschlüpfte. Im Auftrag von Pele machte sie sich auf die Suche nach Peles Liebhaber Lohi'au, den sie schließlich selbst zum Mann nahm, nachdem Pele ihre Lebensgefährtin Hōpoe aus Eifersucht getötet hatte. Pā'oa, den besten Freund von Lohi'au, übernahm sie von Pele, die mit ihm eine dreitägige Affäre gehabt hatte, sich jedoch später im Meer ertränkte.

Hina-i-ke-ahi ist die Göttin der Frauenarbeit und der Herstellung von *kapa*-Stoff. Dieser wurde durch Schlagen der Rinde des Maulbeerbaumes gewonnen, die mehrmals befeuchtet und immer wieder getrocknet werden musste. Eine Zeitlang soll Hina mit Wākea, dem göttlichen Gatten von Haumea, verheiratet gewesen sein. Hina-i-ke-ahi war die Mutter von Māui.

Māui hingegen ist lediglich ein Halbgott, wiewohl seine Mutter eine Göttin war. Ungeklärt ist, wer Māuis Vater war. Auf Māuis diesbezügliche Frage hatte Hina ihm geantwortet: „Mich schwängerte mein Lendenschurz, da ich zu dieser Zeit keinen Mann an meiner Seite hatte." Für Māuis Brüder langte es nicht einmal zur Halbgottheit – sie blieben gewöhnliche Sterbliche. Māui war ein

Schlitzohr. Er vollbrachte allerlei kühne Taten, denn er war schlau und beherrschte zahlreiche Tricks. Gestorben ist er wie ein Mensch. Im Namen der Hawai'i-Insel Maui erlangte er Unsterblichkeit, allerdings lautet der Name nicht *Māui* sondern Maui.

Manche der Götter und Göttinnen bedienten sich verschiedener Namen. Sie konnten ihre Namen jemandem überlassen, genauso wie man ein Lied oder einen Tanz als persönlichen Besitz weiterschenken konnte.

Regenbögen sind auf Hawai'i häufig zu sehen – im Gegensatz zu Gewitter und Donner –, weshalb Regenbögen als göttliche Zeichen erachtet wurden, die Geburt oder Tod einer herausragenden Persönlichkeit anzeigten.

Eine zentrale Rolle spielte die Verehrung der Ahnen, der *'aumakua*. Auf die Geister der Vorfahren konnte man sich jederzeit verlassen, denn sie standen all jenen bei, die in Bedrängnis waren.

Fast alle hawaiianischen Götter besaßen die Fähigkeit, sich in andere Gestalten zu verwandeln. Metamorphosen waren gang und gäbe. Die Götter erschienen als Menschen oder Drachen, als Haie oder Hunde; ihre Geister vermochten jede beliebige Reise anzutreten, ob zu anderen Inseln oder in die Unterwelt (*pō*). Sowohl Distanzen als auch existenzielle Zustände wurden derart überwunden. Durch die Möglichkeit, in andere Welten zu wechseln, wurden alle Arten von Grenzen aufgehoben. Ein geschnitztes Stück Holz konnte zu einem Gott werden, oder aus dem Rock einer Göttin wuchs ein Strauch. Mitunter gerieten sogar Sterbliche nach ihrem Tod in die Liga der Götter.

Stets waren die Geschichten einer bestimmten Örtlichkeit zugeordnet, sodass sie präzise lokalisiert und auf ihren Wahrheitsgehalt überprüft werden konnten. Nicht irgendwo, in unbekannten Gegenden, hat sich diese oder jene Legende abgespielt, sondern dort, wohin jeder gelangen konnte – wie Strände, Flüsse, Täler, Felsen, Buchten, Höhlen oder Berge, die allen vertraut waren und von allen wiedererkannt wurden.

Farben und Gerüche unterstützten die Signalwirkung und Identifikation. Jedem Gott war der Geruch einer bestimmten Blüte oder eine Farbe zugeordnet. Gelb und Rot waren die vorrangigen göttlichen Farben, derer sich daher auch die Häuptlinge bedienten. Rote Blumen zeigten Verehrung an. Gelb war die bevorzugte Farbe des Gottes Kāne. Niemand, der von den Göttern geliebt werden wollte, wagte es, gegen diese Farben- und Geruchsgebote (Tabu) zu verstoßen.

Das System der Tabus umfasste sämtliche Bereiche des Lebens. (Der hawaiianische Begriff *kapu* erreichte über den Umweg des Englischen *taboo* auch unseren Sprachgebrauch.) Fiel der Schatten eines Untertanen auf die Hütte eines Häuptlings oder überschritt jemand eine symbolische Umgrenzung, riskierte er sein Leben. Hierarchische Strukturen wurden auf diese Weise manifestiert. Der herrschenden Klasse (*ali'i*) war es vorbehalten, Gesetze zu erlassen, an die sich ihre Untertanen strikt zu halten hatten. Da sämtliche Häuptlinge ihre Abstammung von den Göttern ableiteten, bot ihnen dies eine Legitimation, ihre Macht auszuüben. Wer gegen ein Tabu verstieß, wurde gesteinigt, erschlagen, erwürgt, lebendig begraben oder verbrannt – meistens in einem

Tempel (*heiau*) den Göttern geopfert. Diese Tempel hießen *heiau po'o kanaka.*

Ein wesentliches Tabu verbot Frauen den Genuss bestimmter Speisen, wie Schweine- oder Haifischfleisch, Kokosnüsse und Bananen. Ein ähnliches Tabu untersagte Männern, Mahlzeiten gemeinsam mit Frauen einzunehmen – und umgekehrt. Eine Ausnahme galt lediglich bei langen Reisen im Kanu. Einerseits regelten Tabus das soziale Leben, andererseits sicherten sie die Versorgung mit Nahrungsmitteln. Ein Oberhäuptling trug die Bezeichnung *ali'i nui,* ein Häuptling, der über ein bestimmtes Gebiet *(moku)* regierte, wurde als *ali'i 'ai moku* bezeichnet. Nichtsdestotrotz missbrauchten manche Häuptlinge und Tempelmagier (Singular: *kahuna;* Plural: *kāhuna*) ihr Privileg, eigneten sich hervorragende Plätze für ihren privaten Nutzen an, um dort zu fischen oder zu surfen. Unter dem Vorwand göttlichen Willens ließ sich Unterdrückung leicht durchsetzen. Dabei erfüllten Tempel *(heiau)* eine zentrale Funktion.

Die hawaiianischen Tempel unterschieden sich grundsätzlich von europäischen, waren keine monumentalen Gebäude, sondern von Steinmauern umzäunte heilige Bezirke mit Podien, Terrassen, Altären, Opferstöcken sowie Holzskulpturen der Götter, die in dem jeweiligen Tempel verehrt wurden. Daneben gab es gedeckte Orakeltürme sowie einige Hütten für die Tempelmagier und den regierenden Häuptling. Dem europäischen Verständnis fremd ist die Tatsache, dass man seinen Gott irgendjemandem zur Verehrung überlassen konnte, um sich selbst einer anderen Gottheit zuzuwenden. Trotz missionarischer Tätigkeit huldigen so manche Hawaiianer nach wie vor den alten Göttern. An ehemals heiligen Orten kann man immer wieder Steine, Muscheln oder Blumen in einer bestimmten magischen Anordnung entdecken.

Um den Kampfgeist und die Motivation für einen Krieg wachzuhalten, wurden die größten Tempel erbaut. Man brachte dem Kriegsgott Kū Menschenopfer dar, was die Krieger psychisch auf den Nahkampf vorbereiten sollte. Die Häuptlinge förderten das Erlernen der Kriegskunst, dazu zählten Ringen, Boxen und Speerwerfen. An Waffen verfügten die Hawaiianer über Wurfspieße, bis zu sechs Meter lange Speere, Knüppel, mit Haifischzähnen bewehrte Dolche, Keulen und Würgeseile *(ikoi)* sowie geschliffene Steine und Äxte. Der Beginn einer Schlacht wurde von einem Astrologen festgesetzt, um einen günstigen Ausgang zu erzwingen.

Wenn sie nicht in Kämpfe verwickelt waren, widmeten sich die Hawaiianer gerne Sport und Spiel. Beliebt waren die verschiedensten Arten von Geschicklichkeits- und Glücksspielen ebenso wie Rätselbewerbe *(nane huna; ʻōlelo nane)* und Wetten *(piliwaiwai)*. Sie ließen Drachen aus *kapa*-Stoff steigen, schossen mit Pfeil *(pua pana)* und Bogen *(kīkoʻo)*. Mit Begeisterung veranstalteten sie Schlittenrennen *(hōlua)* auf eigens dafür präparierten Abhängen, oder sie surften *(heʻe nalu)* mit Brettern *(papa heʻe nalu)* aus Balsaholz *(Ochroma pyramidale)* auf den Wellen der Brandung.

Nicht nur an den Abenden erzählten sie Geschichten.

MĀUI, DER TRICKREICHE HALBGOTT

Māui hebt den Himmel

Māuis Heimat war lange Zeit umgeben von Dunkelheit, denn der Himmel war noch nicht von der Erde getrennt worden. Derart nahe und schwer lag der Himmel auf der Erde, dass die Blätter der Pflanzen gezwungen waren, sich platt zu machen. Auf diese Weise erlangten sie eine größere Oberfläche, wodurch sie die Wolken notdürftig in die Höhe hoben und den Himmel etwas wegschoben. Alle Blätter mussten darum flach wachsen, und seit damals halten sie sich daran. Zentimeter für Zentimeter haben die Pflanzen den Himmel gehoben, sodass die Menschen zwischen Himmel und Erde kriechen konnten, um von einem Ort zu einem anderen zu gelangen oder um einander besuchen zu können.

Irgendwann begegnete Māui einer Frau und bat: „Gib mir etwas Wasser aus deinem Flaschenkürbis, dann will ich den Himmel höher hinaufschieben." Bereitwillig reichte ihm die Frau ihre Kalebasse. Nachdem er einen tiefen Schluck genommen hatte, stemmte sich Māui gegen die Wolken und wuchtete sie empor. Nun konnten die Bäume höher wachsen und ihre Zweige ausstrecken.

Bald danach drückte Māui abermals gegen den Himmel und hob ihn bis zu den Gipfeln der Berge. Ein weiteres Mal presste er ihn unter größter Anstrengung höher empor, dorthin, wo er sich heute befindet. Trotzdem hängen oftmals dunkle Wolken bis tief hinunter über die Abhänge von Mauis größtem Berg, dem Hale-a-ka-lā, und fallen als heftiger Regen herab. Jedoch wagen es die Wolken nicht, allzu lange zu bleiben – aus Furcht davor, dass der kräftige Māui wieder erscheine und sie derart weit wegschleudere, dass sie niemals mehr würden zurückkehren können.

Ein Mann, der beobachtet hatte, wie Māui den Himmel emporgehoben hatte, spottete darüber, wie jemand eine derart schwierige Aufgabe übernehmen könne. Nachdem Māui die Wolken auf ihren endgültigen Platz gehievt hatte, widmete er sich diesem Lästermaul, um es zu bestrafen. Der Mann war auf die andere Seite der Insel geflohen. Māui verfolgte ihn und fing ihn an der Küste ein, wenige Kilometer nördlich der Stadt Lā-hainā. Nach einem kurzen Ringkampf verwandelte Māui den Mann in einen schwarzen Felsen, der von jedem Reisenden begutachtet werden kann, der die hawaiianischen Legenden bestätigt sehen möchte.

Māui fängt die Sonne

Nachdem Māui den Himmel auf seinen Platz verwiesen und ihn dauerhaft befestigt hatte, erkannte er, dass er auf diese Weise dem Sonnengott eine Gelegenheit geschaffen hatte, nach seinem Hervortreten aus der Unterwelt allzu schnell über das blaue Gewölbe zu huschen. Tatsächlich: Der Mond, fahl und tot, bewegte sich langsam; während die Sonne, voller Leben und Kraft, rasch dahinzog. So waren die Tage sehr kurz und die Nächte sehr lang. Die Menschen litten unter der heftigen Hitze der Sonne, aber ebenso unter ihrer langen Abwesenheit. Tag und Nacht waren gleichermaßen eine Last. Die Dunkelheit war intensiv und dauerte derart lange, dass die Früchte nicht reiften.

Māui erwog, die Sonne zu fangen und sie zu bestrafen, weil sie nicht im Geringsten auf das Wohl der Menschen Rücksicht nahm.

Insbesondere Māuis Mutter bereitete die unbedachte Hast der Sonne heftigen Kummer. Gar viel *kapa*-Stoff galt es zu erzeugen, denn daraus fertigte sie die bevorzugte Art von Bekleidung – abgesehen von wenigen gewobenen Matten oder langen Grasfransen, die man als Hosen trug –, doch dazu benötigte sie die Hitze der Sonne. Der *kapa*-Stoff wurde hergestellt, indem Māuis Mutter die innere Rinde des Maulbeerbaums mit hölzernen Schlägeln bearbeitete, bis die Fasern eine einheitliche Struktur annahmen. Sodann klopfte sie das Mark zu dünnen Blättern, aus denen die besten Schlafmatten und

Gewänder angefertigt wurden. Die *kapa*-Stoffe mussten gründlich getrocknet werden, indes waren die Tage überaus kurz. Kaum hatte Māuis Mutter das *kapa* ausgebreitet, war die ungeduldige Sonne bereits über den Himmel gehastet und in der Unterwelt verschwunden. Wieder mussten die Stoffe eingesammelt und bis zum nächsten Tag aufbewahrt werden.

Zudem quälten die Menschen weitaus gewichtigere Probleme: Das Essen konnte nicht innerhalb eines Tages zubereitet und gekocht werden. Bevor eine Beschwörung an die Götter zu Ende gesungen werden konnte, war bereits die Dunkelheit hereingebrochen. Diese Umstände waren sehr entmutigend und verursachten unnötige Arbeit und Unannehmlichkeiten. Zahlreiche Beschwerden wurden deswegen gegenüber der gedankenlosen Sonne geäußert.

Māui hatte Mitleid mit seiner Mutter. Daher beschloss er, die Sonne zu zwingen, langsamer über den Himmel zu gehen, sodass die Tage lange genug sein würden, um die Bedürfnisse der Menschen zu befriedigen. Also machte er sich auf den Weg in den Nordwesten der Insel Maui, wo er lebte, und begab sich auf den Berg ʻĪ-ao, einen erloschenen Vulkan, einst Begräbnisort der besten Häuptlinge – und eines der schönsten und malerischsten Täler der hawaiianischen Inseln. Er kletterte den Grat empor, bis er den Lauf der Sonne über dem Himmel der Insel erkennen konnte. Māui bemerkte, dass die Sonne auf der Ostseite des Berges Hale-a-ka-lā hervortrat.

Nachdem er die Ebene zwischen den beiden Bergen durchquert hatte, musste er nunmehr den Gipfel des Hale-a-ka-lā erklimmen, eines gewaltigen, schlafenden Vulkans. Von dort verfolgte er die Wanderung der Sonne, wie sie emporkam und über den Berg dahinzog. Dereinst war Lava zwischen zwei Schluchten der Kraterwand geflossen. Māui plante, die Sonne an der östlichen Schlucht zu fangen.

Als Māui den Lauf der Sonne beobachtete, wurde er von einem Mann namens Moe-moe verspottet, der den Versuch lächerlich fand, die Sonne einfangen zu wollen. „Niemals wirst du die Sonne erwischen, du bist bloß ein eitler Niemand." Māui entgegnete: „Wenn ich meinen Gegner bezwungen und mein Ziel erreicht habe, werde ich dich töten."

Nachdem er den Weg der Sonne studiert hatte, kehrte Māui zu seiner Mutter zurück und erzählte ihr, dass er die Beine der Sonne abschneiden würde, damit sie nicht mehr so schnell laufen könne.

Seine Mutter fragte: „Wird deine Kraft für dieses Vorhaben ausreichen?" Mit einem leicht beleidigten Unterton erwiderte Māui: „Selbstverständlich bin ich kräftig genug." Worauf sie ihm fünfzehn Strähnen einer festverwobenen Faser gab und ihm riet, seine Großmutter Mahuie aufzusuchen, die im großen Krater des Hale-a-ka-lā lebte, um von ihr jene Hilfsmittel zu erhalten, die er für die Auseinandersetzung mit der Sonne benötigen würde. Sie sagte: „Du musst den Berg hinaufklettern bis zu einem Ort, wo ein mächtiger *wiliwili*-Baum steht. Dort rastet die Sonne, um sich mit gekochten Bananen zu stärken, die von Mahuie vorbereitet wurden. Warte, bis ein Hahn dreimal kräht. Dann beobachte deine Großmutter, wie sie vor ihr Haus tritt, um Feuer zu machen und Essen zu kochen. Stiehl ihre Bananen! Sie wird die Bananen vermissen, dich entdecken und fragen, wer du bist. Sage ihr, dass du der Sohn von Hina-i-ke-ahi bist."

Nachdem Māui sich all diese Dinge eingeprägt hatte, stieg er auf den Berg Hale-a-ka-lā. Wie ihm seine Mutter Hina vorausgesagt hatte, fand er den großen *wiliwili*-Baum, dort verharrte er, bis der Hahn krähte. Beim dritten Schrei erschien die Großmutter mit einem Bündel Bananen, um sie für die Sonne zu kochen. Sie nahm einige davon, die anderen legte sie beiseite. Flink schnappte Māui die Bananen.

Als sich Mahuie umdrehte und mit dem Kochen beginnen wollte, konnte sie die Bananen nirgendwo entdecken. Zornig rief sie: „Wo sind die Bananen für die Sonne?" Worauf sie weitere Bananen holte, doch Māui entwendete auch diese. Bald hatte er alle Bündel erbeutet. Da Mahuie nahezu blind war, hatte sie ihn noch nicht entdeckt. Also schnupperte sie im Kreis herum, bis sie den Geruch eines Mannes wahrnahm. Sie fragte: „Wer bist du? Wessen Sohn bist du?"

Māui antwortete: „Ich bin der Sohn von Hina-i-ke-ahi."

„Warum bist du gekommen?"

„Ich bin gekommen, um die Sonne zu töten. Sie läuft dermaßen schnell, dass Hinas *kapa*-Stoffe niemals trocknen."

„Wenn dem so ist, will ich dir helfen." Ohne zu zögern überreichte sie ihm einen Zauberstein: „Daraus musst du dir eine Kampfaxt anfertigen. Nimm außerdem dieses magische Seil, du wirst es benötigen; bis es so weit ist, verstecke dich hinter dem erhabenen *wili-*

wili-Baum. Sobald das erste Bein der Sonne auftaucht, fange es mit dem ersten jener Seile, mit denen dich deine Mutter ausgestattet hat. Fessle alle ihre Beine, bis deine Seile aufgebraucht sind. Verabsäume nicht, die Seile gewissenhaft an dem *wiliwili*-Baum zu befestigen. Danach nimm die Steinaxt und schlage auf den Körper der Sonne ein."

Māui grub ein Loch unter dem Stamm des Baumes und verbarg sich. Kaum war seine Arbeit beendet, leuchtete bereits das erste Bein der Sonne über dem Hale-a-ka-lā hervor. Blitzschnell schleuderte Māui ein Seil. Bein um Bein überschritt den Rand des Kraters und wurde von Māui gefesselt. Letztendlich hing nur noch eines über die Bergkuppe herab. Die Sonne schüttelte sich und zitterte heftig bei ihrem Versuch, aufzugehen. Mit allergrößter Anstrengung kroch sie über die Kante – prompt wurde sie von Māui mit jenem Seil erfasst, das er von der Großmutter erhalten hatte.

Als die Sonne bemerkte, dass ihre sechzehn langen Beine mit Seilen gefesselt waren, trachtete sie, zurück ins Meer zu tauchen. Deshalb knüpfte Māui die Seile fester an den Baum, zog und zerrte mit all seinen Kräften, bis sich der Körper der Sonne wieder erhob. Erbarmungslos prügelte er die Sonne mit seiner Axt. Verwundet schrie sie: „Schenke mir mein Leben!"

Māui sagte: „Wenn ich dich am Leben lasse, erweist du dich womöglich als Verräter. Besser wäre, dich zu töten." Neuerlich flehte die Sonne um ihr Leben, weshalb sich Māui auf eine Verhandlung einließ. Nachdem sie eine Weile miteinander verhandelt hatten, wurde ein Kompromiss vereinbart: Hoch und heilig schwor die

Sonne, sich in Zukunft gemächlicher zu bewegen. „Im Sommer musst du langsam dahinziehen, dafür gestatte ich dir, dich im Winter etwas zu sputen. Auf jeden Fall musst du dich ab nun strikt daran halten, dass die Tage länger sind als bisher." Dieser Abmachung gehorchte die Sonne fortan, denn unter allen Umständen wollte sie vermeiden, von Māui nochmals verdroschen zu werden.

Zurückgekehrt von seiner Auseinandersetzung mit der Sonne, widmete sich Māui dem Lästermaul Moe-moe, der ihm einen Sieg über die Sonne nicht zugetraut hatte. Von einer Seite der Insel jagte ihn Māui auf die andere und erwischte ihn nahe der Stadt Lā-hainā. Es kam zu einem Kampf, den Māui für sich entschied. Nachdem er Moe-moe erschlagen hatte, verwandelte er dessen Körper in einen langgestreckten Felsen, der bis zum heutigen Tag daran erinnert, wie Māui die Sonne gezwungen hatte, bedächtiger über den Himmel zu wandern.

Der trickreiche Fischer Māui

Māui war ein miserabler Fischer. In diesem Metier waren ihm seine Brüder bei weitem überlegen. Sie fertigten Angelhaken aus Perlmutt oder Knochen, die sie Skeletten verstorbener Fischer entnahmen, welche zu Lebzeiten besonders erfolgreich gewesen waren. Auch Knochen von Personen adeliger Abstammung versprachen einen guten Fang. Gewissenhaft wurde der Haken mit dem geflochtenen Seil verknüpft. Lange und haltbar waren die Angelschnüre, die aus der *olonā*-Faser hergestellt wurden, um die größten und schmackhaftesten Fische aus der Tiefe des Ozeans zu holen, etwa den köstlichen Gelbfinnen-Thun *'ahi.* Beim Kampf mit einem Fisch konnte allzu leicht ein Haken in Verlust geraten, deshalb war es erforderlich, die Leinen beständig gestrafft zu halten und kontinuierlich daran zu ziehen, um den Fisch in das Kanu zu befördern.

Oftmals lachten Māuis Brüder über dessen bescheidene Ausbeute. Dafür revanchierte sich Māui mit üblen Tricks.

„Gib Acht!", warnte Māui einen seiner Brüder, „deine Leine ist nicht ordentlich gespannt." Ein anderer Bruder paddelte derweil das Kanu. Allzu leicht konnte sich ein zappelnder Fisch losreißen, sobald die Leine nicht straff gehalten wurde, zudem musste kräftig und andauernd gezogen werden. Die Brüder feuerten einander an, denn ein Fisch hatte angebissen. „Wie mir scheint, haben wir beide einen dicken Fisch gefangen." Hastig zog Māui an seiner Leine – und bald waren die Angelschnüre durch seine Manipulation überkreuzt. Māui ersuchte seinen Bruder, die Leine einen kurzen Moment zu lockern. Indessen vertauschte er die Angelschnüre und jammerte: „Dein Fisch ist dir entkommen. Warum hast du nicht gleichmäßiger gezogen? Es war ein schöner Fisch! Jetzt ist er dir entwischt." Māui holte die Leine ein und hielt den Fang hoch, der eigentlich vom Haken seines Bruders stammte. Skeptisch gratulierten ihm seine Brüder, als er den Fisch in das Kanu hievte. Māui war eben schlauer als sie. Obwohl ihre Eltern göttlicher Abstammung waren, war einzig Māui mit übernatürlichen Fähigkeiten ausgestattet.

Nichtsdestoweniger durchschauten Māuis Brüder allmählich seine Tricks. Standhaft weigerten sie sich, ihn weiterhin in ihr Kanu aufzunehmen, wenn sie zu den Fischgründen hinauspaddelten. Wegen dieser Ungerechtigkeit war Māui sehr erbost und grübelte, wie er diese Beleidigung seinen Brüdern zurückzahlen könnte. „Ich will mir aus dem Reich der Unterwelt einen magischen Angelhaken besorgen", sinnierte Māui, „damit werde ich meine Brüder überlisten. Alsdann müssen sie anerkennen, dass ich der bessere Fischer bin."

Die *olonā*-Fasern seiner Angelschnur wuchsen noch an ihrem Stamm, als Māui sie bereits miteinander verflochten hatte. „Diese Schnur ist weitaus robuster als eure", frohlockte er, „und sie taugt für die größten Fische."

Sobald Māui den Haken und die Schnur fertiggestellt hatte, bat er seine Brüder, sie beim Fischen begleiten zu dürfen. Behänd sprang er in deren Kanu, als sie vom Strand ablegten. „Unser Boot ist zu klein für dich!" Verärgert warfen sie ihn aus dem Kanu, sodass Māui ans Ufer zurückschwimmen musste.

Von ihrem Fang brachten sie lediglich einen kleinen Hai zurück. „Wäre ich dabei gewesen", prahlte Māui, „hättet ihr bessere Fische an euren Angelhaken vorgefunden, zum Beispiel einen *ulua* oder womöglich sogar Pīmoe selbst." Das waren freilich großspurige Worte, war doch der halbgöttliche Pīmoe ein *kupua*-Fisch mit übernatürlichen Fähigkeiten, außerdem war er ein Bruder der *'alae*-Hennen.

Auch an den folgenden Tagen war ihre Ausbeute recht bescheiden. Māui spottete so lange, bis ihm seine Brüder irgendwann wieder einen Platz in ihrem Kanu gewährten. Kaum hatten sie die Fischgründe erreicht, warf Māui seinen magischen Angelhaken aus, den er aus der Unterwelt geholt hatte. Dabei sprach er die Beschwörung: „*Werfe ich meinen Haken mit göttlicher Kraft, wird sich darin ein großer Fisch verfangen.*" Die Brüder wussten nicht, was sie von diesen Worten halten sollten, vielmehr verdächtigten sie Māui, dass dies wieder einer seiner üblen Tricks sei.

Mit einem Mal begann der Grund des Meeres zu erzittern. Es schien, als hätte ein gewaltiger Fisch an Māuis Angelhaken angebissen. Bis zum Zerreißen war die Angelschnur gespannt, und monströse Wellen trugen das Kanu der Brüder weit hinaus auf die offene See. Zwei Tage lang wurde das Kanu gewaltsam hin und her gezerrt. Bis zur Erschöpfung umklammerten die Männer die Leine, um sie Zentimeter für Zentimeter in ihr Kanu zu holen. „Strengt euch an, wir dürfen nicht so knapp vor dem Ziel aufgeben!", spornte Māui seine Brüder an, durchzuhalten, ohne sich selbst an der Arbeit zu beteiligen. Tatsächlich hing an seinem magischen Angelhaken ein Stück Land, das schon geringfügig aus dem Wasser emporragte. „Blickt keinesfalls zurück, sonst geht unser Fang verloren!“ Vom Grund des Meeres hatte Māui die Hawai‘i-Inseln gefischt.

Seine Brüder zogen mit aller Kraft an der Angelschnur, hatten die Landmasse ziemlich knapp an ihr Kanu gezogen und hofften, den Fang in das Kanu zu befördern. – Jedoch einer der Brüder konnte seine Neugierde nicht länger zügeln und drehte sich um. Im selben Augenblick riss die Leine mit einem lauten Knall, und das Land zerbrach in acht Teile. – Deshalb besteht Hawai‘i bis zum heutigen Tag aus acht Inseln.

Māui findet Feuer

Die Fischvorräte von Māuis Mutter Hina gingen zur Neige. „Ihr solltet auf das Meer hinausfahren und eure Angeln auslegen.“ Māui und seine Brüder warteten, bis sich die Sturmwellen beruhigt hatten, dann paddelten sie in der Dunkelheit des anbrechenden Morgens zu Ertrag versprechenden Fischgründen. Sie waren bereits eine beträchtliche Strecke vom Ufer entfernt, als Māui Rauch aufsteigen sah.

„Am Ufer brennt ein Feuer“, bemerkte er, „wessen Feuer mag das sein?“

„Wir sollten zurückkehren und unsere Fische auf diesem Feuer kochen“, schlug einer von Māuis Brüdern vor.

„Solange wir keinen einzigen Fisch gefangen haben, können wir nichts kochen“, ätzte Māui. Dieses Argument leuchtete seinen Brüdern ein. Also entschieden sie, erst einige Fische zu fangen, „bevor die Fische durch die Hitze der Sonne in unerreichbare Tiefen vertrieben werden.“ Sobald ihr Kanu mit reicher Beute gefüllt war, paddelten sie zurück ans Ufer. Flink sprang Māui aus dem Boot und rannte den Berg hinauf, um seinen Brüdern das Feuer zu bringen.

Nachdem der Vulkan Hale-a-ka-lā aufgehört hatte, heiße Lava auszuspucken, verlernten die Menschen allmählich den Umgang mit Feuer. Zwar waren sie mit dem Feuer vertraut, konnten es aber nicht selbst entfachen. Irgendwann erloschen die Reste ihrer Holzkohle, sodass sie gezwungen waren, Früchte und Wurzeln, Muscheln und Fische ungekocht zu verzehren. Inständig hofften sie, möglichst bald erneut Feuer zu finden, um ihre Speisen wieder kochen zu können.

Als Māui der Rauchsäule entgegenlief, beobachtete er ein paar Aschenhühner, wie sie mit ihren Flügeln flatterten und mit ihren Krallen die Glut eines Feuers löschten. Bevor Māui jene Stelle erreicht hatte, flogen sie davon. Kein Funke war in der Asche zurückgeblieben.

Tagelang suchten Māui und seine Brüder nach dem Feuer, doch die ringelschwänzigen *'alae*-Vögel vermieden es, ein Feuer zu entfachen, wenn sie Māui und seine Brüder in der Nähe wussten. Paddelten die Fischer allerdings hinaus auf das Meer, erblickten sie am Ufer Flammen und Rauch. Einige Male wiederholte sich dieses Spiel.

„Wir werden die *'alae*-Vögel überlisten", erläuterte Māui seinen Plan. „Ihr paddelt hinaus auf das Meer, während ich am Ufer bleibe und mich den Vögeln nähern werde."

Indes zählten die Aschenhühner genau die Anzahl der Fischer. „Drei sind in dem Kanu, der vierte verbirgt sich vermutlich irgendwo, um uns aufzulauern. Deshalb machen wir heute kein Feuer", entschieden sie. Immer, wenn einer der Brüder am Strand zurückblieb, wurde kein Feuer entzündet. Waren hingegen alle vier Brüder in dem Boot, entfachten die Aschenhühner ihr Feuer.

Māui griff zu einer List: Aus einigen *kapa*-Kleidern formte er eine menschliche Gestalt. Nachdem seine Brüder zum Fischen aufs Meer gerudert waren, verbarg sich Māui hinter einem Gebüsch. Die Aschenhennen zählten die Männer im Kanu. „Heute sind sie alle hinausgefahren, wir können unser Feuer entzünden", meldete einer der Vögel.

Sobald die Flammen loderten, sprang Māui aus seinem Versteck und erfasste den Anführer der Aschenhennen. „Ich werde dich töten, wenn du mir nicht das Geheimnis des Feuermachens verrätst."

„Solltest du mich töten", krähte der Vogel, „wird mein Geheimnis mit mir ausgelöscht, und du wirst niemals erfahren, wie man Feuer entfacht."

Dieses Argument hielt Māui davon ab, der Aschenhenne sogleich den Hals umzudrehen. „Ich schenke dir dein Leben", versprach Māui, „unter einer Bedingung – dass du mich mit der Kunst des Feuermachens vertraut machst."

Ohne lange zu überlegen nahm die Aschenhenne Māuis Angebot an. „Du musst die Stängel zweier *kalo*-Pflanzen aneinanderreiben." Māui befolgte zwar diese Anweisung, doch statt Funken tropfte Wasser aus den Stängeln.

„Du hältst mich wohl zum Narren!" Māui drückte den Hals des Vogels kräftiger. „Ich werde dir alles offenbaren", japste der Vogel und behauptete, das Feuer liege in den Schilfrohren verborgen. „Du musst nur intensiv genug rubbeln."

Ohne einen winzigen Funken herzugeben, zerbrach das Schilfrohr. Māui drehte den Hals des Vogels noch enger. Um sein Leben zu retten, krächzte der Vogel: „Ich habe das Feuer in einem trockenen Stück Holz versteckt."

Māui mühte sich neuerlich, indem er das Holz aneinander rieb. Dennoch schaffte er es nicht, Feuer zu machen. „Nun hast du dein Leben verwirkt. Ich lasse mich nicht weiter von dir zum Narren halten!“ Obwohl Māui die Stöcke heftig gegeneinander rieb, wurden sie bloß ein wenig warm. Māui wurde immer zorniger und war entschlossen, die Aschenhenne zu töten. „Du musst Ausdauer zeigen, bis sich Rauch emporkräuselt“, würgte die Henne mit letzter Kraft hervor.

Ein letztes Mal versuchte es Māui. Als die Flammen endlich loderten, sagte er: „Da gibt es noch etwas, was man scheuern kann.“ Er nahm ein glühendes Scheit und polierte damit den Kopf seiner Gefangenen, sodass ihr sämtliche Federn ausfielen und das nackte Fleisch sichtbar wurde. – Seither haben die hawaiianischen Aschenhennen und ihre Nachkommen kahle Köpfe, dagegen kennen die Hawaiianer das Geheimnis des Feuermachens.

Der achtäugige Pe‘ape‘a entführt Māuis Frau

Pe‘ape‘a besaß acht Augen und acht Arme und hatte das Aussehen einer Fledermaus. Er konnte fliegen und war wegen seiner acht Augen und seiner acht Arme überaus gefürchtet. Pe‘ape‘a herrschte über eine Insel fern von Hawai‘i.

Irgendwann war Māui unaufmerksam, weil er mit anderen Dingen beschäftigt war, sodass er nicht sofort bemerkte, wie der achtäugige Pe‘ape‘a seine Frau geschnappt und entführt hatte. Obwohl Māui ohne Zögern die Verfolgung aufnahm, entkam Pe‘ape‘a mit Māuis Frau über das Meer.

Māui kochte über vor Wut und sann auf Rache. Wie könnte er seine Frau aus der Gewalt von Pe‘ape‘a befreien? „Du musst Gelassenheit walten lassen und den weisen Zauberer Kū‘olo-kele aufsuchen, um dessen Rat einzuholen“, äußerte Māuis Großmutter und wies Māui den Weg zu dem alten Mann.

Kurzerhand folgte Māui der angegebenen Richtung. „Bist du Kū‘olo-kele? Meine Großmutter hat mich zu dir geschickt.“ Kū‘olo-kele war bucklig und von kleiner Gestalt.

„Ja, ich bin Kū‘olo-kele, jedoch wie du erkennen kannst, bin ich bucklig, und mein Buckel bereitet mir erheblichen Kummer. Du hingegen bist jung und gesund, vermutlich kannst du mir helfen, meinen Rücken geradezubiegen.“ Ohne zu zögern machte sich Māui auf die Suche nach einem passenden, runden Stein, damit schlug er so lange auf den gekrümmten Rücken von Kū‘olo-kele, bis seine Wirbelsäule wieder gerade war. „Vielen Dank", sagte Kū'olo-kele, „du hast mir einen großen Dienst erwiesen." Um zu demonstrieren, dass er wieder vollends genesen war, wuchtete er einen riesigen Stein in die Höhe und schleuderte ihn weit von sich. Noch heute liegt jener Stein dort, wohin ihn Kū'olo-kele geworfen hat.

„Für deine Hilfe werde ich mich erkenntlich zeigen. Ich weiß um dein Problem und werde dich beraten, wie du vorzugehen hast, um deine Frau aus der Gewalt des achtäugigen Pe'ape'a zu befreien. Allerdings musst du meinen Anweisungen Folge leisten." Kū'olo-kele beauftragte Māui, Vögel zu fangen, *kī*-Blätter zu sammeln, in die üblicherweise Lebensmittel verpackt wurden, sowie Zweige der *'ie'ie*-Pflanze abzuschneiden, woraus die Hawaiianer Körbe flochten. „Bring eine ausreichende Menge der erwähnten Federn, Blätter und Zweige in mein Haus", forderte Kū'olo-kele, „sodann gehe nach Hause und komme wieder in drei Tagen." Māui war unwirsch wegen der langen Vorbereitungszeit, doch Kū'olo-kele forderte Geduld.

Gewissenhaft machte sich Māui an die Arbeit, schnitt biegsame *'ie'ie*-Äste ab, pflückte *kī*-Blätter und stellte Vogelfallen auf. Er gönnte sich keine Ruhe, um möglichst wenig Zeit zu verlieren. Der Gedanke, dass sich seine Frau in der Gewalt von Pe'ape'a befand, beschleunigte seine Arbeit.

Sobald Māui die geforderten Dinge beisammenhatte, übergab er sie Kū'olo-kele. Aus den *kī*-Blättern formte Kū'olo-kele den Körper eines ansehnlichen Vogels, den er mit Vogelfedern verkleidete. Zusammengehalten wurde die Konstruktion durch die Äste des *'ie'ie*-Strauchs. Dafür benötigte Kū'olo-kele einen Tag. Am zweiten Tag unternahm er einen Probeflug und belud den Vogel mit Proviant für eine längere Reise.

Am dritten Tag fand Māui den wunderbaren Vogelkörper bereit zum Abflug. Ungeduldig schlüpfte Māui in den Vogel. „Sobald du die Insel von Pe'ape'a erreicht hast", erklärte Kū'olo-kele, „suche nach einem Dorf, das wie ausgestorben erscheint, weil nirgendwo Menschen zu erkennen sind. Wende deinen Blick in Richtung des Strandes. Dort wirst du viele Leute entdecken, darunter deine Frau und den achtäugigen Pe'ape'a. Komme ihnen nicht zu nahe, sondern fliege hinaus auf das Meer. Verwundert werden dir die Menschen nachrufen: ‚Schaut, welch ein merkwürdiger Vogel!' Pe'ape'a hingegen wird brüllen: ‚Dies ist mein Vogel, er unterliegt allein meinem Gesetz, niemand darf sich ihm nähern oder ihn berühren!' Jetzt ist der Zeitpunkt gekommen, dass du vom Meer zu den Leuten am Strand zurückkehren kannst."

Māui spannte die *'ie'ie*-Seile straff an die Flügel und erhob sich in die Lüfte. Zwei Tage dauerte sein Flug, dann hatte er die merkwürdige Insel erreicht. Grüne Täler erstreckten sich bis zum Ufer des Meeres, dazwischen lagen Hügel und Bergkuppen. Es schien ein paradiesisches Land zu sein. Māui flog eine Runde um die Insel, sodann lenkte er seinen Vogel über das Zentrum der Insel, wobei er ein Dorf erspähte, das scheinbar verlassen war, wobei sich die Bewohner am Strand tummelten. An der Seite von Pe'ape'a entdeckte er seine Frau. Doch Māui kümmerte sich nicht darum, glitt indessen hinaus auf das Meer. Wie ein Seevogel ließ er sich auf der Wasseroberfläche nieder, um etwas zu rasten. Während er sich wieder in den Himmel erhob, ertönte abermals Pe'ape'as Kommando: „Das ist mein Vogel! Er unterliegt meinem Gesetz, niemand darf sich ihm nähern oder ihn berühren!"

Als Māui die Worte Pe'ape'as hörte, landete er mit seinem Vogel auf dem Strand. Im nächsten Augenblick wurde er gefangengenommen und in eine Kiste gesperrt. Diener von Pe'ape'a trugen die Kiste in das Dorf und brachten sie schließlich in das Schlafzimmer von Pe'ape'a. Danach begaben sie sich nach Hause in ihre Hütten.

Pe'ape'a nahm Māuis Frau zu sich ins Bett. Davon ließ sich Māui nicht provozieren, wartete vielmehr geduldig, bis Pe'ape'a ermattet eingeschlafen war. Eines von Pe'ape'as Augen war bereits geschlossen, indes standen die sieben anderen noch offen. Māui erfasste das Gefühl, die Zeit würde stillstehen, dermaßen quälte ihn die Müdigkeit, dass er nach seinem *'awa*-Vorrat griff, um sich wach zu halten. Unterdessen waren vier Augen von Pe'ape'a geschlossen, die anderen vier glotzten nach wie vor geöffnet. Māui nahm einen weiteren Schluck *'awa,* denn die Nacht war nahezu vorüber und allmählich machte sich die Morgendämmerung bemerkbar. Noch immer war Pe'ape'a nicht vollständig eingeschlafen.

In seiner Verzweiflung erbat Māui den Beistand seiner göttlichen Mutter Hina: „Lass es noch ein bisschen länger dunkel bleiben!" Hina erhörte die Bitte ihres Sohnes und verdunkelte den Morgen. Endlich schloss Pe'ape'a sein fünftes, sechtes und siebentes Auge, unmittelbar danach blinzelte auch das achte müde, und er schlief ein.

Wie ein Blitz stürzte sich Māui auf Pe'ape'a. Die acht Arme verknotete er zu einem Knäuel und tötete ihn, worauf er Pe'ape'as acht Augen – vermischt mit dem verbliebenen Rest *'awa* – aussaugte und schluckte. Seiner Frau befahl Māui, mit ihm in den Vogel zu kriechen. Gemeinsam flogen sie zurück nach Hawai'i.

Māui erfindet das Drachenfliegen

Pāka'a hatte von seiner Mutter eine Kalebasse geerbt, in der sich die Knochen seines Großvaters befanden. Seine Mutter hatte damit alle Winde der Hawai'i-Inseln kontrolliert, nun vermachte sie das Gefäß ihrem Sohn. „Wenn du den Deckel hebst und den Namen eines Windes nennst, bläst jener Wind, den du entkommen lässt, zumal alle Winde in dieser Kalebasse eingesperrt sind. Je weiter du den Deckel öffnest, desto heftiger bläst der Wind."

Māui war mit Pāka'a befreundet und wusste daher, dass Pāka'a oftmals mit den Segeln der Kanus spielte. In seinem Übermut wollte er Pāka'a provozieren. „Ein Segel muss sich nicht unbedingt auf dem Meer bewegen, man könnte eines konstruieren, das über dem Land schwebt und dem Vergnügen dient", spintisierte Māui. Folglich drehte er eine lange Schnur aus den starken Fasern der *olonā*-Pflanze, aus der Fischnetze und Körbe hergestellt wurden, und fertigte ein Segel aus *kapa*-Stoff. Weil das Segel wie ein Drache über dem Land schweben sollte, gab Māui dem Segel mit der Schnur den Namen „Drachen". Langsam erhob sich der Drachen in den Himmel empor, um sogleich wieder zu Boden zu stürzen.

Māui war sauer und fluchte lautstark gegen Pāka'a. Die Schimpfworte waren nicht zu überhören, sodass Pāka'a den Deckel seiner Kalabasse ein bisschen höher hob. Mit einem Mal fegte ein gewaltiger Sturm über die Inseln. Der Drachen schnellte in die Höhe und riss Māui mit sich empor. Heftigst umfasste er das Seil, zumal er den Boden unter seinen Füßen verloren hatte, und er konzentrierte sich, sein Gewicht zu steigern. – Augenscheinlich genoss er es, mit den Winden einen Wettstreit auszutragen.

Noch immer gab Māui keinen Frieden, sondern forderte Pāka'a weiter heraus. „Du bist schwach, deine Winde sind nichts weiter als lahme Lüftchen." Vor Wut schnaubend riss Pāka'a den Deckel von seiner Kalebasse: „Du wirst niemals mehr über mich spotten!"

Ein gewaltiger Sturm zerrte den Drachen höher und höher. „Einverstanden, wir wollen unsere Kräfte miteinander messen. Nie und nimmer wird es dir gelingen, meinen Drachen zu zerreißen", höhnte Māui. Obwohl der *kapa*-Stoff bis zum Äußersten gespannt war, hielt Māuis Drachen dem Druck stand, als eine gewaltige Böe ihn weit über den Krater des Vulkans Hale-a-ka-lā davontrug. Es schien, als fände sein Flug kein Ende. Unsanft landete er auf der anderen Seite der Insel.

„Schließen wir Frieden miteinander", lenkte Māui ein. „Du lässt meinen Drachen fliegen, und ich werde dich niemals mehr herausfordern." Pāka'a akzeptierte dieses Angebot.

Gern bediente sich Māui seines Drachens, wenn er von einer Insel zur anderen reiste. Oder er vergnügte sich einfach damit, den Drachen in der Luft tanzen zu lassen. Seine Landsleute wussten: Immer, wenn sich Māui mit seinem Drachen in die Lüfte erhebt, bleibt das Wetter trocken. Entspannt erledigten sie ihre Arbeiten, ohne Angst vor Regen.

Jedenfalls hatte Māui sowohl ein Spielzeug für träge Tage erfunden als auch ein Transportmittel, das ihn beträchtliche Entfernungen rasant überwinden ließ.

Hina und der verschmähte Liebhaber Kuna

Zwei Flüsse auf den hawaiianischen Inseln tragen den Namen Wai-luku. Einer befindet sich auf der Insel Maui, der andere auf der Großen Hawai'i-Insel. Von diesem soll in dieser Geschichte die Rede sein. Ehe der Wai-luku sein Wasser mit dem Meer vermischt, durchquert er enge Schluchten und stürzt sich mehrmals über steile Abhänge. In einer Höhle, über deren Eingang ein Wasserfall nebelige Schleier ausbreitet, lebte Māuis Mutter Hina.

Etwas oberhalb von Hinas Höhle wohnte der Drache Kuna. Auf vielerlei Arten hatte Kuna versucht, Hinas Liebe zu erlangen. Was immer er sich an Verführungstricks ausgedacht und als Gunstbezeugungen inszeniert hatte, um Hina zu erobern, stets war er zurückgewiesen worden, sodass sich seine Zuneigung allmählich in Hass verwandelte. Keine Gelegenheit ließ er ungenützt, Hina zu schikanieren – er warf Baumstämme in den Fluss, staute das Wasser oder verunreinigte es mit Schlamm, um Hina aus ihrer Behausung zu locken.

Wiewohl Hina sich über Kunas Bosheiten ärgerte, fühlte sie sich von ihm nicht bedroht. Sogar die Steine, die Kuna gegen ihre Höhle warf, prallten wirkungslos ab.

Tagein und tagaus grübelte Kuna, wie er Hina nachhaltig Schaden zufügen könne. Letztendlich hatte er all seine magischen Kräfte mobilisiert, um einen riesigen Felsbrocken vor Hinas Höhle in den Fluss zu hieven, damit das Wasser des Flusses sich unterhalb aufstaue und in das Innere eindringe.

Allmählich stieg das Wasser des Wai-luku höher und höher, breitete sich nach und nach auf dem Boden von Hinas Höhle aus. Immer mehr Wasser floss hinein, permanent stieg der Pegel. Hina hatte nicht die minimalste Chance, irgendwohin zu entkommen. Diese Tatsache war Kuna bewusst, weshalb er sich vor dem Eingang auf die Lauer legte. Ruhig erwartete er den Augenblick seiner Rache. Hina hatte geschlafen, war jedoch durch die Gefahr erwacht. Das Wasser stand bereits hüfthoch.

In ihrer Not rief Hina nach Māui. Ihre Stimme drang aus der Höhle und überquerte das Meer. Sobald Māui Hinas Hilferufe hörte, sprang er in sein Kanu. Mit ein paar mächtigen Schlägen seines Paddels erreichte er die Mündung des Wai-luku, schneller als alle Winde ihn tragen konnten. Sein Kanu Wa'a-Kauhi ließ er aufgrund seiner Eile am Strand zurück, bis es versteinerte – und immer noch dort liegt.

Er sauste das trockene Flussbett hinauf und schlug mit seiner magischen Keule gegen den Felsblock, denn in Hinas Höhle stand das Wasser bereits bedrohlich hoch. Sollte Māui die Fluten nicht schleunigst bändigen, würde Hina ertrinken. Unablässig hieb Māui auf den Felsen, bis er eine Bresche geschlagen hatte und das Wasser sich wieder in sein gewohntes Flussbett ergießen konnte.

Um einer Begegnung mit Māui auszuweichen, war Kuna geflohen. „So leicht entkommst du mir nicht. Du wolltest meine Mutter Hina töten, dafür sollst du büßen." Māui verfolgte Kuna und entdeckte ihn, als er sich an einer tiefen Stelle des Wai-luku verbarg. Mit seiner göttlichen Kraft schleuderte Māui seinen magischen

Speer nach dem Drachen Kuna, wodurch ein tiefes Loch entstand, aus dem jegliches Wasser entwich. Diese Stelle wird von den Hawaiianern „Brücke über den Wai-luku" genannt.

Māui hetzte Kuna von einem Versteck ins nächste. Nirgendwo konnte er dauerhaft Sicherheit erlangen, zwar wähnte er sich gerettet in einem Stausee des Wai-luku, doch Māui machte ihn sogar in diesem Versteck ausfindig und er warf so lange glühende Steine ins Wasser, bis es vollständig verdampft war. Nicht einmal seine harte Haut gewährte dem Drachen Kuna ausreichend Schutz. Gepeinigt von Schmerzen sprang er aus dem See und flüchtete flussabwärts. Obwohl das Wasser des Sees heute nicht mehr kocht, wurden durch Māuis glühende Steine aufgewühlte und schäumende Strudel verursacht, die sich im Wai-luku bis heute erhalten haben und „Kochtöpfe" genannt werden.

Letztlich stand Kuna kein Fluchtweg mehr offen, sodass er sich dem Zweikampf stellen musste. Māui erlangte rasch die Oberhand und drängte den Drachen immer näher an den Abgrund – als ein Wasserfall Kunas Körper erfasste und ihn in die Tiefe riss. Die Leiche wurde von den Fluten des Flusses ins Meer gespült.

Hinas Töchter

Māuis Mutter Hina hatte mehrere Töchter, und jeder hatte sie einen Teil ihrer göttlichen Kräfte vererbt: Hina-ke-ahi besaß Macht über das Feuer, dagegen war Hina-kulu-ua die Göttin des Regens, der Winde und Stürme.

Jeder Tochter schenkte Hina einen Hügel für sich und ihre Angehörigen. Da die Hügel gleichermaßen fruchtbar waren, stand allen ausreichend Nahrung zur Verfügung. Indes änderte sich die Lage, als irgendwann der Regen ausblieb, sodass die Felder verdorrten, Bananen und Süßkartoffeln verkümmerten, die Früchte der Bäume vertrockneten. Die Menschen hungerten, manche waren dem Tod nahe.

Hina-ke-ahi sorgte sich um ihre Untertanen und trachtete mit allen Mitteln, deren Hunger zu stillen. All ihre Bemühungen scheiterten an der dauerhaften Trockenheit, weshalb sie ihre ausgehungerten Leute beauftragte, Holz zu sammeln. Im Bett des ausgetrockneten Flusses lag genügend Schwemmholz, auch in den Wäldern fand sich reichlich trockenes Holz. Nach mehreren Tagen hatten sie jene Menge zusammengetragen, die Hina-ke-ahi gewünscht hatte.

Nun befahl Hina-ke-ahi ihren Leuten, einen Erdofen auszugraben. „Welches Fest wollen wir feiern?“, fragten die Männer verwundert. „Wir haben nichts, was wir braten können.“ Hina-ke-ahi antwortete nicht, sondern erteilte ihre Anweisungen. Das Holz wurde in die Grube geworfen, und ein Feuer entzündet. Sobald die Steine entsprechend heiß waren, sagte Hina-ke-ahi: „Bereitet alles vor wie gewöhnlich." Eine Stelle im Erdofen war für Süßkartoffeln bestimmt, eine andere für *kalo,* eine weitere für Schweine, außerdem eine für Hunde. Alle notwendigen Vorbereitungen wurden durchgeführt, um die Speisen zu kochen, allerdings konnte nichts Essbares auf die Steine gelegt werden.

„Lasst noch Platz im Erdofen für ein Menschenopfer", forderte Hina-ke-ahi, denn ein Teil aus jedem Erdofen wurde den Göttern dargeboten. Hina-ke-ahis Leute gehorchten, blickten einander jedoch argwöhnisch und ängstlich an, da sie nicht wussten, wen von ihnen das Los treffen würde, geopfert zu werden.

„Habt keine Angst, dieser Erdofen ist mein Erdofen. Ich werde mich auf die heißen Steine betten und schlafen. Bedeckt meinen Körper ordentlich mit Erde, sonst werde ich umkommen. Eine Frau wird an der Seite des Erdofens ausharren. Wartet drei Tage lang und gehorcht ihrem Willen."

Hina-ke-ahis Augen glänzten, als sie sich auf die glühenden Steine legte. Eilends breiteten die Männer Matten über Hina-ke-ahi und warfen Erde in den Ofen, bis ihr Körper vollständig bedeckt und jeglicher Rauch erstickt war. Lediglich eine winzige Rauchwolke verharrte über dem Erdofen.

Ungeduldig warteten die Menschen, was sich in den nächsten drei Tagen ereignen würde. „Die Hitze kann Hina-ke-ahi nicht verletzen", trösteten sie einander, „denn als Göttin beherrscht Hina-ke-ahi das Feuer." Am ersten Tag erschütterte ein Erdbeben die Gegend. „Von den glühenden Steinen des Erdofens hat Hina-ke-ahi die Pfade zur Welt der Geister beschritten“, mußmaßten die Leute. Am zweiten Tag drang ein unterirdischer See an die Oberfläche und bewässerte die dürren Felder. Eine mächtige Welle schwappte am dritten Tag über das Land, doch war das Wasser keineswegs salzig. „Hina-ke-ahi wäscht die Spuren ihrer Reise von sich“, sagten die Untertanen der Göttin.

Mit einem Mal stand eine Frau neben dem Erdofen und forderte von den Männern, die Erde und die Matten wegzuräumen. Nachdem diese Arbeit vollendet war, fanden sich in dem Erdofen all jene Nahrungsmittel, die Hina-ke-ahi aufgezählt hatte, sodass sie sich alle sättigen konnten und die Hungersnot ein Ende hatte.

Dies blieb auch Hina-kulu-ua, der Schwester von Hina-ke-ahi, nicht verborgen. Hina-kulu-ua, die Göttin des Regens, war eifersüchtig auf ihre Schwester Hina-ke-ahi und wollte es ihr gleichtun. Das Vorbild ihrer Schwester vor Augen, befahl sie, einen Erdofen vorzubereiten. Geblendet von Eifersucht, vergaß sie, dass Wasser und Feuer nicht miteinander auskommen.

Der Erdofen war ausgehoben worden, man hatte Steine und Holz gesammelt, als Hina-kulu-ua exakt dieselben Anordnungen wie ihre Schwester erteilte. In dem Erdofen wurde je ein Platz für Kartoffeln und *kalo* bestimmt, ebenso für Schweine und Hunde.

„Du überschreitest deine Kompetenzen“, wurde Hina-kulu-ua eindringlich von den Tempelmagiern gewarnt, allein ihre Verblendung machte sie blind und taub. Sämtliche Versuche, sie von ihrem Vorhaben abzuhalten, blieben erfolglos.

Nachdem der Erdofen optimal aufgeheizt war, wurden die üblichen Beschwörungen gesprochen. Sodann legte sich Hina-kulu-ua auf die heißen Steine, Matten wurden über sie gebreitet und der Ofen mit Erde zugeschüttet. Drei Tage warteten Hina-kulu-uas Untertanen auf ein Zeichen, aber nichts geschah. Voll der Erwartung und Neugier öffneten sie den Erdofen, fanden indes nichts als die Asche von Hina-kulu-ua. Die Enttäuschung darüber, dass die Hungersnot kein Ende gefunden hatte, machte sie wütend. Die Tempelmagier äußerten tröstende Worte: „Hina-kulu-uas Körper ging zwar zugrunde, doch ihr Geist entkam aus dem Ofen." Mitunter erschien er als Regenwolke über den Gipfeln der Berge.

Māui trachtet Unsterblichkeit zu erlangen

Unzählige Heldentaten hatte Māui vollbracht: Er hatte die Sonne gezwungen, langsamer über den Himmel zu ziehen; er hatte den Himmel in die Höhe geschoben; er hatte die Hawai'i-Inseln aus dem Meer gefischt; er hatte den Aschenhühnern das Geheimnis des Feuermachens entlockt (damit in den Dörfern nicht dauerhaft ein Feuer brennen musste, da niemand wusste, wie man erloschenes Feuer wieder zum Leben erweckt); und er hatte gegen Götter, Geister und Sterbliche gekämpft. Manche nannten ihn den tausendfach trickreichen Māui.

Als Halbgott war er zwar selbst sterblich, den Tod empfand er als erniedrigend, betrachtete ihn sogar als Beleidigung der menschlichen Würde, obendrein wollte er verhindern, dass auch andere Menschen sterben – ewig sollten sie leben. Ein Mensch sollte sterben wie der Mond, der immer wieder aufs Neue in das lebensspendende Wasser von Kāne eintaucht und dadurch wiederbelebt wird, oder er sollte sterben wie die Sonne, die täglich in die Grube der Nacht sinkt und am Morgen mit neuer Kraft emporsteigt. Einst hatte Māui die Mondgöttin ersucht: „Lass den Tod kurz sein. Wie der Mond stirbt und abermals zurückkehrt, so sollen die Menschen sterben und wieder auferstehen.“ Trotzig erwiderte sie: „Der Tod soll sehr, sehr lange sein. Die Menschen sollen die Finsternis betreten und dort ausharren, unerbittlich lange, damit all jene, die von ihnen zurückgelassen werden, seufzen und weinen, wehklagen und trauern können.“ Mit dieser Antwort gab sich Māui keineswegs zufrieden.

Er holte sich Rat bei seiner Großmutter: „Du musst das Haus von Hine-nui-ke-pō suchen, der *Großen Herrin der Unterwelt.* Ihre Augen blitzen, damit sie bis in die weiteste und fernste Ferne sehen kann, zugleich sind sie dunkel wie grüner Stein. Ihre Zähne sind scharf wie Obsidian, wie vulkanisches Glas, ihr Mund ist so groß wie ein gigantischer Fisch und ihr Haar schwebt in der Luft wie Seegras. Ein Besuch bei ihr ist äußerst gefährlich, du kannst dabei den Tod finden, denn du musst in sie eindringen, um das ewige Leben aus ihrem Körper herauszuzerren. An dir liegt die Entscheidung, ob du dieses Wagnis riskieren willst."

Keine Sekunde zögerte Māui, denn sein Selbstbewusstsein war gewaltig. „Jede Herausforderung habe ich bisher angenommen, und jedes Mal war ich erfolgreich. Ich werde in sie eindringen und ihrem Mund entschlüpfen, werde ihrem Hass entwischen, sodass Hine-nui-ke-pō sterben muss."

Unverzüglich machte sich Māui auf die Suche nach ihrer Behausung. Während er dereinst die Hawai'i-Inseln aus den Tiefen des Meeres gefischt hatte, war Hine-nui-ke-pō zur entferntesten Insel übersiedelt, blitzend und funkelnd residiert sie seither am Rande des Horizonts.

Hine-nui-ke-pō war die Tochter des Gottes Kāne und erhielt nach ihrer Geburt den Namen Hine-aka-uila. Sobald sie das ehefähige Alter erreicht hatte, nahm Kāne sie zur Frau und zeugte mit ihr etliche Kinder, mindestens sechs sollen es gewesen sein. Irgendwann begann die junge Frau Fragen zu stellen, indem sie herauszufinden trachtete, wer ihr Vater sei, zumindest seinen Namen wollte sie erfahren. Nachdem sie erkannt hatte, dass ihr Ehemann zugleich ihr Vater war, wurde sie von

Scham und Verzweiflung überwältigt. Hine-aka-uila änderte ihren Namen in Hine-nui-ke-pō und flüchtete in die Unterwelt. Kāne folgte ihr und wollte sie zur Rückkehr motivieren. Doch Hine-nui-ke-pō erwiderte: „Kehre du auf die Erde zurück und erziehe unsere Kinder, unterdessen warte ich hier, um sie eines späteren Tages in Empfang zu nehmen." Bald hatte sich Hine-nui-ke-pō in ihrem neuen Zuhause eingewöhnt und erlangte den Status einer mächtigen Göttin – immerhin war ihr Vater Kāne selbst ein führender Gott –, wodurch sie Seelen Sterblicher zu sich herunterlocken konnte.

Eines Abends erreichte Māui den Machtbereich der Göttin. Geradewegs hörte er, wie sie ihren Dienern, den grellsten Blitzen, anordnete, nach jedem Ausschau zu halten, der sich näherte, und jeden zu fangen, der aufrecht wie ein Mensch ging. Deshalb schlich sich Māui wie ein Hund auf allen Vieren an den Dienern vorbei, bis er den Bereich des Lebens fand. Dort stahl er ein wenig von dem Nahrungsvorrat der Göttin und kehrte unversehrt nach Hause zurück. Als untrüglichen Beweis, wo er gewesen war, präsentierte er die Speisen seinen Brüdern und Freunden und versuchte sie zu überreden: „Wer von euch folgt mir in die Dunkelheit der Todesnacht?" Selbstverständlich war kein Einziger dazu bereit.

Daher wählte Māui vier Vögel als Begleiter. „Unterlasst es, Lärm zu machen, während ich die größte Anstrengung meines Lebens unternehme." Jetzt war er bereit, seinen Kampf um die Unsterblichkeit aufzunehmen. Eindringlich warnte er die Vögel: „Wenn ich zwischen ihren Schenkeln in den Körper dieser Frau eindringe, lacht unter keinen Umständen, erst wenn ich durch sie hindurchgedrungen bin und aus ihrem Mund wieder ans Licht hervortrete, ist sie besiegt, und ich werde unsterblich sein, erst dann könnt ihr über meinen Erfolg lachen."

Hine-nui-ke-pō schlief tief und fest. Das Sonnenlicht hatte sich zurückgezogen, sodass sich stille Düsternis über ihr Haus gelegt hatte. Ihr riesiger, fischartiger Mund war weit geöffnet. Ohne das geringste Geräusch zu verursachen, näherte sich Māui der schlafenden Göttin, entledigte sich seiner Kleidung und konzentrierte sich auf die bevorstehende Anstrengung, bis zur verborgenen Quelle des Lebens zu gelangen, um auf diese Weise das Leben ihrer Hüterin zu entwenden und es zurück zur Menschheit zu bringen. Zu den Vorbereitungen zählte, dass Māui seine glanzvoll tätowierte Haut einölte, sodass sein Körper trotz der Nachtschatten schimmerte.

Als Māui schon ziemlich weit eingedrungen war, Kopf und Arme verschwunden waren, konnte sich der Fächerschwanzvogel nicht mehr länger zurückhalten und ließ sein Lachen erklingen. Davon erwachte Hine-nui-ke-pō, öffnete ihre Augen und realisierte, was soeben geschah. Mit ihren Schenkeln zerquetschte sie Māui. Aufgrund seines Todes sind alle Menschen sterblich geworden.

Die Göttin Hine-nui-ke-pō ist noch immer dort, wo Māui sie vorgefunden hatte, und bewacht den Eingang zur Unterwelt, durch den seither alle Menschen treten müssen.

Den zerstörten Körper begruben Māuis Brüder in einer Höhle.

PELE, DIE GÖTTIN DES FEUERS

Peles Reise nach Hawai'i

Dereinst lebte Pele mit ihrer Familie auf *Kahiki*. Sie war eine ungewöhnlich attraktive Frau, hielt ihren Rücken stets aufrecht wie ein emporragender Felsen, ihre Brüste waren rund wie der Vollmond. Allerdings war sie überaus rastlos, denn ihre Sehnsucht galt der Ferne. All ihre Gedanken waren erfüllt von dem Verlangen, in ein unbekanntes Land aufzubrechen. Immer unerträglicher wurde ihr Wunsch und ließ sie keine Ruhe mehr finden. Schließlich bat sie ihren Vater Wākea, er möge ihr gestatten, fortzureisen. Peles Vater erteilte zwar seine Einwilligung, dennoch konnte sie ihre Reise vorerst nicht antreten. „Vergiss nicht, du trägst die Verantwortung für deine kleine Schwester, die sich noch in ihrem Ei befindet", ermahnte sie ihr Vater. „Deine Ei-Schwester ist äußerst verletzlich. Sobald sie geschlüpft ist, darfst du fahren."

Sanft drückte Pele das Ei an ihren Busen, um es durch die Wärme ihres Körpers am Leben zu erhalten und zum Wachsen anzuregen. „Ich werde das Ei so lange an meiner Brust tragen, bis meine Schwester daraus geschlüpft ist." Ihre Mutter Haumea, selbst eine Göttin der Fruchtbarkeit, gab sich damit zufrieden. Haumea hatte Pele aus ihrem Oberschenkel geboren, andere Kinder aus ihrem Kopf, aus ihrem Mund, ihren Augen und ihren Brüsten.

Nach einiger Zeit entwickelte sich aus dem Ei ein hübsches Mädchen, das den Namen Hi'i-aka-i-ka-poli-o-Pele erhielt – *Hi'iaka aus dem Busen von Pele*. Sie war die Jüngste der Pele-Familie.

Fürsorglich kümmerte sich Pele um ihre kleine Schwester. „Nun kannst du deine Reise antreten.“ Der Vater schickte Pele zu ihrem ältesten Bruder Ka-moho-ali‘i, dem Gott der Haie und des Meeres. „Ich werde dir helfen“, versprach Ka-moho-ali‘i. „Du benötigst ein seetaugliches Kanu mit geflochtenen Segeln, hinlänglich groß, um dich und deine Begleiter sowie genügend Proviant aufzunehmen.“ Er versorgte das Schiff – zwei stabile Kanus, die durch eine Plattform und eine Holzhütte miteinander verbunden waren – mit ausreichend Vorrat an Nahrung für die weite Reise.

Während er dies vorbereitete, fragte er Pele, wohin sie segeln wolle. „Ich reise nach Bora-Bora, nach Kuai-helani, nach Kāne-hūnā-moku, dann nach Moku-manamana, um dort die Königin zu treffen. Ihr Name ist Ka-ō-‘ahi und ihre Insel heißt Ni‘ihau.“ Kamoho-ali‘i wunderte sich über die genauen Kenntnisse seiner Schwester.

Nachdem der Haigott das geräumige Kanu Honua-i‘a-kea ausgestattet hatte, ersuchte er seine Verwandten, auf das Schiff Obacht zu geben: Er bat die Windgötter *Starke Strömung* und *Bewegte See*, seiner Schwester wohlwollend beizustehen.

Ihre Reise führte Pele zuerst nach Bora-Bora auf den Gesellschaftsinseln, sodann gelangte sie zu den mysteriösen Ahneninseln, hielt ihren Kurs weiter nach Nordwest, bis sie Ni‘ihau erreichte, die nordwestlichste Insel der Hawai‘i-Gruppe.

Dort angelangt, beauftragte sie einige ihrer Männer, das Schiff zurück zu ihrem Bruder, dem Haigott, zu bringen, damit er ihr eines Tages aus dem Süden des Pazifischen Ozeans mit allen ihren Brüdern und Schwestern nach Hawai'i folgen könne.

Pele wurde willkommen geheißen und der regierende Fürst veranstaltete ihr zu Ehren ein Fest, um sie ihrem Stande gemäß zu unterhalten. Dennoch langweilte sich Pele und plante ihre Abreise.

Nicht weit entfernt von Ni'ihau liegt die Insel Kaua'i. Dorthin gelangte Pele mit einem kleinen Kanu. Die üppigen Gärten faszinierten sie. Noch wesentlich mehr gefiel ihr König Lohi'au, in den sie sich heftig verliebte und mit dem sie so manche Nacht verbrachte. Daraufhin lebten die beiden einige Zeit als Paar zusammen. Dennoch verfolgte Pele konsequent ihren Plan, sich für immer auf den hawaiianischen Inseln anzusiedeln und keinesfalls mehr nach *Kahiki* zurückzukehren. Unbeirrbar in ihrem Entschluss, wollte sie ihre Macht als Vulkangöttin etablieren. Sehnlichst wünschte sie sich, in einem Vulkankrater zu wohnen und über dessen Feuer zu herrschen.

Pele besaß einen magischen Spaten namens Pā'oa. Damit beabsichtigte sie, eine Unterkunft für sich und Lohi'au zu errichten. Sobald sie ihn in die Erde stieß, entstand ein Feuerloch. An mehreren Stellen in den Ebenen von Kaua'i bediente sie sich der Kraft ihres Spatens. Leider wurde das von ihr entfachte Feuer immer wieder vom Wasser gelöscht, denn ihre ältere Schwester, die Meeresgöttin Nā-maka-o-Kaha'i, *die Augen von Kaha'i*, bekämpfte sie mit allen Mitteln. „Irgendwo werde ich meinen Platz finden und dich bezwingen", drohte Pele. Die Feindschaft zwischen den beiden Schwestern bestand seit jener Zeit, als Pele sich auf eine Affäre mit dem Mann der Meeresgöttin eingelassen hatte. Eigentlich war diese Angelegenheit, weniger ihre Reiselust, der wahre Grund, *Kahiki* zu verlassen. Sie erstrebte nämlich, dem Machtbereich ihrer Schwester zu entgehen, mochte dies ihrem Vater allerdings nicht eingestehen. Nā-maka-o-Kaha'i war Pele heimlich über das Meer gefolgt. „Niemals wirst du mich bezwingen", drohte Pele ihrer Schwester, wiewohl sich mitunter ein Hauch von Ratlosigkeit in ihre Gedanken schlich.

„Ich kann nicht bei dir bleiben", gestand sie daher Lohi'au, „bitte frage mich nicht, warum. Jedenfalls werde ich wiederkehren." Standhaft weigerte sie sich, ihren Liebhaber zu heirateten, bevor sie nicht einen Platz gefunden hatte, an dem sie sich dauerhaft ansiedeln konnte. Deswegen zog sie von einer Insel zur anderen, grub da und dort, doch nirgendwo entdeckte sie Feuer.

Lange hatte Pele gezögert, bevor sie ihren Leuten den Befehl erteilte, zur Großen Hawai'i-Insel zu segeln. Gleich bei ihrem ersten Landgang beeindruckten sie die gewaltigen Berge Mauna Loa *(der hohe Berg)* und Mauna Kea *(der weiße Berg)*, doch am meisten entzückte sie der Anblick des Vulkans Kī-lau-ea. „Hier werde ich mich niederlassen, mein gewaltiges Feuer errichten und meinen Geliebten an meine Seite holen."

Argwöhnisch hatte Nā-maka-o-Kaha'i alle Schritte Peles beobachtet. Noch war ihre Macht auf Hawai'i nicht gefestigt. Nā-maka-o-Kaha'i schickte Fluten und hohe Wellen, um Peles Einfluss zu mindern. Sie hasste Pele, wie sich nur Wasser und Feuer hassen können. „Niemals werde ich dir verzeihen", grollte die Meeresgöttin. Keinesfalls war sie bereit, Peles Affäre mit ihrem

Mann zu vergessen. Alle Häuser, die Nā-maka-o-Kaha'i erreichen konnte, zerstörte sie mit ihren Fluten und bedrohte deren Einwohner. Nā-maka-o-Kaha'i genoss diesen Triumph und heiratete den vielseitigen Zauberer 'Au-kele-nui-a-iku, der über den Himmel fliegen, durch das Meer schwimmen, desgleichen auch flink auf der Erde laufen konnte.

Eines schönen Tages sprangen 'Au-kele zwei hinreißende Frauen ins Auge, nämlich Peles Schwestern Ka'ōhelo und die reizende, junge Hi'iaka. Leise näherte er sich den beiden. Besonders an Hi'iaka fand er Gefallen und verliebte sich auf den ersten Blick. All seinen Charme setzte er ein, um Hi'iaka zu verführen. „Gerne mag ich mit dir schlafen, allerdings musst du erst deine Frau Nā-maka-o-Kaha'i dazu bewegen, von ihrem Zorn gegenüber Pele abzulassen", forderte Hi'iaka. In seiner Verliebtheit versprach 'Au-kele, ihr diesen Wunsch zu erfüllen, jedoch gelang es ihm nicht, die Meeresgattin zu besänftigen, vielmehr war Nā-maka-o-Kaha'i stocksauer, dass ihr Mann ein intimes Verhältnis mit Hi'iaka pflegte.

Nā-maka-o-Kaha'i begab sich zum höchsten Punkt aller mythischen Vorfahren, den *Erhobenen Balkon des Himmels*. Von hier aus konnte sie über alle Meere blicken. Sie sah vulkanische Feuer brennen sowie den Rauch, der zu den Wolken aufstieg. Pele hatte ihren Spaten tief in die Erde gebohrt und einen ansehnlichen Krater gegraben. Lava ergoss sich in Richtung des Meeres. Endlich hatte sie einen geeigneten Platz entdeckt. Nā-maka-o-Kaha'i tobte und schwor ewige Rache. Pele aber hatte ihre Stärke und ihr Selbstvertrauen wiedererlangt und adaptierte den Krater Hale-ma'uma'u – einen aktiven Feuerschlot des Vulkans Kī-lau-ea – zu ihrem Hauptwohnsitz.

‘Ai-lā‘au, der Waldesser

Als Pele, die Göttin der Vulkane und des Feuers, Hawai‘i zu ihrer Heimat auserkor, herrschte dort bereits ein anderer Feuergott. ‘Ai-lā‘au verschlang Bäume und Wälder (daher sein Name: *ai* bezeichnet jemanden, der gerne isst, und *lā‘au* ist das hawaiianische Wort für Baum oder Wald).

‘Ai-lā‘au war ein Gott von unstillbarem Hunger. Immer wieder verwüstete er den südlichen Teil der Großen Hawai‘i-Insel, indem er Lava aus seinen Feuerlöchern und Spalten spuckte. Wenn er durch die Wälder kroch, begleitete ihn stets der Geruch von schwarzem Rauch, gelegentlich vermengt mit dem Gestank von verbranntem menschlichem Fleisch. Der Atem seiner Lava verwandelte Leben zu Asche.

Sobald ‘Ai-lā‘au seine männliche Macht ergoss, machte er sich auf den fruchtbaren Feldern breit und beanspruchte sein Recht. Wiewohl die Menschen ‘Ai-lā‘au fürchteten, gestaltete er mit seiner fließenden Lava zugleich neues Land.

Unbehelligt regierte ‘Ai-lā‘au jahrhundertelang in einem alten Teil des Vulkans Kī-lau-ea. Irgendwann trennte er den großen Krater durch einen schmalen Grat ab und schuf den Kī-lau-ea-iki, den *kleinen Kī-lau-ea*. Damit gab er sich keineswegs zufrieden, brach dagegen die Erde an unzähligen Stellen auf und bohrte Löcher in den Untergrund. Allmählich kroch er in Richtung des Meeres, sodass eine kilometerlange Kette aus Kratern entstand. Immer wieder spuckte er daraus Dampf und Rauch.

Abrupt verlor ‘Ai-lā‘au das Interesse an seinen vulkanischen Löchern und übersiedelte in den großen Krater. Dort lebte er, als Pele nach ihrer weiten Reise Hawai‘i erreichte.

Nach ihrer Ankunft ließ sich Pele in der Nähe der Ortschaft Puna nieder, an der südlichen Spitze der Insel. Von dort unternahm sie zahlreiche Ausflüge und wanderte die Hänge des Kī-lau-ea empor, denn sie war begierig, die Umgebung zu erkunden. Plötzlich erfasste sie der heftige Wunsch, ‘Ai-lā‘au kennenzulernen. „Vielleicht lässt sich ein bequemes Plätzchen ausfindig machen“, sinnierte sie, „um ein wenig miteinander zu plaudern.“

Als Pele den Wohnsitz von ‘Ai-lā‘au betrat, war der Feuergott nicht daheim. Sie rief seinen Namen und suchte nach ihm. Vergeblich wartete sie auf seine Rückkehr – indes blieb ‘Ai-lā‘au verschollen.

Letztendlich erkannte sie, dass sich ‘Ai-lā‘au aus dem Staub gemacht hatte. Er war einfach abgehauen, sobald er bemerkt hatte, dass Pele sich seiner Behausung näherte. Unablässig hatte er ihre Aktivitäten beobachtet, hatte jeden ihrer Schritte belauert. Einer Begegnung wollte er um jeden Preis entgehen, lieber verzichtete er auf sein angestammtes Reich. In Panik hatte ‘Ai-lā‘au alles hinter sich gelassen.

„So ein miserabler Feigling“, dachte Pele, „läuft vor einer Frau davon!“ Sie überlegte sich einen Plan für ihr zukünftiges Heim, denn dieser Platz entsprach exakt ihren Vorstellungen. Auf der Stelle begann sie, sich einzurichten, und sie entschied, in Zukunft auf Hawai‘i zu bleiben. ‘Ai-lā‘au hingegen verschwand für immer von den Inseln.

Peles Kampf gegen den Drachen Pi'i und die Eule Pueo

Zwischen den beiden Häuptlingen Koa und Kau war ein Streit entbrannt. Jeder sah dafür beim anderen die alleinige Schuld. Koa war dermaßen von Hass erfüllt, dass ihm jedes Mittel recht war, seinen Rivalen zu vernichten.

Damals hauste auf Kaua'i ein mächtiger Drache aus der Pi'i-Familie. Diese Drachen waren einst aus einem weit entfernten Land als Diener eines Königs auf die Hawai'i-Inseln gekommen. Alle Drachen der Pi'i-Familie besaßen die magische Kraft, entweder als Mensch oder als Drache aufzutreten, ganz wie es ihnen gefiel. Der mächtigste unter ihnen war ein Halbgott und hieß Pi'i-ka-lalau, *Pi'i, der Fänger*. Sein Zuhause lag am obersten Grat einer unzugänglichen Schlucht.

Irgendwann machte sich der rachsüchtige Häuptling Koa auf den Weg zu dieser Schlucht und rief nach Pi'i. Irgendwie gelang es ihm schon nach kurzer Unterredung, den Drachen auf seine Seite zu ziehen und als Verbündeten zu gewinnen. Sie beschlossen, vereint gegen Kau zu kämpfen.

Gemeinsam heckten sie einen Hinterhalt aus, um Kau zu töten: Sie lockten ihn in eine Hütte, wo Pi'i auf ihn lauerte. Kau erhielt einen gewaltigen Schlag auf die Schulter, sodass er zu Boden stürzte. Pi'i, in der Gestalt eines Giganten, holte aus, um seinen riesigen Speer auf Kau zu schleudern. Kau, einer der geschicktesten Häuptlinge im Speerkampf, sprang behänd auf die Beine und wich dem Wurf aus. Seine einzige Waffe war ein hölzerner Speer, jedoch reichte er nicht nahe genug an den Riesen heran, um ihn wirkungsvoll einsetzen zu können.

Bald war Kau dermaßen erschöpft, dass er sich kaum noch auf den Beinen halten konnte. Inzwischen waren die Krieger von Kau ihrem Herrn zu Hilfe geeilt und warfen Steine in das Gesicht des Giganten, wodurch Kau entkommen konnte.

Kaus Männer standen freilich auf verlorenem Posten, da der Riese nahezu vier Meter groß war. Seine Augen besaßen die Ausmaße einer Faust und in seinem gigantischen Mund befanden sich Zähne gleich den Hauern eines Wildschweins. Seine Beine waren hoch wie Bäume, und er war dermaßen schwer, dass er überall dort, wo er hintrat, Löcher im Boden hinterließ.

Angesichts der Notlage ihres Mannes und dessen Krieger ergriff die Frau des Häuptlings einen *ikoi,* ein schweres Stück Holz, das an einem langen und starken Seil fixiert war. Sie schwang diese Waffe derart geschickt, dass sich das Seil um den Riesen wand und seine Arme an den Körper fesselte. Wieder hagelten Steine und Speere auf den Giganten. Mühelos zerriss er das Kokosnussseil des *ikoi* und trieb die Krieger vor sich her, um in das Haus des verletzten Häuptlings zu gelangen, wohin dieser geflohen war.

Sobald Kau sein Haus erreicht hatte, war eine alte Wahrsagerin an die Seite ihres Herren geeilt, eine glühende Verehrerin von Pele. Inständig waren ihre Gebete und Beschwörungen. – Schon schleuderte Pele aus heiterem Himmel einen Feuerblitz auf den Riesen. Pi'i wurde zu

Boden geworfen. Ein zweiter Blitz blendete und betäubte ihn.

Angeschlagen von dem unerwarteten Angriff, erbat Pi'i Unterstützung von Pueo, seinem gewaltigen Geistergott. Pueo war eine große Eule, in deren Körper der mächtigste Vorfahre von Pi'i weiterlebte. Im nächsten Augenblick sauste Pueo von der Höhe seiner Höhle herab, schwebte über Pi'is Körper und fing mit seinem Schnabel Peles Blitze ein. Mittels Drehung seines Kopfes ließ er sie zu Boden fallen.

Dicht flogen die Speere und Pfeile der Krieger von Kau gegen Pi'i und Pueo. Mit großer Wucht sausten Peles Blitze herab. Steine trafen sowohl Pi'i als auch seinen Eulengott, sodass beide schwer verwundet wurden.

Unversehens nahm Pi'i wieder seine Drachengestalt an und entkam in den hintersten Winkel seiner heimatlichen Schlucht. Nie mehr sollte er Kau behelligen.

Pele und der Schweinegott Kama-pua'a

Kama-pua'a wurde auf der Insel O'ahu geboren, wo man ihn als gewalttätiges Monster fürchtete, gleichermaßen als hübschen und liebenswerten Häuptling achtete. Er war ein *kupua* – nämlich ein Wesen, das sich entscheiden konnte, ob es entweder als Tier oder als Mensch auftreten mochte. Wenn ihn das Verlangen überkam, gegen jemanden zu kämpfen, bevorzugte er die Gestalt eines Mannes, musste er sich aber verbergen, schlüpfte er in den Körper eines Schweines. Da er mit übernatürlichen Kräften ausgestattet war, nannte man ihn den Schweinegott.

Kama-pua'a besaß eine wunderbare Muschel, die er als Boot benützte, um von einer Insel zur anderen zu gelangen. Sobald er das Ufer erreicht hatte, presste er die Muschel mit seinen Händen, bis sie dermaßen geschrumpft war, dass er sie im Lendenschurz verstauen konnte. War er allein unterwegs, passte sich die Muschel der Größe seines Körpers an; segelte er hingegen mit Begleitern hinaus aufs Meer, bot sie genügend Platz für alle.

Bei nächster Gelegenheit brach Kama-pua'a mit seinem Muschelboot zum südöstlichsten Punkt Hawai'is auf. Nachdem er an Land gegangen und seine Muschel eingesteckt hatte, überquerte er unwegsame Lavafelder. Scharfe Kanten schnitten schmerzhaft in seine Fußsohlen, doch kümmerte er sich nicht weiter darum, weil ihn die Leidenschaft vorwärts trieb. Sein Ziel war Peles Reich: die Hügel und Krater des Kī-lau-ea. Um Peles

Gunst zu erringen, hatte er sich in einen hübschen Jüngling verwandelt.

Vom obersten Rand des Vulkankegels beobachtete Kama-pua'a, wie Pele und ihre Schwestern über dem Dunst des Kraters Hula tanzten, wobei die Abdrücke ihrer Füße auf der brodelnden Lava Blasen hinterließen. Eine der Schwestern bemerkte Kama-pua'a: „Schaut, dort oben steht ein anziehender Mann. Sein Gesicht ist hell wie der Mond. Wir sollten unser Tabu aufheben, damit eine von uns ihn zum Mann nehmen kann."

Die Neugier der Schwestern war geweckt. Sie hörten das „Tam-Tam-Tam" einer kleinen Handtrommel, die der gut proportionierte Fremde auf dem Grat des Vulkankegels spielte. Dazu tanzte er, grandios beleuchtet vom Schein der Morgensonne.

„Das ist kein Mann, sondern ein Schwein", spottete Pele und provozierte Kama-pua'a mit abfälligen Bemerkungen, bezichtigte ihn, er würde grunzen und im Dreck wühlen wie ein Schwein: „Der Sohn eines Schweins ist und bleibt ein Schwein."

Mit einem Schlag verwandelte sich Kama-pua'as Liebesgesang in eine Kaskade beleidigender Äußerungen gegen Pele. Wütend prahlte er mit seiner Macht und drohte, Peles Feuer auszulöschen.

Auch Pele war nicht auf den Mund gefallen und sandte ein paar Wolken übelriechender Schwefeldünste, um ihn einzuschüchtern. Zu ihrer Überraschung wischte Kama-pua'a die Wolken weg, wehrte mit ein paar Worten den Ausbruch ab und stand ihr unversehrt gegenüber.

Immerhin entzückte der gut aussehende, junge Mann die Schwestern, und sie ersuchten Pele, ihn in die Familie aufzunehmen. Erst zögerte Pele, schließlich entsandte sie ihren Bruder Kāne-hoa-lani, den Herrscher des Himmels, um mit Kama-pua‘a zu sprechen. Nach langwierigen Verhandlungen gelang es dem Unterhändler, eine Aussöhnung der beiden Parteien zu vermitteln.

Bekanntlich ist Pele eine Göttin, die genauso schnell „hochkocht“ wie die Lava ihrer Krater, andererseits ist sie eine Frau, die sich leicht verliebt und ihre Grundsätze am liebsten selbst bricht, sodass sie von vielen beschuldigt wird, launenhaft zu sein. Andere verteidigen ihren Charakter und bestehen darauf, dass eine Vulkangöttin nicht anders kann, als unberechenbar zu sein, andernfalls wäre sie als Vulkangöttin unglaubwürdig. Kurzum, es geschah, was zu erwarten oder zu befürchten war: Pele verliebte sich in Kama-pua‘a, und die beiden wurden ein Paar, gleichwohl residierten sie immer wieder an verschiedenen Orten in der Umgebung von Puna, oftmals voneinander getrennt.

Pele gebar einen Sohn, der den Namen ‘Ōpelu-nui-kauha‘alilio erhielt. Von seinem Vater hatte er die Fähigkeit geerbt, sich in einen Fisch zu verwandeln. Zudem wurde er ein Gott der Diebe und Medizinmänner. Manche behaupten, er war ein Vorfahre von Fürsten und Adeligen.

Wie zu erwarten, währte die Beziehung zwischen Pele und Kama-pua‘a nicht allzu lange, zumal sie sich häufig stritten und einander die übelsten Beschimpfungen an den Kopf warfen. „Deine schweinischen Gewohnheiten widern mich an“, fauchte Pele, „du verhältst dich nicht nur wie ein Schwein, du bist ein Schwein.“ Was sie damit genau meinte, wissen wir nicht. Peles aufbrausender Charakter bewirkte bei Kama-pua‘a jedes Mal fürchterliche Wutausbrüche. „Deine Ungeduld ist widerlich, nicht einmal gegenüber deinen Schwestern zeigst du einen Funken Toleranz. Du bist eine widerwärtige Frau." Gewiss waren beide nicht unschuldig. Wie wir wissen, war Kama-pua'a ein Herzensbrecher und demnach mehrmals verheiratet.

Zornig stampfte Pele auf den Boden, sodass die Erde bebte. Risse taten sich auf, aus denen Dampf und Rauch aufstiegen, die Kama-pua'a umhüllten. Mit derartigen Lappalien konnte sie ihn nicht erschrecken, vielmehr setzte er seine göttlichen Kräfte gegen Pele ein. Der Streit eskalierte: Eine Göttin bekämpfte einen Halbgott! Kama-pua'as Gefühle für Pele hatten sich allmählich in Hass verwandelt, aus Liebe war Feindschaft geworden.

Während Pele heiße Lava einsetzte, verteidigte sich Kama-pua'a mit Wassermassen. Seine Fluten löschten das Feuer, sodass Pele ins Landesinnere fliehen musste. Ihr ehemaliger Liebhaber verfolgte sie beharrlich und zwang sie, sich in den Krater des Vulkans Kī-lau-ea zurückzuziehen.

Sturzbäche fielen aus schwarzen Wolken, die sich über dem Vulkan gesammelt hatten. Mit Hilfe seiner Schwester goss Kama-pua'a Regen in den Krater Halema'uma'u, beinahe wäre Pele ertrunken. Wasser füllte den Kegel, nahezu erloschen war das vulkanische Feuer. Pele erflehte Beistand von den Göttern der Unterwelt. Ihr Bruder Lono-makua, der Hüter des Erdfeuers, bewerkstelligte es, einen winzigen Funken unter seiner Achsel zu verstecken. Damit entfachte er aufs Neue die Flammen des heiligen Feuers.

Gewaltige Mengen Lava ergossen sich aus Peles Vulkan. Diese abermalige Attacke traf Kama-pua'a unerwartet, denn er hatte angenommen, mit seinem Wasser Peles Feuer gelöscht zu haben. Um sich gegen die Lava zu wehren, verwandelte der Schweinegott die Haut seines Körpers in eine borstige Heide, die er so weit wie möglich ausbreitete. Zwar konnten die Borsten den Lavafluss verlangsamen, jedoch keinesfalls aufhalten. Ganz im Gegenteil: Die Borsten von Kama-pua'as Schweinehaut fingen Feuer und begannen zu brennen. Der Schmerz trieb ihn an die Grenze einer Ohnmacht. – Seither tragen Kama-pua'as Nachkommen bloß wenige Borsten auf ihrem Leib.

Kama-pua'a trachtete ins Meer zu entkommen, indes erhitzte die Lava das Wasser, bis es kochte. Verfolgt von der siegessicheren Pele, veränderte er seine Gestalt in einen Fisch. Dieser Fisch besaß eine merkwürdige Zeichnung und eine dicke Haut. Mitunter gab er Geräusche von sich, die an das Grunzen eines Schweins erinnerten. Siegessicher forderte Pele erneut Verstärkung von den Göttern der Unterwelt, trotzdem gelang Kama-pua'a die Flucht.

Pele und Kama-pua'a einigten sich, ihre Hoheitsansprüche über die Insel zu teilen. Durch einen göttlichen Schwur erhielt Pele den südlichen Teil der Großen Insel, darunter die Städte Puna, Ka'ū und Kona, dagegen herrschte Kama-pua'a über Kohala, Hāmākua und Hilo im windigen und regnerischen Westen der Insel. Der Schwur wurde niemals gebrochen.

Letztendlich ließ sich Kama-pua'a auf Kaua'i nieder und heiratete die beiden Töchter des Häuptlings Kāne-iki, mit denen er einige Kinder zeugte.

Mehrmals versuchte Pele, Kama-pua'as Zuneigung zurückzugewinnen, bediente sich dazu aller möglichen Finten, da sie ihn immer noch liebte. Auf Peles Ersuchen breitete ihre Schwester Kapo über den Krater Kohe-lepelepe ihre Vagina aus, um Kama-pua'a anzulocken. Doch sämtliche Versuche blieben vergebens. Unter keinen Umständen wollte Kama-pua'a an seine ehemalige Geliebte erinnert werden.

Pele und die Schneegöttin Poli-'ahu

Es ließ sich nicht vermeiden, dass sich die Schneegöttin Poli-'ahu und ihre Widersacherin, die Göttin des vulkanischen Feuers, bisweilen begegneten – immerhin wohnten sie auf der Großen Hawai'i-Insel nicht allzu weit voneinander entfernt. Meistens präsentierte sich Pele bei diesen Begegnungen als eine Frau von imposanter Schönheit, was ihr Gesicht ebenso wie ihre Figur betraf.

Die Häuptlinge der verschiedenen Inseln pflegten einander an bestimmten Orten zu treffen, wo sie ihre sportlichen Wettkämpfe austrugen. Unter dem Schutz der Bäume veranstalteten sie diverse Spiele, um ihr Glück oder ihre Geschicklichkeit unter Beweis zu stellen. Auf offenen Lichtungen wurde geboxt oder es wurden Speerwurfbewerbe abgehalten. Wo die Brandung sich dafür eignete, fuhren sie mit ihren Surfbrettern über die Wellen, was ein berauschendes Vergnügen war. Surfen war ein Privileg der Häuptlinge und Adeligen. Außerdem wurden auf Graspisten Schlittenrennen, *hōlua*, ausgetragen – bevorzugt auf den steilsten Abhängen.

Mitunter fiel den Teilnehmern der Wettkämpfe eine ihnen unbekannte Dame auf, und sie fragten sich, woher sie gekommen sein mochte, wagten es aber nicht, sie anzusprechen. Das Rennen der langen und schmalen Schlitten, wenn sie die Grashügel talwärts rasten, amüsierte Pele am meisten.

Die Wettbewerbe waren wieder einmal voll im Gange, als sich vier Damen den Zuschauern anschlossen: Poli-'ahu war vom Gipfel des Mauna Kea herabgestiegen, begleitet von ihren drei Schwestern Lili-noe, Wai-'ai'ē und Ka-houpo-kāne, den Nebel-, Wasser- und Wolkengöttinnen. Die Damen beabsichtigten, sich an den Wettkämpfen zu amüsieren, indes trat eine Fremde von außergewöhnlicher Schönheit hinzu. Poli-'ahu hieß die Dame willkommen, nichtsdestoweniger empfand Pele das Verhalten von Poli-'ahu ihr gegenüber als arrogant. „Die Göttin des Feuers behandelt man nicht herablassend!" Vermutlich reagierte Pele überempfindlich, jedenfalls begann sich der Boden augenblicklich zu erwärmen.

Pele gab sich gegenüber Poli-'ahu zu erkennen und fauchte: „Du wirst mir in Zukunft mit dem nötigen Respekt begegnen!" Prompt befahl sie den Mächten des Feuers, aus den unterirdischen Höhlen des Mauna Loa hervorzubrechen. Wie ein Feuerwerk zischten die glühenden Fontänen aus dem Berg. Heiße Lava versengte nicht nur den Schneemantel von Poli-'ahu, sogar ihre gesamte Kleidung wurde mitgerissen, sodass sie auf einen ihrer kühlen Gipfel flüchten musste. Abrupt beendeten die Häuptlinge ihre Wettkämpfe und rannten, von panischer Angst gepackt, um ihr Leben.

Jedoch war Poli-'ahu keineswegs besiegt. Sie kommandierte den Schneewolken, sich über dem Gipfel des Berges zu sammeln, um ihr Gewand zu erneuern. In dichten Flocken fiel der Schnee, bis er die feurige Lava erreicht hatte. Unerbittlich fochten Pele und Poli-'ahu gegeneinander, jede unterstützt von ihren Verbündeten. Ihre Kämpfe zogen sich üblicherweise über mehrere Tage.

Ungezählt waren die Gefechte zwischen Pele und Poli-'ahu. Viele Male war Pele vorwärtsgeprescht und hatte gewaltige Eruptionen gegen die Göttin der Schneemäntel gesandt, die wiederum wilde Schneegestöber über die Spitze des Mauna Kea warf. Einen endgültigen Sieg vermochte weder Pele noch Poli-'ahu erringen, was zur Folge hatte, dass Pele ihr Königreich auf den südlichen Teil der Großen Insel beschränkte, Poli-'ahu dagegen ihren Einflussbereich in die höher gelegenen Regionen der Insel verlegte.

Geistertanz am Krater des Pū-o-waina

Vor langer Zeit war Kakei der Herrscher von O'ahu. Er war kühn und tapfer, geübt im Umgang mit dem Speer und der Kriegskeule, gleichermaßen geschickt mit der Steinschleuder. Ihm zur Seite standen tatendurstige, junge Häuptlinge einzelner Distrikte, die sowohl Schläge austeilen als auch einstecken konnten.

Kakei beorderte seine Häuptlinge zu sich und erklärte ihnen, sie mögen Vorbereitungen treffen für eine Reise sowie für eine kriegerische Auseinandersetzung. „Es könnte eine längere Fahrt werden“, sagte Kakei, „wählt die furchtlosesten eurer Gefolgsleute, bewaffnet sie entsprechend und versorgt sie mit Proviant.“ Etliche neue Kanus wurden hergestellt und die besten der alten repariert. „Es gilt“, setzte Kakei seine Ansprache fort, „unsere Kanus mit zuverlässigen Segeln auszurüsten, außerdem für reichlich Proviant vorzusorgen.“ Die Häuptlinge kehrten nach Hause zurück und machten sich daran, Kakeis Anweisungen auszuführen.

Voll Neugierde rätselten die Leute über Ziel und Zweck der Expedition. Vermutungen wurden angestellt, gegen welchen seiner Feinde Kakei einen Angriff beschlossen habe, und man diskutierte die Chancen eines Sieges. „Womöglich plant unser König die Eroberung einer anderen Insel, um sein Reich zu vergrößern.“ Ein anderer meinte, er wolle irgendwo Beute machen.

Einige Monate vergingen, dann waren sämtliche Vorbereitungen beendet, und die Schar der Krieger versammelte sich um ihren König. Alle Häuptlinge trugen gelbe und rote Kriegsmäntel sowie grässliche Kriegsmasken. Eine beeindruckende Flotte von Kanus setzte vom Festland ab, an jedem Mast wurden farbige Wimpel gehisst.

Kaum hatten die Boote die Küste hinter sich gelassen, änderte Kakei den Kurs nach Norden, worüber sich seine Leute wunderten, denn sie hatten erwartet, Kakei würde eine südliche Route einschlagen. Obwohl die Nacht hereinbrach, war der Himmel klar, sodass sie nach den Sternen navigieren konnten. Ein leichter Wind sowie die Arme der Ruderer brachten die Flotte zur Insel Kaua'i.

Die Morgendämmerung malte prächtige Farben auf den Himmel, als Kakei und seine Krieger an Land gingen. Mit ihrem Kampfgeschrei weckten sie die Bewohner des Dorfes Wai-mea.

Der Häuptling von Wai-mea ergriff seine Kriegskeule und den Speer, stimmte ein Kriegsgeheul an und stürmte aus seiner Hütte. Überrascht von der plötzlichen Attacke hatten er und seine Leute keine Chance, gegen ihre Angreifer zu bestehen. Einige Männer wurden getötet, ihre Strohhütten in Brand gesteckt. Bereits nach kurzer Zeit war der Kampf entschieden.

Kakei hatte die Anweisung erteilt, die gesamte Beute an den Strand zu schaffen: Frauen und Kinder, Kanus, Kalebassen und Matten, Kleider und Federmäntel samt allen Steinwerkzeugen. Damit wurden sowohl ihre eigenen Boote als auch die erbeuteten Kanus beladen. So schnell, wie sie gekommen waren, verließen Kakei und seine Krieger die Insel Kaua'i.

Ohne Zwischenfälle erreichten sie O'ahu und legten im Hafen von Honolulu an. Die neuen Reichtümer wurden auf dem Strand ausgelegt, die erbeuteten Frauen und Kinder präsentiert. König Kakei veranlasste ein *lū'au*, ein üppiges Fest an den Hängen des Pū-o-waina (der damalige Name des heutigen Punchbowl-Kraters). Fische wurden gefangen, Schweine und Hühner geschlachtet; man bereitete Erdöfen vor, kleidete sie mit heißen, roten Steinen aus; die größten Kalebassen wurden mit *'awa* gefüllt. Kakei und seine siegreichen Kämpfer drängten sich um den nahrhaften *poi*, zubereitet aus der Wurzel der *kalo*-Pflanze. Zu Ehren der Sieger tanzten Mädchen und junge Frauen Hula.

Alle amüsierten sich und genossen das ausgelassene Treiben des *lū'au*, als mit einem Mal die Erde unter ihren Füßen erzitterte. Die *'awa*-Kalebassen kippten um, der *poi*-Brei ergoss sich auf den Boden. Aus der Wand des Pū-o-waina (des heutigen Punchbowl-Kraters) lösten sich Felsbrocken und stürzten den Abhang herunter. Panik brach aus. Die Menschen rannten so schnell sie konnten, dennoch wurden einige von Steinen erschlagen.

Ein weiteres, noch mächtigeres Erdbeben folgte dem ersten. Der Krater des Pū-o-waina öffnete sich, heraus quoll ein Lavastrom – begleitet vom Qualm faulig stinkender Gase –, der die Strohmatten in Brand setzte. Unvermittelt wurde Kakeis Siegesfeier von Pele verschlungen.

Mit einem Mal ereignete sich etwas Wundersames: Über der heißen Lava tanzten Geistergestalten einen feierlichen Tanz, bewegten sich zwischen den Rauchwolken über dem Krater. Um die geraubten Frauen und Kinder zu beschützen und jene zu bestrafen, die Unrecht nach Kaua'i gebracht hatten, waren die Geister der Vorfahren erschienen.

Geschockt von diesem Zeichen der Geister bestimmte Kakei, die gefangenen Frauen und Kinder unverzüglich an den Strand zu geleiten, um den Göttern seine Sühne anzubieten und deren Versöhnung zu erlangen. Unterdessen tanzten die Ahnengötter *'aumakua* weiter ihre schemenhaften Tänze. Die gesamte Beute, die Kakei gestohlen hatte, wurde den entführten Frauen übergeben.

In aller Eile wurden sämtliche Güter sowie die Frauen und Kinder in Kanus verfrachtet. Einige von Kakeis Kriegern nahmen Kurs auf Kaua'i. Sobald die Kanus außer Sichtweite waren, hörte das Erdbeben auf und der Lavastrom versiegte. Der Pū-o-waina erkaltete dauerhaft. Im selben Augenblick waren auch die tanzenden Geister verschwunden. Sie hatten die angebotene Reue des Königs Kakei und seiner Krieger akzeptiert.

Die Gelöbnisse des ‘Ai-wohi-kupua

‘Ai-wohi-kupua, ein Prinz aus Kaua‘i, war von den Mädchen seiner Heimatinsel nicht sonderlich angetan. „Sicherlich finde ich irgendwo sonst hübschere Frauen“, dachte er und beschloss, sich auf die Suche zu machen. Vor seiner Abreise hatte er einen Traum, in dem er Lā‘ie-i-ka-wai, der Göttin der Dämmerung, begegnete. Von ihrer Schönheit angetan, hatte er um ihre Hand angehalten und ihr die Treue gelobt. „Du wirst mich finden“, versprach Lā‘ie-i-ka-wai, „dann kannst du mich heiraten. Ich werde auf dich warten.“ Also machte ‘Ai-wohi-kupua sein Kanu startklar und fuhr los.

Sowie er sich der Insel Maui näherte, erweckte eine faszinierende Gestalt seine Aufmerksamkeit: Auf einem Surfbrett stand eine Frau und glitt grazil über die Wellen. Er folgte ihr mit seinem Kanu, um sie genauer in Augenschein zu nehmen. ‘Ai-wohi-kupua hatte keine Ahnung, wer die unbekannte Frau war. Sie hatte eine muskulöse, zugleich zarte und geschmeidige Figur. Als sie mit ihrem Surfbrett den Strand ansteuerte, folgte ihr ‘Ai-wohi-kupua. Die beiden setzten sich in den Sand und sprachen erstmals miteinander. Kurzerhand verliebte er sich in die Fremde. Offenbar wurden seine Gefühle von Hina-i-ka-malama erwidert, einer Göttin des Meeres und Verwandten von Pele. „Wenn ich dich beim Damespiel *kōnane* besiege, wirst du mein Mann“, lautete der Vorschlag von Hina-i-ka-malama. Bereitwillig akzeptierte ‘Ai-wohi-kupua dieses Angebot. „Tatsächlich muss ich mich überhaupt nicht anstrengen, ist doch diese Frau eine reizende Schönheit, und die Aussicht, mit ihr Liebe zu machen, ist verlockend." Und es kam, wie es kommen sollte: Er wurde von Hina besiegt. Ein vortrefflicher Anlass, die nächsten Tage miteinander zu verbringen.

Unmittelbar danach plagte ʻAi-wohi-kupua das schlechte Gewissen, zumal er sich an sein Versprechen erinnerte, das er vor seiner Abreise von Kauaʻi der Traumgöttin Lāʻie-i-ka-wai gegeben hatte. So bezaubernd Hina-i-ka-malama auch war, wollte er nicht für immer bei ihr bleiben, folglich suchte er einen Vorwand, um seine Reise fortzusetzen.

„Ich muss dich verlassen und nach Hause zurückkehren, um alle Vorbereitungen für unsere Hochzeit zu treffen, selbstverständlich werde ich so bald wie möglich wiederkommen", log ʻAi-wohi-kupua dreist und unverschämt. Mit Umarmungen und Küssen verabschiedete er sich von Hina-i-ka-malama und machte sich schleunigst aus dem Staub. Allerdings segelte er nicht heimwärts Richtung Kauaʻi, sondern nahm Kurs auf die Große Hawaiʻi-Insel.

Das Meer war glatt und die Fahrt angenehm. Bald kam die Insel in Sichtweite. ʻAi-wohi-kupua befand sich in bester Stimmung. Nicht zuletzt, weil eine anmutige Frau in sein Gesichtsfeld trat, die sich auf den Klippen nahe des Strandes leicht lasziv räkelte. „Dies kann keine Täuschung sein", murmelte er mit strahlenden Augen. „Sie deutet mir – ihre anmutigen Gesten sind unmissverständlich –, ich möge näherkommen." Neben ihr lag ein weißer Mantel, den sie über die Steine ausgebreitet hatte. ʻAi-wohi-kupua zog sein Kanu an Land und war überwältigt von dem Anblick: „Aus der Nähe ist diese

Frau noch bezaubernder als ich vermutet habe.“ Unversehens überhäufte er sie mit Komplimenten, worauf sie einen genussvollen Tag am Strand verbrachten. Bei Einbruch der Dämmerung nahm Poli-‘ahu ihren neuen Verehrer mit zu sich.

Sie war eine der vier Schneegöttinnen. Jede der Schwestern beherrschte einen der Berge, der Gipfel des Mauna Kea war Poli-‘ahus Reich. „Ich möchte dich heiraten“, lächelte ‘Ai-wohi-kupua und erhielt freudige Zustimmung. „Als sichtbares Zeichen unserer Verlobung“, erwiderte Poli-‘ahu, „wollen wir unsere Kleider tauschen.“ Sie reichte ‘Ai-wohi-kupua ihren weißen Mantel, der aus glitzernden Schneekristallen bestand, und ihr Geliebter legte ihn sich wie einen Schleier über die Schultern. „Du sollst ihn tragen, bis wir verheiratet sind.“

Schließlich kam für ‘Ai-wohi-kupua die Zeit des Aufbruchs. In seinem Kanu war nicht genügend Platz für ihn, seine Braut und deren Begleiterinnen. Deshalb machte er sich allein auf die Rückreise nach Kaua‘i, um die Hochzeit vorzubereiten. Beinahe hätte er sowohl die Traumgöttin Lā‘ie-i-ka-wai als auch seinen Treueschwur ihr gegenüber vergessen. Bevor er wieder auf das Meer hinausfuhr, bat ‘Ai-wohi-kupua seinen Hausgott, ihn von dem voreiligen Heiratsgelöbnis, das er Lā‘ie-i-ka-wai im Traum gegeben hatte, zu befreien, denn er fürchtete ihre Rache. Hina-i-ka-malama hatte er total verdrängt.

Die Hochzeit mit Poli-‘ahu sollte auf der Großen Hawai‘i-Insel stattfinden. Eine Gefolgschaft von Kanus begleitete ‘Ai-wohi-kupua, desgleichen Musiker, Sänger sowie seine besten Freunde. ‘Ai-wohi-kupua war mit dem weißen

Mantel seiner Braut bekleidet und mit einem leuchtenden Helm aus roten Federn gekrönt. All jene Berge, die den Schneegöttinnen gehörten, waren bis weit hinunter zur Küste schneebedeckt.

Poli-'ahu und ihre drei Schwestern eilten herbei, um die Gäste aus Kaua'i willkommen zu heißen. Als sich die Kanus der Küste näherten, wurde die Hochzeitsgesellschaft mit kühlen Winden empfangen, doch als 'Ai-wohi-kupua und seine Begleiter an Land gingen, warfen die Göttinnen ihre Mäntel ab und Sonnenschein brach hervor. Der Schnee zog sich auf die Gipfel der Berge zurück. Spiele und festliche Gelage, Hulatänze und sportliche Wettkämpfe begleiteten die Hochzeitsfeier. Nach dem Ende des Festes reiste 'Ai-wohi-kupua mit Poli-'ahu zurück nach Kaua'i.

Auf irgendeine Weise hatte Hina-i-ka-malama von der Hochzeit erfahren. Wütend reiste sie nach Kaua'i. Kaum hatten Poli-'ahu und 'Ai-wohi-kupua die Insel betreten, schlang Hina-i-ka-malama ihre Arme um 'Ai-wohi-kupua und küsste ihn leidenschaftlich. „Du bist mein Mann", lächelte sie scheinheilig, „gewiss erinnerst du dich an dein Versprechen und die wunderbaren Tage, die wir miteinander verbracht haben." Peinlich berührt versuchte 'Ai-wohi-kupua, sich Hinas Umarmungen zu entziehen und sich diese Frau vom Leibe zu halten. „Wir werden heiraten, nur in deinen Armen bin ich glücklich." An seiner Seite stand Poli-'ahu und beobachtete das Geschehen. Zornig belehrte sie Hina-i-ka-malama, dass nunmehr sie die Gattin von 'Ai-wohi-kupua sei.

„Du hast mich betrogen, meine Liebe missbraucht und mich erbärmlich verraten!" Hina-i-ka-malama schimpfte und fluchte, kreischte und tobte fürchterlich. Da Hinas Vorwürfe der Wahrheit entsprachen, wagte ‘Ai-wohi-kupua nicht zu widersprechen.

Poli-‘ahu wandte sich von ihrem Gatten ab: „Ich werde dich verlassen, und zwar augenblicklich. Du bist ein Lügner!“ Vergeblich bemühten sich die Freunde von ‘Ai-wohi-kupua, eine Aussöhnung in die Wege zu leiten. Indes wurden alle mit einem Mal von einer durchdringenden Kälte erfasst. ‘Ai-wohi-kupuas Freunde und Untertanen wussten nicht, wie ihnen geschah. „Diese Kälte verdanken wir Poli-‘ahus Schneemantel. Sucht nach dem Feuer von Pele!“ Doch Pele zeigte keinerlei Interesse, sich in diese Auseinandersetzung einzumischen.

„Auf mich kannst du fortan nicht mehr zählen, denn du hast unsere Vereinbarung gebrochen“, grollte die Traumgöttin Lā‘ie-i-ka-wai, „du bist wankelmütig und unzuverlässig. Jemand wie du existiert für mich nicht mehr!“

Gekränkt und enttäuscht wandte sich auch Hina-i-ka-malama von ‘Ai-wohi-kupua ab. „Du bist nicht würdig, mein Mann zu sein. Jedes Wort von dir ist wertlos.“

‘Ai-wohi-kupua gab die Hoffnung nicht auf, Hina-i-ka-malama umzustimmen und ihre Liebe zurückzugewinnen, weshalb er sie zärtlich und liebevoll umklammerte. Keineswegs hatte er Poli-‘ahus Verletztheit in Betracht gezogen. Unversöhnlich schleuderte sie ihre weißen Mäntel über ‘Ai-wohi-kupua, überdies peinigten ihre Schwestern Lili-noe, Wai-‘ai‘ē und Ka-houpo-kāne den treulosen Gatten mit frostigen Nebeln, Regenschauern und undurchdringlichen Wolken. Davon war auch Hina-i-ka-malama betroffen, die nun wegen ihres wortbrüchigen Liebhabers zu leiden hatte. Dafür hegte sie keineswegs Ambitionen, löste sich unwirsch aus seiner Umarmung und rannte davon.

Zufrieden über den Erfolg ihre Anstrengungen, verließ Poli-ʻahu zusammen mit ihren Schwestern Kauaʻi für immer, um sich auf die hohen Berge ihrer Heimatinsel zurückzuziehen.

Vereinsamt blieb ʻAi-wohi-kupua zurück, letztendlich hatte er sowohl Poli-ʻahu als auch Hina-i-ka-malama und Lāʻie-i-ka-wai für immer verloren.

Die Tochter der beiden Hügel

Die beiden Hügel Pu'u-hele und Pu'u-o-kali waren Drachenwesen. Ihr erstes Kind war eine Tochter, die sie Pu'u-o-inaina nannten. Nachdem sie sich zu einer adretten Frau entwickelt hatte, reiste sie von einer Insel zur anderen, bis sie dem Zauberer Hua begegnete, der zwei Söhne hatte und sich in einen Vogel verwandeln konnte.

Eine Periode großer Dürre brach über das Land herein. Die Menschen litten Hunger, da ihre Ernte in der Sonne verdorrte. Hua flog hinauf zu den Wolken und zwang sie, ihr Wasser über das Gebiet fallen zu lassen, in dem er herrschte. Der Regen ließ die Pflanzen wieder wachsen, sodass die Untertanen von Hua nicht länger hungern mussten.

Beide Söhne von Hua hatten sich heftig in Pu'u-o-inaina verliebt, machten ihr Geschenke und bekundeten ihr auf alle erdenklichen Arten ihre Zuneigung. Der eine wetteiferte mit dem anderen. Pu'u-o-inaina zögerte, da sie sich nicht entscheiden konnte, welchem der beiden sie ihre Gunst schenken sollte. Womöglich erwog sie sogar, sich mit beiden einzulassen. Jedenfalls hatte sie noch keine endgültige Entscheidung getroffen. – Doch dann tauchte Lohi'au auf, der junge Prinz von O'ahu kam zu Besuch in ihre Gegend, um sich mit dem Zauberer Hua zu treffen, von dem er einen Ratschlag erhoffte.

Die Entscheidung, seinen Aufenthalt zu verlängern, traf Lohi'au deshalb, weil er sich in Pu'u-o-inaina verliebt hatte und seine Liebe derart heftig war, dass er möglichst lange an der Seite von Pu'u-o-inaina verweilen wollte. Indem seine Gefühle uneingeschränkt erwidert wurden, nahm er das hübsche Mädchen zur Frau. Bedauerlicherweise hatte Lohi'au vergessen, dass er bereits mit Pele verheiratet war. Die Feuergöttin verfügte freilich über ausreichend Macht, um von Lohi'aus Untreue zu erfahren, da sie weit über das Meer und die Inseln blicken konnte. Als sie sah, dass Lohi'au und Pu'u-o-inaina einander innig umarmt hielten, wurde Pele von gewaltigem Zorn erfasst. Einen kurzen Moment erwog sie, Lohi'au zu töten, hingegen erlangte bald ein anderer Gedanke die Oberhand: Nicht Lohi'au sollte ihre Rache treffen, sondern seine junge Frau. Sofort schritt sie zur Tat. Sie zerschnitt den Körper von Pu'u-o-inaina in der Mitte zwei Teile. Aus ihrem Unterleib gestaltete sie den Hügel Pu'u-ō-la'i, wogegen sie aus dem Kopf die Kraterinsel Molo-kini formte, nur knapp oberhalb der Wasseroberfläche gelegen – sodass ihre Widersacherin unvermeidlich ertrinken würde.

Ka'ōhelo – eine Schwester von Pele

Im Gegensatz zu Pele war Ka'ōhelo, eine ihrer Schwestern, keine Göttin, sondern ein ganz gewöhnlicher Mensch ohne irgendwelche übernatürlichen Fähigkeiten. Dennoch kann auf diese Schwester zurückgeführt werden, dass Pele die *'ōhelo*-Beeren heilig waren und sie äußerst wütend werden konnte, wenn sie ihr vorenthalten wurden. Niemandem gestattete sie, *'ōhelo*-Beeren zu pflücken oder zu essen, ohne ihr zuvor einen entsprechenden Anteil zu überlassen. Wer sich Pele näherte, musste ihr *'ōhelo*-Beeren opfern. Alles andere kam einer schweren Provokation gleich, und es bestand die Gefahr, furchtbar von Pele bestraft, verfolgt, und von ihrer Lava und den heißen Dämpfen getötet zu werden. Insbesondere an den Hängen des Vulkans Kī-lau-ea, wo Pele ihre Wohnstätte errichtet hatte, gediehen die roten Beeren im Überfluss. Warum das so war, davon erzählt eine Geschichte, in der Peles Schwester Ka'ōhelo den Status einer Halbgöttin erlangte.

Die drei Schwestern Pele, Hi'iaka und Ka'ōhelo waren gemeinsam nach Hawai'i gekommen und lebten auf der Großen Hawai'i-Insel. Malu-lani, die vierte Schwester, hatte es vorgezogen, sich auf der Insel Lāna'i niederzulassen. Sei es, dass sie sich nicht besonders gut mit Pele verstand, weil sie deren dominierende Rolle in der Familie nicht akzeptieren, sich der Allmacht ihrer Schwester entziehen wollte – oder sie sich in einen Mann verliebt hatte und danach strebte, mit ihm zusammenzusein. Was auch immer der Grund war, sie blieb auf Lāna'i, während die drei anderen Schwestern nach Hawai'i weitersegelten.

Hier gewann Pele allmählich ihre Macht über die Vulkane, indes wurde Hi'iaka zur Hulagöttin. Ka'ōhelo hingegen lebte wie alle Sterblichen, diente Pele und war stets zur Stelle, wenn diese nach ihr rief. Sie wusste, dass sie eines Tages sterben würde.

„Wenn ich einmal gestorben bin“, sagte Ka'ōhelo zu ihrem Sohn Kiha, „begrabe mich am Nabel deiner Großmutter auf dem Kī-lau-ea, dort soll mein Platz sein.“

Als der Tag gekommen war, an dem Ka'ōhelo starb, erinnerte sich der Sohn an die Worte seiner Mutter und befolgte genau ihre Anweisungen. Kurze Zeit nachdem er sie begraben hatte, wuchs aus ihrem Fleisch die über den Erdboden kriechende *'ōhelo*-Beere, und aus ihren Knochen entstand der *'ōhelo*-Strauch. Als Kiha dies sah, grub er drei Knochen seiner Mutter aus der Erde und warf je einen auf die Inseln Maui, O'ahu und Kaua'i, damit auch dort *'ōhelo*-Sträucher gedeihen konnten. Den Kopf beanspruchte Pele für sich und behielt ihn als schwelendes Feuer im Vulkan. Auf diese Weise wurde Ka'ōhelo zu einer von Peles übernatürlichen Priesterinnen.

Aus Kummer über den Tod von Ka'ōhelo erhängte sich ihre Schwester Malu-lani. Ka'ōhelos Geist entschied, das Andenken an Malu-lani wach zu halten, weshalb sie aus dem Körper ihrer Schwester einen Hügel formte.

Ka'ōhelos Geist schwebte unbehelligt nach O'ahu und vermählte sich mit dem feschen Häuptling He'eia, der sie aber schon nach kurzer Zeit verließ, weil er sich in den Geist einer anderen Frau verliebt hatte. Kurz davor gebar Ka'ōhelo ihre Tochter Wai-a-lani.

Wai-a-lani war begierig, ihre Verwandten kennenzulernen, deshalb machte sie sich auf den Weg nach Hawai'i. Sie erklomm den Kī-lau-ea und begrüßte Pele. Um ihre Nichte willkommen zu heißen, reichte ihr Pele einige *'ōhelo*-Beeren. Als Wai-a-lani in die Beeren biss, floss Blut heraus. Schlagartig wurde ihr bewusst: „Es ist das Blut meiner Mutter, aus deren Körper der *'ōhelo*-Strauch gewachsen ist." Angewidert spuckte sie die Beeren aus und schwor, Pele niemals wieder sehen zu wollen.

Peles langer Schlaf

Pele hatte Lust, an den Strand zu gehen. Die weißen Kronen der Wellen reizten sie zum Baden und Surfen. Einige ihrer Verwandten begleiteten sie. Als Oberhaupt der Familie genoss Pele das Privileg, sich vor allen anderen ins Wasser zu begeben. Weit schwamm sie hinaus und kehrte auf dem Rücken ihres Bruders Ka-moho-ali'i, des Haigottes, der sich ihr als Surfbrett zur Verfügung stellte, ans Ufer zurück. Wieder und wieder schwamm sie hinaus zu den Wellen.

Danach erklärte Pele ihrer Gefolgschaft, dass nun das Verbot zu schwimmen und zu surfen aufgehoben sei und dass sich alle ihren sportlichen Vergnügungen hingeben könnten. „Ich muss mich auf einen langen Schlaf vorbereiten, den meine jüngste Schwester Hi'iaka bewachen wird.“ Sodann ging Pele mit Hi'iaka landeinwärts, bis sie ein Haus erreichten, gedeckt mit *kī*-Blättern, das für die Göttin errichtet worden war. Hier legte sich Pele nieder und sagte zu ihrer Schwester:

„Die nächsten Schatten des Abendrots werde ich nicht wahrnehmen, denn ich versenke mich in einen tiefen Schlaf, der lange andauern wird. Ohne dich zu erheben, wirst du an meiner Seite ausharren, neun Tage und acht Nächte. Danach wecke mich und singe jenes Lied, das meinen Körper zurück ins Leben zwingt. So lautet mein Befehl an dich.“ Hi'iaka hörte aufmerksam zu, als Pele hinzufügte: „Dieser Schlaf wird eine Reise sein, um einen Mann zu treffen. Sollte ich meinem Liebhaber begegnen, wird mein Schlaf nachhaltig in mein Leben eingreifen. Sogleich werde ich schlafen.“

Leise schlich Hi'iaka zum Haupt ihrer Schwester und schwenkte eine duftende Pandanus-Blüte. Im ganzen Raum verbreitete sich dieser herrliche Geruch. Seither wird die Gegend von Puna gerühmt für den Duft der Blätter und Blüten des *ho'ohala*-Baumes.

Nachdem Pele eingeschlafen war und ihr Geist den Körper verlassen hatte, vernahm ihr Geist das Geräusch von Hulatrommeln und Nasenflöten, begleitet vom Gesang einer wundervollen Stimme. Peles Geist lauschte dieser Stimme, glaubte im ersten Moment, es wäre Laka, die Göttin des Tanzes, dennoch erkannte er ganz deutlich eine männliche Stimme, kräftig und zugleich zärtlich. Ein heftiges Verlangen trieb den Geist nach Osten, doch kam der Gesang nicht von dort. Also wandte sich Peles Geist westwärts, denn aus dieser Richtung hörte er die satten Töne einer Trommel, konnte sie aber nicht genau lokalisieren.

Einige Zeit irrte Peles Geist umher, erklomm Hügel, senkte sich in tiefe Schluchten oder wanderte durch Wälder, bis er den Ruf ganz klar von der Küste her vernahm. Er überquerte das Meer und horchte wieder. Die Klänge der Flöten und Trommeln wurden lauter.

Von einer Insel zur anderen flog ihr Geist und gelangte schließlich nach Kaua'i. Hier ertönte der Klang der Trommeln und des Gesangs besonders eindringlich. Dadurch erkannte der Geist, dass Pele dem Liebhaber nahe war, den sie in ihren Träumen erreichen wollte.

Peles Geist nahm die Gestalt einer jungen, strahlenden Schönheit an. Kein Makel störte die Form ihrer Brüste und ihres Körpers, gesalbt mit all den duftenden Ölen von Puna. Statt eines Kleides trug sie Ketten aus roten Hibiskusblüten. Sie war aufreizend in ihrer verhüllt zur Schau getragenen Nacktheit. Trommeln und Gesang hatten sie zum Haus von Lohi'au geführt, dem König dieser Insel. Seine Untertanen huldigten Pele mit lautem Beifall, man machte Platz, damit diese wundersame Fremde passieren konnte. Um ihr Ehre zu erweisen, warfen sich die Menschen ihr zu Füßen.

Im Glanz frischer Fraulichkeit betrat Pele das Haus der Hulatänze, schritt an den Trommeln vorbei und ließ sich auf einer jener weichen Matten nieder, die für Fürsten reserviert waren. Mehrere Adelige drängten sich um die Tänzer, dagegen mussten sich die gewöhnlichen Leute außerhalb des Hauses versammeln.

Neugierig wurde sie gefragt, woher sie käme. Lächelnd antwortete Pele: „Ich gehöre zu Kaua'i, jedoch komme ich vom Sonnenaufgang."

Lohi'au, der Ranghöchste, sagte: „Frau der langen Reise, du sprichst in Rätseln. Ich kenne Kaua'i von der Küste bis zu den Bergen, trotzdem haben meine Augen niemals eine Frau wie deinesgleichen erblickt."

„Von dort, wo du niemals gewesen bist", erwiderte Pele, „bin ich gekommen."

Da Lohi'au ihren Worten misstraute, fragte er ein weiteres Mal, woher sie komme. Pele gestand, dass sie aus Puna von der Großen Hawai'i-Insel stamme, „einem Ort, geliebt vom Sonnenaufgang". Alle wussten, dass Puna im Osten der Insel lag, wo die Sonne früher als anderswo aufging.

Die Adeligen luden Pele ein, an dem *lū'au* teilzunehmen, insbesondere sich ordentlich an den Speisen zu bedienen.

„Ich habe gegessen und bin gesättigt. Einen Heißhunger verspüre ich nach Hulatänzen und Gesang."

„Du bist willkommen und dies ist alles, was ich dir geben kann", sagte Lohi'au. „Für mich ist diese Insel Land und Meer zugleich. Dies sei dein Platz. Dein Heim in Puna wirst du hier wieder finden. Mein Haus trägt den Namen *Baum des Lebens.*"

„Der Name deines Hauses ist wunderschön", antwortete Pele. „Meine Heimat in Puna heißt *Langes Leben.* Ich möchte dein Haus in mich aufnehmen."

Während Pele auf ihrer Matte ruhte und das Fest der Häuptlinge genoss, betrachtete Lohi'au unablässig den Körper dieser wundervollen Frau. Keine Sekunde ließ er sie aus den Augen. Eine innere Unruhe erfasste ihn, und er äußerte gegenüber seinen Häuptlingen die Absicht, diese Prinzessin zu seiner Königin zu machen. Sein Ansinnen erschien allen recht vernünftig. Lohi'au wandte sich an Pele und schlug ihr die Ehe vor. Freudig akzeptierte Pele dieses Angebot, denn sie hatte erreicht, wonach sie sich gesehnt hatte.

Lohi'au erhob sich und ordnete an, die Tänze und Spiele abzubrechen, um die Hochzeit vorzubereiten. Pele und Lohi'au wurden vermählt und verbrachten, wie es Sitte war, einige Tage miteinander. Danach veranstaltete Lohi'au ein großes Fest für seine Freunde und Untertanen mit Hulatänzen und sportlichen Vergnügungen.

Das *lū'au-Fest* war voll im Gange, als drei Frauen das Haus des Hula betraten und ihre Plätze nahe Lohi'au einnahmen. Mit heftigem Applaus begrüßten die Leute ihr Kommen, denn sie waren nicht nur hübsch, sondern verfügten auch über magische Kräfte, wodurch sie sich ein Aussehen ihrer Wahl verleihen konnten. Geschmückt mit *lei*-Ketten aus Farnen, Blättern und Blüten faszinierten sie die Anwesenden.

Pele hatte Lohi'au vorgewarnt: „Es werden drei Drachengöttinnen erscheinen, sogenannte *mo'o*, und den Hula tanzen. Wenn du dich mit einer von ihnen einlässt, hast du mich verloren und wirst durch das Meer für immer von mir getrennt sein. Vergiss das niemals, denn es ist mein Gebot."

Fasziniert blickte Lohi'au auf die wunderbaren Frauen. Die schönste und würdevollste von ihnen war Kili-noe. Bevor die Tänze begannen, wurde getafelt, aber Kili-noe rührte keinen Bissen an, verfolgte vielmehr mit größtem Interesse jeden Schritt von Lohi'au und setzte alles daran, seine Aufmerksamkeit zu erringen. Pele verweigerte jeglichen Kontakt mit Kili-noe und hüllte sich in einen Schatten, der sie wie ein Nebel umgab.

Die Musiker nahmen ihre Plätze ein, griffen nach den Hulatrommeln und bereiteten sich darauf vor, für die Tänzer zu spielen. Da erhob sich Kili-noe, nahm Blüten und Blätter aus ihrem Schmuck und formte wohlduftende Kränze, mit denen sie Lohi'au und seine Musiker krönte. Sie erwartete, dass Lohi'au ihre Schönheit wahrnehmen und sie zu seiner Geliebten machen würde. Doch Peles Worte klangen noch in seinen Ohren und er forderte Pele auf, ein Lied vorzutragen, bevor der Tanz beginnen würde.

Pele warf ihren Schatten von sich und sagte: „Für die Tänzer zu singen ist nicht mein Metier, lieber Lohi'au, stattdessen werde ich die Windgötter der Inseln Ni'ihau und Kaua'i rufen, meiner Stimme zu folgen." Der Rhythmus der Trommeln begleitete Pele, als sie den Hula der Winde tanzte und einen Wind nach dem anderen beschwor. Eine sanfte Brise blies durch das Haus, sodann pfiffen stärkere Winde durch die Bäume draußen. Die Winde tanzten in perfekter Übereinstimmung mit Peles Stimme. Als Pele leiser wurde und schließlich verstummte, kehrten die Winde zurück zur Insel Ni'ihau. Aller Augen konzentrierten sich auf Pele.

Kili-noe konnte ihre Wut nur mühsam verbergen. Rot glühte ihr Gesicht und in ihren Augen blitzte das Feuer. „Du magst zwar die Insel Ni'ihau kennen, doch bist du auch mit den Winden von Kaua'i vertraut?", forderte sie Pele heraus. Sollte es ihr gelingen, sie zu blamieren, würde sich Lohi'au von Pele abwenden, spekulierte sie. Von Peles wahrer Identität hatte Kili-noe keine Kenntnis, sondern vermutete, Pele sei bloß irgendeine adelige Dame.

Ein weiteres Mal beschwor Pele die Winde: den Wind, der sanft die Wellen kräuselt; den Wind, der mit den Blättern der Bäume spielt; den Wind, der Äste knickt; den Wind, der die Regenwolken vor sich hertreibt; den Wind, der um die Spitzen der Berge jagt. Die Hüter der Winde hoben den Deckel ihrer Kalebassen und ließen die gefangenen Winde los. Zornig und zerstörerisch fegten Peles Winde über Hütten und Bäume. Da wusste Kili-noe, mit wem sie sich eingelassen hatte.

„Ihr seid doch die Hüterinnen der Höhlen von Hā'ena, nennt man euch nicht auch die Winde von Hā'ena?", spottete Pele. Um dem Hohn und Gelächter von Lohi'au und seinem Gefolge zu entgehen, verließen die Drachenfrauen fluchtartig das Haus des Hulatanzes.

Lohi'au sagte zu Pele: „Du hattest Recht, die Winde von Hā'ena haben uns einen bösen Tag beschert. Dank deiner Macht haben wir uns ihres Einflusses entledigt."

Als Pele sich zu ihrem langen Schlaf gebettet hatte, hatte sie ihre Schwester Hi'iaka mit dem Auftrag verlassen, sie zu wecken, sollte sie nach neun Tagen nicht wieder zum Leben erwacht sein. Diese Frist war nahezu verstrichen und Hi'iaka sang das magische Lied, das Pele sie gelehrt hatte. Während sie der Stimme ihrer Schwester lauschte, sagte Pele zu Lohi'au: „Trotz deines heftigen Verlangens kann ich nicht länger bei dir bleiben, sondern muss zurückkehren zu den duftenden Hibiskusblüten, da meine Schwester mich gerufen hat. Deine Aufgabe ist es, dem Gebot zu gehorchen, das ich dir auferlegt habe. Gedulde dich so lange, bis ich meine kleine Schwester nach dir schicken werde, alsdann folge ihr in mein Heim nach Puna." Lohi'au begriff nicht, weshalb ihn seine Ehefrau so plötzlich verließ.

Deutlich vernahm Pele jene Beschwörung, die einen wandernden Geist zurückholte in sein Heim, egal wohin er sich begeben hatte. Über das Meer hallte Hi'iakas Ruf.

Peles Geist schlüpfte in den Körper, der während ihrer Abwesenheit in ihrem Haus geruht hatte. Sogleich erhob sich Pele von ihrem Lager und beauftragte Hi'iaka, alle Schwestern herbeizuholen. Sie wolle ihnen mitteilen, dass sie sich entschlossen habe, ihren Wohnort von der Küste wieder ins Landesinnere zu verlegen.

Die Schwestern versammelten sich um das Haus, und Pele forderte eine nach der anderen auf, den Hula zu tanzen. Bis auf Hi'iaka weigerten sich alle. Sie sagten:

„Keine von uns kann sich mit Hi'iaka messen, denn allein sie ist die Göttin des Hulatanzes."

Die verschiedenen Tänze hatte Hi'iaka von ihrer Freundin Hōpoe erlernt, ihr verdankte sie ihr gesamtes Können. Deshalb erbat Hi'iaka Peles Erlaubnis, mit Hōpoe unten am Strand leben zu dürfen.

„Erst wenn du den *Tanz des aufgehobenen Gesetzes* getanzt hast, magst du gehen", forderte Pele.

Zu Ehren ihrer Schwester tanzte Hi'iaka und sang dazu. Jeder ihrer Schritte war perfekt; ein Fehler hätte bedeutet, dass die Geehrte die Huldigung zurückwies. Ein Lied, das jemandem gewidmet wurde, ging in dessen Besitz über, konnte allerdings, wie jedes Eigentum an jemand anderen weitergegeben werden.

Hocherfreut über die Geschicklichkeit und die Anmut ihrer jüngsten Schwester und ebenso ergriffen von ihrer gesungenen Würdigung, gestattete Pele, dass Hi'iaka mit ihrer Geliebten Hōpoe am Meer bleiben durfte. Pele und die anderen Schwestern übersiedelten in den Krater des Kī-lau-ea.

Hōpoe, der tanzende Stein

Bald nachdem Pele von ihrer Reise zu Lohiʻau zurückgekehrt war, quälte sie die Sehnsucht nach ihrem Liebhaber. Um sich von ihrem Verlangen nach Lohiʻau abzulenken, stocherte sie in ihren Lochkratern, bis Dampf und Schwefel aus dem Boden traten. Gleich dem vulkanischen Feuer brannte in ihr die Leidenschaft. Pele hatte sich auf der Großen Insel eingerichtet, ihre Wohnstätte im Krater des Kī-lau-ea bezogen und ihre Macht gefestigt. Nun wollte sie ihr Versprechen einlösen und Lohiʻau zu sich holen. Deshalb rief sie ihre Schwestern zu sich. Keine von ihnen besaß den Mut, sich der Herausforderung zu stellen und zur Insel Kauaʻi zu reisen.

Zu guter Letzt sandte Pele nach Hiʻiaka. Erfrischt vom Wasser des Meeres und geschmückt mit Blumenketten, die ihre Geliebte Hōpoe für sie geflochten hatte, erschien Hiʻiaka vor Pele. Schweigend stand sie der mächtigen Schwester gegenüber. Während sie sich allmählich ihrer Blumenkränze entledigte, tanzte sie einen Hula, den sie von Hōpoe gelernt hatte, denn diese kannte alle Tänze der Vorfahren. Hōpoe unterrichtete Hiʻiaka auch in der Kunst, aus duftenden Blüten *lei*-Ketten zu knüpfen. Gemeinsam schwammen sie hinaus zu den mit weißen Kronen bedeckten Wellen, tauchten zu den Fischen in den Korallenriffen. Sie legten Gärten an, von denen sie sich ernährten, pflanzten Hibiskus und *hala*, woraus Matten und Röcke geflochten wurden. Zusammen genossen sie die glückliche Zweisamkeit ihrer gegenseitigen Liebe.

„Du weißt, dass du sehr viel von mir verlangst", sagte Hi'iaka. „Dennoch bin ich bereit, diese Aufgabe für dich zu übernehmen. Ich habe keine Angst und werde Lohi'au hierher bringen."

Zufrieden entgegnete Pele: „Mein Auftrag an dich lautet: Fahre über das Meer nach Kaua'i, finde meinen Mann Lohi'au und bringe ihn an meine Seite. Ich verbiete dir jeglichen körperlichen Kontakt mit ihm, selbst eine Umarmung ist dir nicht gestattet. Lohi'au ist für dich tabu. Vierzig Tage stehen dir zur Verfügung, keinen weiteren Tag gewähre ich dir für den Hinweg und den Rückweg."

Ohne zu überlegen blickte Hi'iaka ihrer Schwester in die Augen und sagte: „Damit bin ich einverstanden. Ich werde deinen Mann geleiten, allerdings knüpfe ich daran eine Bedingung: Du musst meinen Hibiskusgarten pflegen und darfst nicht zulassen, dass ihn jemand zerstört. Du kannst in allen unseren Gärten ernten, doch du darfst meinen *le'hua*-Hain nicht anrühren, er ist mein Glück und meine Wonne. Mögest du das Land verwüsten bis an die Küste des Meeres, so fordere ich von dir, meine geliebte Hōpoe nicht zu behelligen. Das ist mein Vertrag mit dir."

„Dieses Abkommen will ich akzeptieren", erwiderte Pele. „Ich werde mich um deinen Garten und um deine Freundin kümmern. Mache du dich auf, meinen Mann zu holen."

Dies war ein zeremonieller Eid zwischen den beiden Schwestern. Zwar wusste Hi'iaka, wie unberechenbar und unverlässlich Pele war und welche Zerstörung sie in ihrem Zorn imstande war, anzurichten, trotzdem vertraute sie ihrer Schwester. Sie war zufrieden und zugleich beruhigt, dass Pele versprochen hatte, den Schutz und die Verantwortung für Hōpoe zu übernehmen.

Hi'iaka stieg auf den Gipfel des Vulkans und sang für ihre Schwester ein Lied. Gerührt von dieser Huldigung übertrug Pele ihrer Schwester einen Anteil ihrer eigenen göttlichen Macht, damit sie auf ihrer Reise im Kampf gegen Dämonen, Drachen und Zauberer würde bestehen können. Derart verfügte Hi'iaka über *mana,* außergewöhnliche Kräfte, die sich auf verschiedenartige Weise zeigten, und mit deren Hilfe sie Notsituationen meistern konnte.

Drei Utensilien überließ Pele ihrer Schwester für die Reise, um Hindernisse zu überwinden, gegenüber Drachen, Geistern und Dämonen bestehen zu können. Das erste Geschenk war 'Awihi-ka-lani, *Das weitsichtige Auge,* damit sie die Zukunft voraussehen, mit Geistern kommunizieren und übernatürliches Wissen erlangen konnte. Geschenk Nummer zwei hieß Ka-lima-ikaika-o-Kī-lau-ea, *Der starke Arm des Kī-lau-ea,* womit sie ihre Gegner bei jedem Kampf mit außergewöhnlicher Wucht bezwingen konnte. Das letzte Geschenk war Pā'ū-uila, *Der blitzesendende Frauenrock,* der zahlreiche wesentliche Fähigkeiten besaß, allesamt unerlässlich für eine derartig gefährliche Reise.

Ausgestattet mit dieser Sicherheitsausrüstung konzentrierte sich Hi'iaka auf ihre lange und gefährliche Reise. Peles Ungeduld war indessen dermaßen groß, dass sie Hi'iaka drängte, so bald als möglich aufzubrechen. Hi'iaka unterbrach ihre Vorbereitungen, nahm lediglich einen wundersamen Rock mit, der über die Kraft verfügte, dem Tod zu widerstehen. Ohne für ausreichend

Nahrung und Kleidung vorgesorgt zu haben, machte sie sich auf den Weg.

Begleitet wurde Hiʻiaka von Paʻū-o-palaʻā, einer Göttin mit magischen Fähigkeiten, die mit allen Arten von Farnen vertraut war und deren geheimen Mächte beherrschte. Wogegen Paʻū-o-palaʻā nicht die gesamte Reise mitmachen würde, sondern eine Rast einlegen sollte, um sich Hiʻiaka später wieder anzuschließen, sollte die Halbgöttin Wahine-ʻōmaʻo nicht von Hiʻiakas Seite weichen und sich als treue Dienerin erweisen.

Schweren Herzens verabschiedete sich Hiʻiaka von Hōpoe. Als sie einander umarmten und innig küssten, stiegen über dem Vulkan Rauchwolken empor, was Hiʻiaka als böses Omen deutete. „Ich werde viele Schwierigkeiten bewältigen müssen, dennoch wird mein Auge stets auf dich gerichtet sein, wo immer ich auch sein mag." Hiʻiaka spürte ihre Kräfte wachsen und war bereit, allen Gefahren zu trotzen.

Hiʻiaka war noch nicht lange unterwegs, da keimten in Pele bereits Misstrauen und Eifersucht gegenüber ihrer Schwester auf, aber sie hielt sich zurück, spuckte bloß Rauchwolken aus ihrem Krater. Immerhin hatte sie mit Hiʻiaka ein Abkommen geschlossen. Dennoch wuchs ihre Ungeduld von Tag zu Tag.

Als vierzig Tage verstrichen waren und Hiʻiaka noch nicht zurückgekehrt war, sah Pele keinen Grund mehr, sich zu beherrschen. „Du hast unseren Vertrag gebrochen und dich nicht an mein Gebot gehalten", sandte sie ihre Botschaft über das Meer zu Hiʻiaka. Rauch verdunkelte die Wälder. Hiʻiaka sah, wie sich schwarze Lava ausbreitete und sich in Richtung der Küste ergoss, wo

Hōpoe wohnte. Von der weit entfernten Insel Kaua'i beobachtete Hi'iaka Peles Untreue.

Immer gewaltiger wurden die Lavaströme und vernichteten Hi'iakas Hibiskusgarten, den sie so sehr liebte. Erdbeben erschütterten das Land rund um den Vulkan.

Für Hōpoe gab es kein Entrinnen vor Peles Zorn. Mit ihrer Lava versperrte sie Hōpoe jeglichen Fluchtweg, umschloss ihr Heim von allen Seiten. Hinaus auf das Meer konnte sie nicht entwischen, da sie über kein Kanu verfügte, zu schwimmen würde ihr Ende bloß verzögern. Hōpoe erwartete den Tod. Sie legte jene Blumengirlanden, die Hi'iaka am meisten gemocht hatte, über ihren Kopf und ihre Schultern und tanzte den Hula des Todes, während die Lava ihren Körper gleich einem Mantel umfasste. Hōpoe tanzte, bis sie völlig in Lava gehüllt und zu Stein geworden war.

Immer wenn der Wind oder eine Hand an seinem labilen Gleichgewicht rührte, tanzte dieser Stein aus schwarzer Lava. Zur Erinnerung an Hi'iakas Lebensgefährtin trug er den Namen Hōpoe.

Hi‘iakas Kampf mit den Dämonen

Hi‘iakas weite Reise nach Kaua‘i hatte kaum begonnen, als sie und ihre Begleiterin Pa‘ū-o-pala‘ā, die Göttin der Farne, einem Dämon begegneten. Denn auf den schönsten Plätzen des Waldes, in unwegsamen Schluchten, tiefen Teichen oder seichten Flüssen lebten zahlreiche Dämonen.

Pana-‘ewa war ein Reptilienmensch, der alle Wege durch den Wald kontrollierte und jeden Fremden argwöhnisch beobachtete, um ihn dann gefangen zu nehmen oder gar zu fressen. Manchen gewährte er die Durchreise, dagegen malträtierte er andere mit Nebel, Regen oder Wind, bis sie von ihrem Weg abkamen. Pana-‘ewa war überaus mächtig und herrschte über alle üblen Kräfte des Waldes. Jene bösen Geister, die Wurzeln um die Füße eines Wanderers legten, sodass er über einen Stein stolperte oder in eine Grube stürzte, waren seine Diener. Innerhalb eines Augenblicks konnte Pana-‘ewa sein Äußeres verwandeln. Wer um die Macht von Pana-‘ewa wusste, spendete *‘awa* zum Trinken, *kalo*-Wurzeln und Fische zum Essen, *kapa* für die Herstellung von Matten und Kleidern. Damit konnte man sich freien Durchgang erkaufen.

Als Hi‘iaka den Wald betrat, warf sie ihre Farnkleider von sich und zeigte ihre wunderschöne Gestalt. Zwei winzige Vögel umkreisten sie. Schnell wie der Blitz informierten sie Pana-‘ewa, wenn jemand in sein Reich eindrang. „Das ist die Frau aus dem Krater“, meldete der eine, und der andere ergänzte: „Sie ist nicht annähernd so mächtig wie Pana-‘ewa.“

Hi'iaka hörte die Stimmen der Vögel und lachte. Ihre Absicht war es, Pana-'ewa zu ärgern. Sie sang ein Lied, in dem sie ihn daran erinnerte, dass Pele mit ihrer Lava seine Wälder jederzeit niederbrennen könnte. Kräftig drang ihre Stimme durch den Wald, damit Pana-'ewa auch jedes einzelne Wort des Textes hörte.

„Du bist Hi'iaka, und ich werde dich verschlingen. Es gibt keine Möglichkeit, mir zu entkommen, denn ich verfüge über zahlreiche Körper." Pana-'ewa umschlang Hi'iaka mit seinen Nebelarmen, würgte sie mit seiner Kälte und raubte ihr die Sicht. Hi'iaka ergriff ihren Zauberrock und wischte den Nebel zur Seite, woraufhin Pana-'ewa sich anschickte, Hi'iaka und ihre Begleiterin mit gewaltigen Sturmböen umzuwerfen. Heftige Regengüsse peitschten auf sie nieder, die wie Nadeln in die Haut stachen. Um die Beine von Pa'ū-o-pala'ā schlangen sich Wurzeln und hielten sie derart fest, dass sie keinen Schritt vorwärtskam. Obwohl Pa'ū-o-pala'ā Macht über Pflanzen und Farne besaß, scheiterte ihre Magie bei den Untertanen von Pana-'ewa. „Halte deinen Mantel fest", warnte Hi'iaka ihre Gefährtin. Zweige schlugen auf sie ein, Vögel pickten mit ihren Schnäbeln Wunden in ihr Fleisch und mühten sich, an die Augen zu gelangen.

Mit ihrem Zauberrock, dem die Fähigkeit innewohnte, Blitze aus den Falten zu schleudern, wehrte sich Hi'iaka gegen die *mo'o*-Drachen und halbgöttlichen *kupua*-Wesen, oftmals missgestaltet, dennoch mit übernatürlichen Fähigkeiten ausgestattet waren. Am gemeinsten waren die *'e'epa*-Gnome. „Meine Kräfte sind erschöpft", wimmerte Hi'iakas Begleiterin. Sogar Hi'iaka war ermattet und konnte kaum noch ihre Arme heben, um sich ihres Zauberrocks zu bedienen.

In ihrer Bedrängnis sprach sie eine Beschwörung, mit der sie Peles Hilfe erflehte gegen diese hinterhältigen Kobolde. Pele hörte die Stimme ihrer Schwester und sandte Blitze gegen Pana-'ewa und die Streitmacht seiner Gnome und Gespenster. Gegen diese Waffe waren Pana-'ewas Krieger wehrlos.

Inzwischen war Hi'iaka wieder zu Kräften gekommen und schwang ihren Zauberrock, aus dem Blitze auf ihre Gegner zischten. Sobald einer von Pana-'ewas Untertanen von einem Blitz getroffen wurde, fiel er um und blieb liegen, als würde er schlafen. „Unsere Leute sind müde vom Kampf gegen Hi'iaka und ruhen", riefen jene beiden Vögel, die das Reich von Pana-'ewa bewachten. Hingegen musste Pana-'ewa erkennen, dass sie tot waren, obwohl sie keinerlei Verletzungen aufwiesen. „Wie sind sie getötet worden?", fragte Pana-'ewa. Die Vögel sangen: „Wir sahen Hi'iakas Rock sich vor und zurück, sich hin und her bewegen."

Hatte Pana-'ewa gegen Hi'iaka mit eisigen Stürmen gekämpft, konterte Pele mit vulkanischen Dämpfen. Vor den kochend heißen Wolken flüchte Pana-'ewa aus seinem Wald und lief talwärts. Ein gewaltiger Sturzbach füllte plötzlich die Täler mit Wasser, sodass die *kupua*-Gnome allesamt ins Meer gespült wurden. Im nächsten Augenblick wurde Pana-'ewa samt seiner Gefolgschaft von dem Hai Kāne-lu-honua verschlungen.

Hi'iaka begegnet Wahine-'ōma'o

Um von den Drachen und Dämonen des Waldes in Zukunft unbehelligt zu bleiben, beschloss Hi'iaka, ihre Reise nahe der Küste fortzusetzen, begleitet von ihrer Dienerin Pa'ū-o-pala'ā, der Göttin der Farne. „Ich höre das Grunzen eines Schweins, leider kann ich nicht erkennen, woher das Geräusch kommt, ob vom Meer oder vom Festland", wunderte sich Pa'ū-o-pala'ā.

„Auch ich höre dieses Geräusch", sagte Hi'iaka. „Das ist das Schwein aus dem Meer, der grunzende, eckige Schweinefisch *Humuhumu-nukunuku-ā-pua'a,* jener Fisch, in den sich Kama-pua'a verwandelt hat, als er vor Peles Lava floh. Andererseits grunzt auch ein Schwein vom Land her. Offenbar sind es zwei Schweine, die wir hören."

Auf ihrem weiteren Weg genossen sie den angenehmen Schatten der Bäume, als sie einer sympathischen Frau begegneten, die ein kleines schwarzes Schwein und einen gestreiften, eckigen Fisch in ihren Armen hielt. Hi'iaka grüßte die Fremde. „Ich umarme dich, Wahine-'ōma'o."

„Woher kennst du meinen Namen, wogegen du mir unbekannt bist?", wunderte sich die Frau. „Wie heißt ihr und wohin seid ihr unterwegs?"

„Ich bin Kū und meine Begleiterin heißt Kā. Vor uns liegt eine beschwerliche Reise über die Inseln und das Meer. Unser Ziel ist die Insel Kaua'i. Sodann werden wir wieder zur Großen Hawai'i-Insel zurückkehren."

Wahine-'ōma'o blickte Hi'iaka lange in die Augen: „In mir brennt eine heftige Sehnsucht, euch auf dieser

Reise zu begleiten. Am liebsten würde ich mich euch sogleich anschließen, aber ich habe gelobt, dieses Schwein sowie den Fisch der Feuergöttin zu opfern."

„Dann spute dich", forderte Hi'iaka. „Wenn du entschlossen bist, mit uns zu kommen, bringe deine Opfergaben zu Peles Vulkan. Danach folge uns. Du wirst uns finden. Wirf das Schwein in den Krater und kehre ohne zu Zögern um. Sprich auf deinem Weg ständig: Oh Kū! Oh Kā! Oh Kū! Oh Kā! – So lange, bis du uns erreicht hast."

„Gewiss werde ich mich deiner Beschwörung bedienen. Du bist ebenso anmutig wie mächtig, sodass ich vermute, du bist Pele. Nimm auf der Stelle mein Schwein als Gabe." Mitsamt ihrem Opfertier warf sich Wahine-'ōma'o vor Hi'iaka auf den Boden.

„Erhebe dich", sagte Hi'iaka, „dein Opfer muss an jenem Ort dargebracht werden, wie du es versprochen hast."

Wahine-'ōma'o ergriff das Schwein sowie den Schweinefisch und machte sich auf den Weg zu Peles Krater, als sie von einer ungeahnten Kraft erfasste wurde. Mühelos erreichte sie den höchsten Punkt des Vulkans, als wäre das Gewicht ihres Körpers geringer geworden. Zu ihren Füßen lag die gewaltige Fläche brodelnder Lava, umschlossen von schwarzen Steilhängen. Zu Ehren Peles sang sie ein Lied: „Hier ist mein Opfer, mein Geschenk, ein Schwein für dich, Göttin der brennenden Steine, lebe für mich, nimm mein Schwein."

Sie beugte sich vornüber, warf das schwarze Schwein sowie den Fisch in den Abgrund und vergewisserte sich, dass ihr Opfer angenommen wurde. Flammen griffen nach dem Geschenk und zerrten es unter die rote Oberfläche. Einen Augenblick lang zischte eine Feuerfontäne hoch und hob das Schwein empor. Sodann wurde es von der brodelnden Lava verschlungen. Pele hatte das Opfer akzeptiert. Damit hatte Wahine-ʻōmaʻo ihr Gelübde erfüllt und war nunmehr frei, eigenen Wünschen zu gehorchen.

Mit einem Mal erhob sich eine alte Frau aus dem Krater. Pele, eifersüchtig und verärgert wegen Hiʻiaka, rief aus ihrem Feuerloch: „Wahine-ʻōmaʻo, bist du zwei Reisenden begegnet? Ziehe mit ihnen und berichte mir laufend von ihrem Treiben."

„Zwar habe ich dir meine Gaben geopfert, trotzdem bin ich nicht deine Spionin." Verdrießlich wegen Peles Ansinnen fuhr Wahine-ʻōmaʻo fort: „Ich hatte gedacht, du bist eine hübsche Frau, geschmückt vom Glanz des Feuers, doch du bist verhärmt und alt. Deine Augen sind rot, deine Haare und Augenbrauen sind verbrannt, deine Augenlider versengt." Wahine-ʻōmaʻo wandte sich ab von Pele und verließ den Krater. Ständig murmelte sie vor sich hin: „Oh Kū! Oh Kā!" Als würde eine schnell dahingleitende Wolke ihre Füße erfassen, befand sie sich nach kurzer Zeit an der Seite von Hiʻiaka. Zu dritt setzten sie ihren Weg fort, als sie zu einem Hain mit Hibiskusbäumen gelangten. Wahine-ʻōmaʻo ersuchte ihre neue Freundin Hiʻiaka, eine Weile an diesem Ort zu verweilen, der einst die Heimat ihres Vaters gewesen war, um seiner zu gedenken.

Hiʻiaka zögerte: „Ich mag mich hier nicht unnötig aufhalten, weil meine Gedanken hier jemandem sehr nahe sind, näher als sonst jemandem." Tränen rannen über Hiʻiakas Wangen, sobald sie an Hōpoe dachte.

„Warum weinst du?", fragte Wahine-ʻōmaʻo.

„Ich weine wegen meiner Freundin Hōpoe, die dem Zorn von Pele ausgeliefert ist, denn ich befürchte, meine Schwester wird sich nicht an unser Abkommen halten. Meine Nase ist noch erfüllt vom Duft ihrer Blumenketten – und den Blüten ihres Körpers."

Wahine-ʻōmaʻo sagte: „Ich habe von ihr gehört. Sobald man in ihre Augen blickt, ziehen sie einen magisch an."

„Zwar hast du Recht", bestätigte Hiʻiaka, „für mich bleibt sie jedenfalls Hōpoe, die mich den Hula gelehrt hat, ihr Name drückt aus, jemanden mit Blumenketten, Schwüren oder liebevollen Armen umschlossen zu halten." Hiʻiaka sandte zärtliche Gefühle über Wälder und Lavafelder zu ihrer Geliebten, obwohl sich ihr Herz nach und nach einer neuen Freundin öffnete, die ihr treu und herzlich auf ihrer ereignisreichen Reise zur Seite stehen sollte.

Hi'iaka zwingt einen Geist zurück in seinen Körper

Hi'iaka, ihre neue Freundin Wahine-'ōma'o und die Farngöttin Pa'ū-o-pala'ā näherten sich einer Hütte, vor deren Tür zwei Mädchen auf einer Matte lagen. Sobald die Mädchen jene fremden Frauen erblickten, offerierten sie ihnen ihre Gastfreundschaft: „Seid uns als Gäste willkommen! Ruht euch aus von euren Strapazen. Esst von unseren getrockneten Fischen und langt in den Topf mit köstlichem *poi*-Brei." Mehr besaßen die Mädchen nicht, doch alles, was sie hatten, boten sie bereitwillig an.

Hi'iaka bedankte sich herzlich für die Einladung. „Eine von uns wird sich bei euch sättigen. Wir beide sind hingegen nicht hungrig." Wie alle Menschen benötigte Wahine-'ōma'o Nahrung, da sie nicht über göttliche Fähigkeiten verfügte.

Während Wahine-'ōma'o aß, registrierte sie, dass irgendetwas den Mädchen große Sorge bereitete. „Unser Vater ist letzte Nacht zum Fischen aufs Meer hinausgefahren und nicht wieder heimgekehrt. Wir befürchten, dass ihm etwas zugestoßen ist."

Hi'iaka hörte dies und wandte ihren Blick auf das Meer. Dort sah sie den Geist eines Mannes, der eine Fischreuse in seinen Händen hielt. Sie ermahnte die Mädchen, genau zuzuhören und ihre Anweisungen zu befolgen: „Ihr dürft weder weinen noch klagen; euer Vater ist ertrunken, als sich sein Kanu mit Wasser gefüllt hatte. Die Wellen spülten den Körper auf ein Riff, wo er nun liegt. Ich werde seinen Geist fangen und ihn dorthin bringen, wo sein Zuhause war. Gestattet niemandem zu essen, bevor ich meine Arbeit vollendet habe.“

Wieder blickte Hi‘iaka auf das Meer. Unruhig wanderte der Geist umher, die Fischreuse über seiner Schulter. Weder mochte der Geist des Fischers zurück in seinen Körper, noch wagte er sich in die Nähe seiner Hütte, solange sich dort Fremde aufhielten. Hi‘iaka erwischte ihn, als er in den Wald zu entkommen versuchte. Sie scheuchte den Geist vor sich her und nötigte ihn zur Umkehr. Sobald Hi‘iaka ihn durch die Tür in die Hütte gedrängt hatte, kamen seine Töchter herbei, die dachten, ihr Vater sei heimgekehrt. „Dies ist nicht euer Vater, sondern der Geist eures Vaters. Wenn sich die Farben eines Regenbogens über euer Haus wölben, ist es mir gelungen, den Geist zurück in seinen Körper zu zwingen, dann ist euer Vater am Leben. Fällt dagegen heftiger Regen, könnt ihr eure Tränen fließen lassen, um den Tod eures Vaters zu beklagen.“

Als Hi‘iaka einen Augenblick unaufmerksam war, entkam der Geist und flüchtete ans Ufer des Meeres, wo er sich an einem steil abfallenden Riff verbarg. Ganz in der Nähe lag der tote Körper des Fischers, zerschunden von scharfen Klippen, sein Gesicht von Aalen zerbissen. Hi‘iaka folgte dem Geist, fing ihn und umklammerte ihn.

Um den toten Körper auf den Wiedereintritt seines entfleuchten Geistes vorzubereiten, wusch sie ihn sorgfältig mit Meerwasser. Als Mitglied der Pele-Familie verfügte Hi‘iaka über die Macht, einen toten Körper wieder mit dessen Geist in Einklang zu bringen. Sie nötigte den Geist dorthin zurück, wo sein Körper lag, und zwang ihn, unverzüglich einzutreten. Allerdings äußerte der Geist des Fischers, seine Existenz wäre angenehmer, könnte er so wie jetzt frei und für sich allein umherstreifen.

Neuerlich versuchte er zu entfliehen.

Hi'iaka kommandierte den Geist zurück in seinen Körper: „Tritt ein in die Spitze der großen Zehe!" Wieder und wieder schlug sie gegen die Fußsohlen, doch der Geist war widerspenstig und wollte sich nicht hineinzwängen lassen, sondern lauerte auf eine Gelegenheit zu entweichen. Während Hi'iaka eine Beschwörung murmelte, hieb sie auf die Füße und Gliedmaßen des toten Körpers. Verbissen kämpfte sie gegen den Geist und hatte ihn bereits genötigt, bis hinauf zu den Lenden zu kriechen. Obwohl er sich heftig wehrte, musste er sich den ständigen Schlägen fügen und weiter in den Körper eindringen. Bald war der Geist bis zur Brust vorgedrungen.

Hi'iaka goss frisches Wasser über den Körper, sodann über die Augen und das Gesicht. Mit einem Lied rief sie nach dem Geschenk des Lebens. Der Geist kroch hinauf zu den Augen und zum Mund; würgende Geräusche waren zu hören. Langsam öffneten und schlossen sich die Augen wieder, die Lippen bewegten sich, und allmählich kam der Atem zurück. Nun war der Geist wieder völlig mit dem Körper vereint.

Aus dem Extrakt bestimmter Pflanzen bereitete Hi'iaka mit Hilfe der Farngöttin Pa'ū-o-pala'ā eine Tinktur, welche die Verletzungen, die ihm das scharfe Riff sowie die Bisse der Aale zugefügt hatten, rasch verheilen ließen. Danach fragte Hi'iaka den Fischer, was ihm widerfahren sei. „Ein übermächtiger Halbgott ist in Form einer gewaltigen Welle über mein Boot hergefallen und hat es mit Wasser gefüllt. Ich habe das Wasser aus dem Boot geschöpft, aber eine geheimnisvolle Gewalt hat mein Boot in die Tiefe gezogen. Danach ist meine Erinnerung erloschen."

Über die Hütte des Fischers wölbte sich ein satter Regenbogen. Jetzt wussten die Töchter, dass ihr Vater am Leben war, und ihre Freude war grenzenlos. Zwar war der Fischer noch ein wenig wackelig auf den Beinen, als er sich in Begleitung von Hi'iaka auf den Weg zu seiner Hütte machte. Dort angelangt, gaben ihm eine ausgiebige Portion *poi* sowie einige getrocknete Fische seine Kraft zurück.

Hi'iaka und ihre beiden Begleiterinnen dankten den Töchtern des Fischers für ihre Gastfreundschaft und setzten ihre Reise fort.

Lohi‘au und Hi‘iaka

Etliche Zeit war verstrichen, seit Hi‘iaka zur Insel Kaua‘i aufgebrochen war, um Peles Liebhaber Lohi‘au abzuholen und ihn dorthin zu geleiten, wo Peles Reich und Heimat lag. Hi‘iaka hatte Drachen besiegt, hatte gegen böse Gnome und Elfen gekämpft, war Geistern der Toten sowie Halbgöttern des Landes und des Meeres begegnet. Zuletzt mussten Hi‘iaka und Wahine-‘ōma‘o den prüden Geistergott Hinahina-kū-i-ka-pali zurechtweisen und zum Schweigen bringen, nachdem er sich empört hatte, dass die Mädchen nackt durch einen Fluss geschwommen waren und dabei ihre Kleider über ihren Köpfen trockengehalten hatten.

Bald danach bekamen sie es mit Kiki-pua zu tun, einer *mo‘o*-Frau, die Reisende austrickste, indem sie ihnen ihre Zunge als Brücke anbot, wobei sie abstürzten und von Kiki-pua gefressen wurden. Hi‘iaka tötete Kiki-pua, sodass sie und Wahine-‘ōma‘o mit Hilfe ihres Rocks *pā‘ū* die Schlucht unbehelligt überqueren konnten.

Langsam näherte sie sich dem Ziel ihrer Reise, der Insel Kaua‘i.

Mit allen Ehren wurden die Besucher von dem gelähmten Häuptling Malae-ha‘a-koa empfangen, der ein Fest mit Hulatänzen und Spielen zu Ehren von Hi‘iaka und ihren Begleiterinnen arrangiert hatte, an dem sich Hi‘iaka vorerst nicht beteiligte, weil sie Mitleid mit Malae-ha‘a-koa hatte. Sofort begann sie mit der Heilung des Häuptlings, unterstützt von ihren Freundinnen Pa‘ū-o-pala‘ā und Wahine-‘ōma‘o. Erst nachdem er seine volle Beweglichkeit wiedererlangt hatte, war sie zufrieden.

„Wie ich mit tiefster Traurigkeit feststellen muss“, bemerkte Hi‘iaka, „ist Lohi‘au tot.“ Kilioe, die Schwester von Lohi‘au, erzählte, was geschehen war: „Sein Leichnam wurde gestohlen und ruht in einer abgelegenen Höhle, bewacht von Drachenfrauen, indes irrt sein Geist unstet umher.“ Hi‘iaka fragte Kilioe nach der Ursache für dessen Tod. „Mit einem Mal verließ ihn sein Atem und der Körper wurde gelb.“ Hi‘iaka wunderte sich: „Aber es gab nicht den geringsten Grund, zu sterben.“ Kilioe zuckte mit den Schultern und erwiderte: „Wie mir scheint, hat ihm die plötzliche Abreise jener wunderschönen Frau, die für ihn den Hula getanzt hatte, heftiger zugesetzt, als er sich selbst eingestehen wollte, sodass ihn letztlich der Gram dahinraffte.“

„Ich werde das Versteck des Leichnams suchen und den beiden Drachenfrauen den Geist abjagen, danach werde ich versuchen, den Geist wieder mit seinem Körper zu vereinen, wiewohl die magische Kraft der Drachenfrauen enorm ist. Möglicherweise werde ich in dem Kampf unterliegen. Eure Aufgabe ist es, ein Tabu zu befolgen, nämlich zwanzig Tage lang zu ruhen. Weder dürft ihr die Berge aufsuchen noch das Ufer des Meeres.“ Von Häuptling Malae-ha‘a-koa forderte Hi‘iaka, sämtliche Tänze und Spiele sofort zu beenden. „Errichtet eine Hütte aus *kī*-Blättern für den toten Körper und achtet darauf, dass die Hütte an allen Seiten dicht ist – abgesehen von einer Tür, die nach Osten weist.“ Alsdann trat Hi‘iaka mit dem Geist in Kontakt und versprach, ihm ein neues Leben zu geben.

In der Morgendämmerung brachen Hi‘iaka, Pa‘ū-o-pala‘ā und Wahine-‘ōma‘o auf zu der Höhle, wo der Leichnam von Lohi‘au ruhte. Regen fiel in Strömen und dichter Nebel umhüllte die Gegend. Bei Sonnenaufgang wurden sie von einem rasenden Sturm überrascht. Aufgrund der beschwerlichen Wanderung sprach Hiʻiaka eine Beschwörung. „Wir werden die Wächter bezwingen", ermunterte Wahine-ʻōmaʻo ihre Freundin. „Du wirst den Geist zwingen, in seinen Körper zurückzukehren."

„Keinen Schritt weiter!" Die Drachenfrauen drohten: „Wenn ihr unserem Befehl nicht gehorcht, werden wir euch töten." Da Hiʻiaka und ihre Begleiterinnen dennoch weitergingen, wurden sie mit einem Steinhagel attackiert. Ein großer Brocken traf Hiʻiaka an der Brust und warf sie zu Boden. Sie raffte sich hoch, griff nach ihrem magischen Rock und schon zischten Blitze auf die Drachenfrauen. Leise und gedämpft vernahm Hiʻiaka die Stimme von Lohiʻaus Geist, der ihre Hilfe erflehte.

Die Drachen sprangen auf Hiʻiaka und ihre Gefährtinnen, schlüpften in bösartige Gestalten, zerrten an ihren Körpern, bissen sie in Hals und Arme. „Sollte ich unterliegen", sagte Hiʻiaka zu Wahine-ʻōmaʻo, „bedecke meinen Körper mit Blättern und kehre mit dieser Nachricht zurück zur Großen Hawaiʻi-Insel."

Paʻū-o-palaʻā erkannte die drohende Gefahr, in der sich Hiʻiaka befand. Geistesgegenwärtig mobilisierte die Farngöttin ihre Macht: Die Drachen wurden von Wurzeln und Ästen umschlungen, ihre Beine und Schwänze verstrickten sich in einem Gewirr rasant wachsender Triebe, die sich um ihre Köpfe und Gesichter verwoben. Die Drachen versuchten, dem Labyrinth der wuchernden Zweige zu entkommen und sich von den Blättern zu befreien, von denen sie festgehalten wurden. Paʻū-o-pala'ā beschwor die Winde des Waldes und erflehte ihren Beistand.

Inzwischen war es Abend geworden und Hi'iaka hörte abermals die Stimme des Geistes: „Befreie mich, ich bin in einer Kokosnuss eingeschlossen." Sie folgte dem Ruf des Geistes, bis sie sein Gefängnis erspähte, worüber sich ein Regenbogen wölbte. Behutsam ergriff Hi'iaka die Kokosnuss und platzierte sie neben Lohi'aus Körper. „Hier liegt deine leblose Hülle, sei bereit, in dein Haus einzutreten."

Die Diener der Farngöttin Pa'ū-o-pala'ā trugen den Körper in die für ihn vorbereitete Hütte. „Macht euch auf die Suche nach duftenden *maile*-Blättern und Hibiskusblüten", forderte Hi'iaka. „Füllt sodann die Blätter und die Blüten in einen frisch ausgehöhlten Kürbis, wascht den Körper mit diesen Säften. Wenn meine Beschwörung nicht unterbrochen wird, erwacht Lohi'au zu neuem Leben. Sollte hingegen die Beschwörung vier Mal unterbrochen werden, kehrt das Leben niemals mehr in den Körper zurück."

Hi'iaka präsentierte dem Leichnam die Kokosnuss, in der sich der gefangene Geist aufhielt. Zahlreich waren ihre Beschwörungsformeln zu Ehren der verschiedenen Götter. Gleichzeitig hieb sie auf die leblosen Füße und Glieder, während Wahine-'ōma'o den Körper abrieb. Nach jeder Litanei wurde der Körper auf rituelle Weise gewaschen. Dermaßen vergingen die Tage, bis Lohi'aus Körper auf die Rückkehr seines Geistes vorbereitet war. Endlich erwachte Lohi'au wieder zum Leben.

„Nun bin ich bereit, mich dir anzuschließen", ertönte Lohi'aus Stimme. „Genau so, wie du meinen Geist mit meinem Körper vereint hast, sollen sich auch unsere beiden Körper miteinander vereinigen."

„Mit meiner Schwester Pele habe ich ein Abkommen geschlossen, dich weder zu berühren noch zu umarmen", erwiderte Hi'iaka. „Du hast dich mit meiner Schwester vermählt, und ich werde meinen Auftrag erfüllen, dich zu ihr zu geleiten."

Mehr als vierzig Tage waren vergangen, seit die feurige und ungestüme Pele ihre jüngere Schwester zu ihrem Geliebten Lohi'au gesandt hatte. Die zugestandene Frist war längst überzogen, und noch war die Rückreise nicht bewältigt worden. Neuerlich ergaben sich Hindernisse, da eine Meeresgöttin einen Sturm sandte und der Haigott Hā-u'i aus unerfindlichen Gründen seinen Groll an Hi'iaka austobte.

Eine weitere Verzögerung ergab sich, weil Hi'iaka die Zauberin Pele-'ula auf der Insel O'ahu im Nu'u-anu-Tal besuchte, nachdem ihr zu Ohren gekommen war, dass Pele-'ula sich Hoffnungen machte, Lohi'au für sich zu erobern. Zumal hawaiianische Frauen nicht mit Waffen um die Gunst eines Lieberhabers kämpften, wurden derartige Angelegenheiten mit einem *kilu*-Spiel geklärt – vergleichbar mit unserem „Dreh-die-Flasche"-Spiel –, wodurch ermittelt wurde, wer sich mit wem zurückziehen durfte. Nachdem sie eine Nacht gespielt hatten, ging Hi'iaka als Siegerin hervor. Pech für Pele-'ula. Am nächsten Morgen setzten Lohi'au, Hi'iaka sowie ihre Begleiterinnen die Rückreise fort. Mit von der Partie, um Hi'iaka zu unterstützen bei ihren Bemühungen Lohi'au von Kaua'i zur Hawai'i-Insel zu bringen, waren Peles Söhne Kilioe-i-ka-pua und 'Ōpelu-nui-kau-ha'alilo.

In ihrer Ruhelosigkeit hatte Pele das Land in der Umgebung des Vulkans Kī-lau-ea mit einem heftigen Erdbeben erschüttert und Lavafluten über den südlichen Teil der Insel ausgegossen, wodurch sie ihr feierliches Versprechen gegenüber Hi‘iaka gebrochen hatte. Mit ihrer Lava hatte sie Hi‘iakas Gefährtin Hōpoe getötet und Hi‘iakas geliebte Gärten niedergebrannt.

Hi‘iaka hatte Peles Treiben vom Berg Pōhā-kea beobachtet, dennoch hielt sie sich loyal an ihren Schwur und reiste mit Lohi‘au zurück zur Großen Hawai‘i-Insel. Schließlich stand sie auf dem Gipfel des Vulkans Kī-lau-ea, blickte in die Tiefe des Kraters und besang ihrer aller Rückkehr.

Wahine-‘ōma‘o ging unterdessen zu Pele, um sie von ihrer Rückkehr zu informieren, die sich aber kategorisch weigerte, den Bericht anzuhören, stattdessen beschuldigte sie Hi‘iaka des Vertragsbruchs. „Ihr habt für eure Reise länger gebraucht als vereinbart war“, wetterte Pele, „deshalb werde ich dich zur Strafe als meine Gefangene in ein Feuerloch sperren.“

Als Hi‘iaka davon erfuhr, loderte in ihr maßloser Zorn: „Jeder Fremde ist mir näher als meine eigene Schwester!“ Sie pflückte rote Hibiskusblüten und knüpfte daraus eine *lei*-Kette, die sie Lohi‘au umhängte. Während der langen Reise hatte Lohi‘au mehrmals versucht, Hi‘iaka zu verführen, doch hatte sie sich ihm beharrlich verweigert. Nun war Hi‘iaka bereit, sich Lohi‘au hinzugeben. Nachdem sie ihm den Blütenkranz um den Hals gelegt hatte, umschlang sie ihn mit ihren Armen. Auch Lohi‘au verspürte keine Gefühle mehr für Pele, nicht den winzigsten Rest. Hi‘iaka hatte ihr Gelübde erfüllt, hingegen hatte Pele ihr Versprechen gebrochen. Dadurch hatte Pele Lohi‘au für immer verloren.

Endlich war die Zeit gekommen, dass sich Hi'iaka bedenkenlos den Annäherungen und Liebesbeweisen von Lohi'au hingeben durfte, und sie ergriff selbst die Initiative, küsste und liebkoste Lohi'au, wobei sie minutiös darauf achtete, dass Pele das Liebespiel der beiden deutlich beobachten konnte. Bei jedem erotischen Detail sollte sie Zeugin sein.

Pele war maßlos in ihrer Eifersucht. Sie hetzte den Berg hinauf und schleuderte ihre Lava auf Lohi'au. Trotzdem hielten Lohi'au und Hi'iaka einander weiter innig umschlungen. – Schon erstarrte schwarze Lava um seine Knie, Feuerfontänen trafen ihn, bis Lohi'au vollständig von Lava umschlossen war. Sein Geist verließ den Körper und verbarg sich in der Krone eines Baumes. Hi'iaka konnte die Lava nichts anhaben, denn sie war vertraut mit der Gewalt vulkanischen Feuers, wogegen Lohi'au als Sterblicher den Tod erlitt.

Lohi'aus Tod trieb Hi'iaka fast in den Wahnsinn. Sie hatte gegen die Eruptionen gekämpft, die Lava mit ihren Händen erfasst und sie in Stücke zerbrochen, um Lohi'au zu retten. Nun wütete Hi'iaka im Innersten des Kraters, schlug eine Bresche, damit das Wasser des Meeres eindringen konnte. Zischend begegneten einander Feuer und Wasser. Peles ältere Schwester, die Meeresgöttin Nā-maka-o-Kaha'i, die noch eine Rechnung mit Pele zu begleichen hatte, war spontan bereit, sich mit Hi'iaka zu verbünden. Obwohl selbst kein Vorbild von Versöhnlichkeit, wusste sie sehr wohl um Peles unangenehmste Eigenschaft, hemmungslos nachtragend zu sein. Genau erinnerte sie sich an Kū-mauna, den Waldgott, den Pele verdächtigt hatte, mit Hi'iaka eine Affäre gehabt zu haben, und den sie mit

Lava übergoss, weil er sich geweigert hatte, Lohi'au zu töten. Sie entsann sich auf Kūpā-'ai-ke'e, den einzigartigen Kanuspezialisten, den Pele verleumdet hatte, Lohi'au behütet zu haben. Dann war da noch Kū-pulupulu, auch ein Waldgott und Beschützer der Kanumacher, den sie gleichfalls verfolgte. „Deshalb ist es mehr als gerecht, wenn ich Hi'iaka gegen Pele unterstütze."

„Weigere dich nicht dermaßen stur, endlich die Wahrheit zu akzeptieren", rief Wahine-'ōma'o aus ihrem Gefängnis, „du befindest dich im Unrecht, Hi'iaka war dir stets treu ergeben. Höre mir zu, was ich dir zu erzählen habe!" Als Wahine-'ōma'o ihren Bericht beendet hatte, wurde Pele derart von Schuldgefühlen und Selbstvorwürfen geplagt, dass sie Hi'iaka das Recht gewährte, den versteinerten Körper Lohi'aus wieder zum Leben zu erwecken.

Wahine-'ōma'o überbrachte Hi'iaka diese freudige Botschaft, doch diese wollte nichts sehen oder hören, hielt sich innerlich verschlossen. Mit ihren bloßen Händen grub sie in der Erde, um Lohi'aus Geist zu begegnen, bis Blut aus ihren Fingern tropfte. Um ihrer Freundin neuen Lebensmut zu schenken, sang Wahine-'ōma'o ein sanftes Lied für die Trauernde „Die Götter sind auf deiner Seite, deine Schwestern halten zu dir, Hi'iaka-i-ka-'ale-'ī, Hi'iaka-i-ka-'ale-moe, Hi'iaka-i-ka-'ale-po'i, Hi'iaka-i-ka-'ale-'uweke, Hi'iaka-noho-lae, vielleicht sogar Hi'iaka-i-ka-pua-'ena-'ena. Und Lohi'aus Geist wird seinen Körper wieder finden, wenn du im Land der Geister umherstreifst."

Die Suche nach Lohi'aus Geist erwies sich mühevoller als urspünglich vermutet, allzu gut hatte er sich verborgen. Ein Regenbogen verwies letztlich auf den richtigen Weg. Nachdem der Geist gefunden war, befreite Wahine-ʻōmaʻo den Körper von der Lava, und Hiʻiaka erweckte Lohiʻau mit Unterstützung von Uli – einer hochstehenden Zauberin, ausgestattet mit der Macht, sowohl zu heilen als auch zu töten – ein weiteres Mal zum Leben.

Hiʻiaka und Lohiʻau zogen als Herrscherpaar auf die Insel Kauaʻi, möglichst weit entfernt von der Großen Insel und Pele. Dort lebten sie, bis der Tod endgültig von Lohiʻau Besitz ergriff. Danach kehrte Hiʻiaka in den Krater von Pele zurück. Wahine-ʻōmaʻo heiratete Peles Bruder Lono-makua, der stets einen Funken des vulkanischen Feuers mit sich trug.

DAS WASSER DES LEBENS

Der kranke König mit den drei Söhnen

Die Hawaiianer glaubten, dass auf dem Grund des Meeres, jenseits des Horizonts ihrer Inseln oder irgendwo in den Wolken über dem Himmel ihrer Berge ein Land existiere. Dieses Land nannten sie „Land des Lebenswassers der Götter". Dort, so meinten sie, befände sich der See des Lebenswassers, mit dessen Kraft sich Leben zurückgewinnen ließe. Dieses Wasser wurde als Ka-wai-ola-a-Kāne bezeichnet, als *Wasser des Lebens von Kāne.*

Kāne war einer der vier großen Götter der Hawaiianer. In seiner Hand lag die Macht über das Lebenswasser. Wenn es jemandem gelang, sich dieses Wasser zu beschaffen, ging die göttliche Kraft auf denjenigen über. Ein Kranker, der von dem Wasser trank, erlangte seine Gesundheit wieder, ebenso wie ein Toter, der mit dem Wasser besprenkelt wurde, zu neuem Leben erwachte.

Ein König wurde von einer schweren Krankheit heimgesucht. Man befürchtete, er würde sterben, sodass sich die Angehörigen am Lager des Kranken zusammenfanden. Seine drei Söhne weinten und jammerten bitterlich.

Zufällig kam ein alter Mann des Weges und fragte nach dem Grund ihrer Trauer. Einer der Söhne erwiderte: „In diesem Haus liegt unser Vater im Sterben." Der fremde Alte blickte bei der Tür herein und sagte nachdenklich: „Ich habe gehört, es gibt etwas, das euren Vater wieder gesund macht. Er muss vom Lebenswasser des Gottes Kāne trinken, doch ist es überaus schwer zu finden."

Als der Fremde gegangen war, sagte der älteste Sohn: „Mir wird es gelingen, dieses Lebenswasser aufzutreiben.“ Er dachte, dass er auf diese Weise die Gunst des Vaters erringen und dessen Königreich übernehmen könne. Der Sohn stellte sich ans Bett seines Vaters, um die Erlaubnis zu erbitten, das Lebenswasser zu suchen.

Der alte König sagte: „Es bedarf vieler Prüfungen, womöglich begleitet dich der Tod auf diesem Weg.“ Dennoch wiederholte der Prinz seine Bitte, der Vater möge ihn ziehen lassen. Zögerlich erteilte der König seine Einwilligung.

Der Prinz nahm seine Wasserkalebasse und eilte davon. Auf seinem Weg durch den Wald traf er einen hässlichen Zwerg, der ihn fragte: „Wohin treibt dich dein Weg, dass du so große Eile hast?“ Schroff antwortete der Prinz: „Was kümmert es dich! Ich habe nicht die Absicht, dir Rechenschaft abzulegen.“ Mit diesen Worten schob er den kleinen Mann zur Seite und lief weiter.

Über das Verhalten des jungen Mannes war der Zwerg sehr verärgert, und er beschloss, den unfreundlichen Passanten zu bestrafen. Also machte er den Weg verwinkelter und verschlungener, ließ ihn für den Wanderer enger und unzugänglicher werden. Je weiter der Prinz in den Wald eindrang, desto langsamer und beschwerlicher kam er vorwärts. Immer dichter standen Bäume, Sträucher und Farne im Land der Feen und Gnome. Der Prinz stürzte zu Boden, kämpfte sich mühsam durch die ineinander verflochtenen Farne und herabhängenden Zweige. Sie wanden sich um seinen Körper und banden ihre wuchernden Schlingen um ihn, bis er regungslos darniederlag wie ein Toter.

Lange Zeit wartete die Familie auf die Rückkehr des ältesten Sohnes, bis man zu der Annahme tendierte, dass er in Schwierigkeiten geraten sei. „Nun werde ich losziehen und das Lebenswasser suchen", erklärte der zweite Sohn. Sogleich packte er seine Kalebasse und nahm jenen Weg, den sein Bruder eingeschlagen hatte. Seine Absichten waren genauso egoistisch wie die seines Bruders, doch war er überzeugt davon, erfolgreicher zu sein und selbst die Herrschaft über das Königreich zu erringen.

Auf seinem Weg traf er denselben kleinen Mann – der als König über das Feenreich herrschte, obwohl er in der Gestalt eines Zwerges erschien. Der kleine Mann rief: „Wohin so eilig, junger Mann?"

Der Prinz antwortete ebenso unwirsch wie zuvor sein Bruder, ignorierte den Zwerg und hastete weiter. Bald wurde er vom Gestrüpp des Waldes festgehalten und gefangen, als wäre er tot.

Schlussendlich ergriff der jüngste Sohn seine Wasserkalebasse und ging davon. Er wünschte, er könne seine Brüder finden und gleichzeitig für seinen Vater das Lebenswasser besorgen. Auch er begegnete dem kleinen Mann, der ihn fragte, wohin er gehe. Da erzählte er dem Zwerg von des Königs Krankheit und was er über das Lebenswasser erfahren hatte. „Kannst du mir in irgendeiner Weise behilflich sein? Denn mein Vater ist dem Tod nahe", sagte der Prinz, „und das Lebenswasser von Kāne würde ihn wieder gesund machen. Leider weiß ich nicht, welche Route ich einschlagen soll."

Der kleine Mann erwiderte: „Weil du freundlich zu mir gesprochen und meine Hilfe erbeten hast und nicht so abweisend und unfreundlich warst wie deine Brüder, werde ich dir den Weg weisen und dir beistehen. Nimm diesen Stock, dadurch wird sich dir ein Pfad öffnen, und du erreichst den Palast eines Königs. Dieser ist ein einflussreicher Zauberer. Im Inneren seines Palastes befindet sich der Brunnen des Lebenswassers. Du gelangst allerdings nicht hinein, außer du verfügst über drei Körbe mit Speisen, die ich dir mitgeben werde. Nimm das Essen in die eine Hand und den machtvollen Stock in die andere. Klopfe drei Mal mit deinem Stock an das Tor, und es wird dir geöffnet werden. Du wirst zwei Drachen erblicken, die ihre Mäuler aufsperren, um dich zu verschlingen. Wirf schnell die Speisen in ihre Mäuler und sie werden sich beruhigen. Lasse dich nicht ablenken, sondern fülle deine Kalebasse mit dem Lebenswasser und verlasse schleunigst den Palast. Denn um Mitternacht wird das Tor geschlossen und du kannst nicht mehr entkommen."

Der Prinz dankte dem kleinen Mann, nahm die Geschenke und ging erfreut davon. Nach langem Wandern kam er in das unbekannte Land und erreichte den Palast des Gottes Kāne. Drei Mal schlug er mit seinem Stock an die Mauer, dann gab sie nach und eine Öffnung tat sich auf. Schon wollten sich die Drachen auf ihn stürzen, doch er warf die Speisen in ihre Mäuler, wodurch sie sich beruhigten und ihn unbehelligt ließen. Einige junge Prinzen hießen ihn willkommen und überreichten ihm eine Kriegskeule sowie einen Korb voll schmackhafter Köstlichkeiten. Er dankte und ging weiter.

Im nächsten Gemach entdeckte der Prinz eine hübsche Maid, in die er sich augenblicklich verliebte. Während sie ihm durchdringend in die Augen blickte, sagte sie: „Wir werden einander irgendwann später wieder begegnen und als Mann und Frau leben." Sie zeigte ihm, wo er das Lebenswasser bekommen würde, warnte ihn dagegen vor allzu großer Hast. Trotzdem tauchte er seine Kalebasse eiligst in den Brunnen und schlüpfte durch das Tor, als es gerade Mitternacht schlug.

Überglücklich durchstreifte er Länder und Meere auf der Suche nach dem Zwerg, der ihm so sehr geholfen hatte. Als ob der kleine Mann von seiner Absicht wüsste, erschien er und erkundigte sich, wie es ihm auf seiner Reise ergangen sei. Der Prinz erzählte von seiner langen Wanderung sowie seinem Erfolg und beharrte darauf, dass er für all die Hilfe bezahlen wolle, so gut er könne.

Entschieden wies der Zwerg jede Belohnung zurück. „Dennoch bin ich so keck“, sagte der Prinz, „dich um einen weiteren Gefallen zu bitten.“ Der kleine Mann antwortete: „Du warst so freundlich zu mir, was dich sehr ehrt, deshalb äußere dein Ansinnen, vielleicht kann ich dir geben, was du dir wünschst.“

„Ich möchte nicht heimkehren ohne meine Brüder. Kannst du mir helfen, sie zu finden?“

„Beide liegen tot im Wald“, sagte der Zwerg. „Lass sie in ihren Betten aus Zweigen und Farnen liegen, denn sobald du sie entdeckst, werden sie dir nur Böses antun. Glaube mir, sie sind egoistisch und hartherzig.“

Trotz der Warnung des Zwerges beharrte der junge Prinz auf seiner Bitte und offenbarte seine wohlwollenden Gefühle, sodass der Zwerg ihm den verschlungenen Pfad durch den Wald wies. „Dein Zauberstock öffnet dir den Weg.“ Und tatsächlich fand er seine beiden Brüder. Der junge Prinz besprenkelte deren Körper mit einigen Tropfen des Lebenswassers, sogleich erwachten ihre Lebensgeister. „Wie hast du das Lebenswasser von Kāne gefunden?“ Die Brüder waren begierig, Näheres zu erfahren. Bereitwillig berichtete der Prinz von seinen Erlebnissen. „Wenn du bloß einen kleinen Schluck von dem Lebenswasser für uns erübrigen könntest, beschenken wir dich mit wunderbaren Dingen. Sogar eine sagenhaft schöne Braut werden wir dir besorgen." Entschieden lehnte der Prinz diesen Handel ab. Allmählich vergaßen die Brüder ihren langen, todesähnlichen Schlaf und waren eifersüchtig auf die Leistung ihres jüngsten Bruders.

Lange reisten die drei Brüder umher. Sie gelangten in ein Land, dessen König gegen ein Heer von Rebellen kämpfte. Das Land war verkommen und die Menschen hungerten. Der junge Prinz hatte sowohl Mitleid mit dem König als auch mit seinen Untertanen. Spontan überließ er ihnen einen Teil der Köstlichkeiten aus seinem Korb, die er im Palast des Gottes Kāne erhalten hatte. Nachdem der König und seine Getreuen davon gegessen hatten, kehrten ihre Kräfte zurück, sodass der Hunger besiegt werden konnte und die Rebellen keinen Grund mehr hatten, den König zu stürzen. Derart kehrten Ruhe und Frieden in das Land zurück.

Endlich erreichten die drei Brüder die Gestade ihrer Heimat. Ermattet von der schier endlosen Reise ruhten sie sich etwas aus. Bald nahm der Schlaf den Jüngsten in seine Arme. Die beiden älteren Brüder hingegen hielten einander wach und kamen zu dem Schluss, dass derzeit keinerlei Schwierigkeiten mehr zu erwarten seien, zu deren Bewältigung sie die wunderbare Hilfe ihres Bruders benötigen würden. Ihr erster Gedanke war, ihn zu töten, indes schien ihn seine Zauberkeule zu beschützen. Sie beschlossen, das Lebenswasser in ihre eigenen Kalebassen zu füllen und brackiges Meerwasser in die Kalebasse ihres Bruders zu schütten.

Am nächsten Morgen erreichten sie das Haus des Vaters. Der junge Prinz ging voraus, um seine Kalebasse dem Vater zu übergeben, damit er daraus trinken möge, um zu genesen. Der König nahm einen tiefen Schluck, doch das Salzwasser machte ihn noch kränker, fast wäre er daran gestorben. „Geliebter Vater, wir möchten nicht, dass du stirbst, nimm einen Schluck aus einer unserer Kalebassen." Die beiden älteren Brüder präsentierten dem Vater das wahre Lebenswasser. Nachdem der kranke König von dem Wasser getrunken hatte, wurde er wieder kräftig wie in den Tagen seiner Jugend. „Unser jüngster Bruder wollte dich vergiften, um dein Erbe anzutreten."

Der König wurde ungemein zornig auf seinen jüngsten Sohn. „Ich werde dich für deine Tat zwar nicht töten, wie du es verdient hättest, aber deinen Anblick will ich keinen Moment länger ertragen. Deshalb wirst du in den unwegsamsten Wald verbannt, dort mögest du dein restliches Leben fristen."

Ein Offizier, der sich in den Wäldern bestens auskannte, erhielt den Befehl, den Prinzen in die Verbannung zu geleiten. „Ich mag nicht daran beteiligt sein, wie du in der Wildnis umkommst, denn ich bin dein Freund, daher führe ich dich an einen Ort, wo du unbehelligt leben kannst."

Mittlerweile kam jener König aus fernen Landen mit kostbaren Geschenken für den Prinzen, der ihm Frieden und Wohlstand geschenkt hatte. Welch außergewöhnlichen Sohn er habe, dem er seinen Dank ausdrücken möchte, äußerte der fremde König gegenüber dem Vater. Irritiert darüber, dass er eine falsche Entscheidung getroffen hatte, beorderte der König jenen Offizier zu sich, der seinen Sohn in den Wald begleitet hatte. „Suche nach meinem jüngsten Sohn, und kehre nicht zurück mit der Nachricht seines Todes." Der Offizier ging dorthin, wo er den Prinzen ausgesetzt hatte, und hoffte – nicht zuletzt um seiner selbst willen –, dass dieser nicht tot sei. Nach langer Suche fand er ihn. Eiligst brachte er den Prinzen zu seinem Vater.

Unterdessen hatte eine der schönsten Prinzessinnen überallhin ihre Botschaft ausgesandt, dass derjenige ihr Gemahl werden solle, der sich ihr auf einer Linie nähern könne, welche ihr Magier in der Luft gezogen hatte. Wer sich nach der einen oder anderen Seite umwandte, hätte verloren. Ein bestimmter Tag wurde für diesen Wettkampf festgelegt.

Jene Boten, die ausgeschwärmt waren, um mögliche Kandidaten zu finden, wussten auch, dass der jüngste Sohn des Königs aus seiner Verbannung zurückgekehrt war. Nachdem sie den jungen Prinzen ausfindig gemacht hatten, informierten sie ihn über die Bedingungen des Wettstreits, an denen seine beiden Brüder übrigens längst kläglich gescheitert waren.

Schnellstens machte sich der Prinz auf den Weg in das Land des bezaubernden Mädchens. Indem er seinem Zauberstock gehorchte, wandte sich der Prinz geradewegs einem Tor zu, gegen das er drei Mal klopfte. „Folge deinem Gefühl", murmelte sein magischer Stock, „es ist jene Linie, an der du dich orientieren musst. Damit erfüllst du dieses Rätsel." Der magische Stock pochte einen Akkord gegen die Pforte der Prinzessin, und der Prinz schwebte auf der Linie, die der Magier gezogen hatte. „Du hast meine Prüfung bestanden“, und jenes Mädchen, dem er im Palast des Lebenswassers begegnet war, flog in seine Arme. Unverzüglich sandte die Prinzessin ihre Diener aus, um zu verkünden, dass sie ihren Gatten gefunden hat.

Die Brüder flohen in weit entlegene Länder und kamen niemals zurück. Der Prinz und die Prinzessin wurden König und Königin, und lebten in Glück und Frieden, indem sie ihr Königreich zum Wohle ihrer Bürger regierten.

Die Erschaffung des Menschen

Kū, Kāne, Lono und Kanaloa waren die obersten Götter.

Von weit her waren sie gekommen, aus unbekannten Gegenden, und sie hatten unzählige Dämonen und Geister mitgebracht, die in Schluchten, Bäumen und Felsen hausten. Allesamt waren sie unsichtbar wie die Luft.

Ursprünglich war die Erde ein Flaschenkürbis, den eine Göttin geboren hatte. Die Götter spielten mit dem Kürbis und warfen den Deckel hoch. Daraus wurde der Himmel. Aus einem ansehnlichen Stück Fruchtfleisch gestalteten sie die Sonne. Sodann nahmen sie einen kleineren Brocken – daraus entstand der Mond. Aus den Samenkörnern des Kürbisses wuchsen die Sterne.

Irgendwann ließen sich die Götter auf einer kleinen Insel namens Mō-kapu nieder und planten, einen Menschen zu erschaffen, ein Wesen, das über Tiere und Pflanzen herrschen sollte. Im Osten der Insel, nahe dem Meer, gab es eine Stelle, wo sich rote Erde mit schwarzem und bläulichem Humus vermischte. Kāne, der Herrscher über das Leben, kniete nieder und kratzte etwas davon zusammen. Daraus formte er die Gestalt eines Mannes, getreu seinem eigenen Aussehen – mit Kopf und Körper, Händen und Armen, Beinen und Füßen.

Kanaloa spottete: „Ich werde eine bessere Form zustande bringen.“ Indes war in Kanaloas Figur kein Leben. Worauf Kāne ätzte: „Du hast eine Lehmskulptur gemacht, du solltest sie in einen Stein verwandeln.“ Kāne, der seine Macht dem Leben widmete, hatte gelegentlich Streit mit Kanaloa, der sich mehr den Geistern der Toten verpflichtet fühlte.

Meist hatte der Kriegsgott Kū Verständnis für beide Standpunkte, weshalb er gelegentlich als Vermittler zwischen den beiden Göttern fungierte. Diesmal stand er mehr auf der Seite von Kāne. Deshalb fing er einen Luftgeist und stopfte ihn in das Abbild, das Kāne gestaltet hatte. Nachdem der Geist eingedrungen war, stellte sich Kāne vor die Figur und murmelte: „Ich komme zu dir, erwache und lebe!"

Kū und Lono antworteten im Chor: „Erwache und lebe!"

Abermals beschwor Kāne die Figur: „Ich komme, erwache und erhebe dich!" Und die beiden anderen fielen ein: „Erwache! Lebe und erhebe dich!" Da erhob sich die Figur – und aus dem Abbild wurde ein lebendiger Mensch mit einem wachen Geist. Sie nannten ihn Wela-ahi-lani-nui, *Der große Himmel brennt heiß*, und sie sangen und tanzten, um die Geburt eines Königs zu feiern.

Die Götter nahmen den Menschen mit zu sich nach Hause und ernährten ihn. Als er kräftig genug geworden war, spazierte der Mensch in den göttlichen Wohnstätten umher, sah sich um und erkundete die Umgebung. Dabei bemerkte er eine dunkle Gestalt, die seinem Körper ausdauernd folgte. Sie folgte ihm, wenn er umherschlenderte, und sie ließ sich nieder, wenn er rastete. Der Mensch wunderte sich über diese Gestalt und gab ihr den Namen „Schatten".

Einmal, als er schlief, machten sich Kū, Kāne und Lono an seinem Körper zu schaffen, öffneten ihn einen

Spalt, und Kāne entnahm daraus eine Frau. Den Körper wieder zu schließen, überließ er Kū und Lono. Zufrieden stellte Kāne fest: „Der Mann und die Frau sehen einander sehr ähnlich."

Wela-ahi-lani-nui erwachte, und neben ihm befand sich ein wunderbares Gegenüber. Er dachte: „Das ist jenes Ding an meiner Seite, das ich Schatten genannt habe. Die Götter haben meinen Schatten in dieses Wesen verwandelt." Er nannte sein Spiegelbild Ke-aka-huli-lani und meinte damit *Schatten des Himmels*. Der Mann und die Frau waren die Vorfahren der Hawaiianer und aller Menschen auf den Inseln im Ozean.

Malu‘a‘e in der Unterwelt

Malu‘a‘e war Bauer und lebte in einem Tal, in dem es reichlich Regen für seine Felder gab. Er kultivierte Bananen, *kalo* und Süßkartoffeln. Die Bananenbäume gediehen bestens an den Ufern der Bäche und trugen reichlich Früchte. Seine *kalo*-Felder hatte er mit steinernen Umfassungen umgrenzt, wodurch das Abfließen des Wassers verhindert wurde, sodass es den Pflanzen zugute kam. Waren die Pflanzen reif, wurden sie aus der Erde gezogen, und man kochte die Wurzeln. Daraus wurde *poi* zubereitet. Je nach Konsistenz unterschied man zwischen dem zähflüssigen *Zwei-Finger-poi* und dem wässrigen *Drei-Finger-poi.* Süßkartoffeln wuchsen auf trockeneren, höher gelegenen Feldern.

Somit verfügte Malu‘a‘e über eine ausreichende Menge von Nahrungsmitteln, um sich und seine Familie zu versorgen. Nach jeder Ernte brachte er einen Teil davon in seinen Tempel, legte die Gaben auf einen Altar, um sie den Göttern Kāne und Kanaloa zu opfern. Malu‘a‘e hatte einen Sohn, Ka-ali‘i, den er sehr liebte. Doch wie alle Kinder war Ka-ali‘i leichtsinnig und übermütig.

Eines Tages spielte der Junge in der Nähe des Tempels, als ihm die Bananen auf dem Altar der Götter reizvoll ins Auge sprangen. Ka-ali‘i blickte um sich, ob ihn jemand beobachte. Da niemand zu sehen war, schnappte er die Bananen und verspeiste eine nach der anderen.

Als Kāne und Kanaloa in den Tempel kamen, um die bereitgelegten Gaben abzuholen, bemerkten sie, dass die Bananen von ihrem Altar verschwunden waren, irgendjemand musste sie gestohlen haben. Darüber waren sie äußerst erbost. Als sie sahen, dass Ka-ali'i genüsslich ihre Bananen verzehrte, töteten sie ihn. Den leblosen Körper ließen sie unter einem Baum liegen, nahmen seine Seele heraus und schleuderten sie in die Unterwelt.

Nachdem der Vater den ganzen Tag auf seinen Feldern gearbeitet hatte, ging er abends müde nach Hause, allerdings war sein Sohn Ka-ali'i noch nicht heimgekehrt. Von Sorge erfasst, machte sich Malu'a'e auf die Suche nach dem Jungen. Unter den Bäumen des Tempels fand er den toten Körper. In seinem Schmerz rief Malu'a'e nach den Göttern: „Weshalb ist mein Sohn tot? Sagt mir, wer hat ihn getötet?"

„Wir haben Ka-ali'i dabei ertappt, wie er die Bananen entwendet hat, die du uns geopfert hast, deshalb haben wir ihn bestraft und seinen Geist in die Unterwelt geschickt", sprachen Kāne und Kanaloa. Die Hand des toten Jungen hielt noch eine halbe Banane.

Malu'a'e konnte seine Tränen nicht zurückhalten. Behutsam hüllte er den Körper in *kapa*-Stoff, trug ihn in das *Haus der Ruhe* und bettete ihn auf die *Matte des Schlafes*. Er legte sich neben den Jungen und verweigerte jegliche Nahrung. „Möge mein Geist den Körper verlassen und Ka-ali'i dorthin folgen, wohin sein Geist gesandt wurde, damit sich unsere beiden Geister in der Unterwelt wieder begegnen."

Auf dem Altar der Götter deponierte Malu'a'e fortan keine Gaben mehr. Auch sprach er keine Gebete. So verstrichen die Tage. Vergeblich erwarteten Kāne und Kanaloa ein Opfer, doch Malu'a'e verweigerte sich den Göttern. Weitere Tage und Nächte vergingen. Weder hatte Malu'a'e gegessen noch getrunken, ersehnte vielmehr den Tod an der Seite seines Sohnes.

Kāne sagte: „Malu'a'e isst nichts mehr, bereitet kein *'awa* mehr für uns zum Trinken, kaum befindet sich noch Wasser in seinem Körper, er ist nahe dem Tor zur Unterwelt. Wenn er stirbt, wird man uns die Schuld geben."

„Er ist immer ein guter Mensch gewesen, doch seit vierzig Tagen hören wir keine Gebete mehr. Wir haben einen Verehrer verloren", erwiderte Kanaloa. „Morgens und abends huldigte uns Malu'a'e mit seinen Beschwörungen, bot uns Früchte und Fische auf unserem Altar dar, hatte immer *'awa* zubereitet aus dem Saft der gelben *'awa*-Wurzel, um uns zu trinken zu geben."

„Wir haben ihn nicht gut behandelt", vermutete Kāne.

„Du hast Recht", stimmte Kanaloa zu, „wir waren allzu voreilig in unserem Zorn, als wir Ka-ali'i töteten." Die Götter entschieden, dem Geist des Vaters zu gestatten, in das dunkle Land *pō* zu steigen, damit er Ka-ali'is Geist zurück in die Welt der Lebenden bringen könne. Sie besuchten Malu'a'e und erklärten ihm, dass es ihnen leidtäte, was sie getan hatten.

Geschwächt von Hunger und Durst ersehnte Malu'a'e den Tod, kaum vermochte er die Worte der Götter wahrzunehmen. „Hast du deinen Sohn geliebt?", fragte Kāne. „Meine Liebe kennt keine Grenzen", flüsterte Malu'a'e.

„Magst du hinuntergehen in das dunkle Land des Todes und die Seele deines Sohnes holen, um sie wieder mit dem Körper zu vereinen, der neben dir liegt?"

„Gern will ich sterben", sagte der Vater, „um mit meinem Sohn zusammen zu sein und ihn an einen glücklichen Ort zu begleiten."

„Wir werden dir Kraft schenken, deinem Sohn zu folgen", versprachen die Götter, „und wir werden dir helfen, in das Land der Geister zu gelangen."

Die Aussicht, durch die Macht der Götter Kāne und Kanaloa seinem Sohn Ka-ali'i wieder zu begegnen, gab Malu'a'e Hoffnung. Er erhob sich von seinem Lager, nahm wieder Speisen und Getränke zu sich. Bald war er stark genug, um seine Reise anzutreten.

Die Götter verwandelten Malu'a'e in einen Geisterkörper. „Nimm diesen ausgehöhlten Stock als Begleiter", sagten Kāne und Kanaloa, „darin befinden sich dein Proviant, Waffen zu deiner Verteidigung sowie ein Stück glühende Lava."

Unverzüglich machte sich Malu'a'e auf den Weg zu jenem Ort, wo sich die Geister versammelten und ihren Eintritt in die Unterwelt vorbereiteten. Genau an dieser Stelle stand ein Brotfruchtbaum. Die Geister flogen oder kletterten in dessen Zweige, suchten nach einem abgestorbenen Ast, auf dem sie so lange verharrten, bis er brach. Mit ihm fielen sie in die Unterwelt.

Malu'a'e kletterte den Brotfruchtbaum empor, setzte sich auf einen Ast und wartete. Da sein Gewicht wesentlich größer war als das der anderen Geister, brach sein Ast eher, und er stürzte hinunter in die Unterwelt.

Aus seinem Stock schöpfte Malu'a'e jene Kraft, die er benötigte, um gegen die Wächter der Unterwelt zu bestehen. Nachdem er die Wächter überwunden hatte, nahm Malu'a'e einen Bissen von der Speise, mit der ihn die Götter versorgt hatten. Im selben Augenblick fühlte er, wie seine Stärke zunahm. Die Seelen einiger toter Häuptlinge verwehrten ihm den Zutritt zu tieferen Bereichen der Unterwelt. Malu'a'e entnahm seinem ausgehöhlten Stock einen magischen Speer, mit dem er seine Gegner zur Seite zwang.

Mitunter wurde er herzlich begrüßt und fand Hilfe von freundlich gesinnten Geistern. So irrte Malu'a'e umher auf der Suche nach dem Geist seines Sohnes. Schlussendlich gelangte er in einen Bereich, wo er von Bananen attackiert wurde und gezwungen war, eine Frucht nach der anderen in seinen Mund zu schieben. Beinahe wäre er daran erstickt.

Nach ausgedehnter Suche begegnete der Vater dem Geist seines Sohnes. Malu'a'e erfasste den Geist Ka-ali'is und trachtete, der Unterwelt so schnell wie möglich zu entkommen, jedoch umzingelten ihn Geister, die ihm mit aller Gewalt den Geist seines Sohnes entreißen wollten. Nochmals nahm Malu'a'e einen Bissen vom Proviant der Götter und verteidigte sich mit seiner magischen Keule gegen die Übermacht seiner Gegner. Obwohl sie ihn von allen Seiten, sogar von oben und von unten, angriffen, gelang es ihnen nicht, Malu'a'e zu bezwingen.

Bedrängt von seinen Widersachern erhob Malu'a'e seinen Zauberstock und schob die letzte Portion seines Proviants in den Mund. Noch kauend warf er das Stück glühender Lava, das die Götter im Inneren des Stocks verborgen hatten, auf den Boden der Unterwelt. Flammen ergriffen die Bäume und Sträucher des Geisterlandes. Heiße Lavaströme platzten aus dem glühenden Stein.

Erschrocken wichen die Geister zurück. Malu'a'e nützte die Gelegenheit und drückte den Geist seines Sohnes in den leeren Stock. So schnell er konnte, rannte

Malu‘a‘e aus der Unterwelt. Oben angelangt, presste er Ka-ali‘is Geist in den leblosen irdischen Körper seines Sohnes.

Freudestrahlend bedankte sich Malu‘a‘e bei Kāne und Kanaloa für ihre Hilfe. Vater und Sohn deponierten von nun an Gaben für die Götter auf ihrem Altar. Mit Inbrunst sprachen sie die gewohnten Gebete und verhielten sich loyal bis ans Ende ihrer Tage.

Lono-pūhā, der weise Heiler

Der Häuptling Lono-pūhā lebte im Westen der Insel Hawai'i. Er hatte eine rötliche Haut und eigenartige Augen. Sein ganzes Leben war Lono noch nie krank gewesen. Eines Tages grub er mit einem scharf gespitzten Stock in der Erde seines Feldes, als ein Mann des Weges kam und ihn beobachtete. Davon ließ sich Lono nicht stören und arbeitete weiter. „Die Leute behaupten, dass du niemals krank warst", sagte der Fremde, „aber irgendwann wirst auch du krank werden."

„Was erzählst du da", entgegnete Lono-pūhā zornig, „weshalb sollte ich dir diesen Unsinn glauben?" Kräftig stieß er seinen Stock in die Erde, doch er war unaufmerksam, und der Stock drang tief in seinen Fuß. Blut quoll aus der Wunde. „Habe ich dir nicht gesagt, dass du krank wirst? Deshalb bin ich gekommen." Der Schmerz lähmte Lono, er verlor reichlich Blut.

Der Fremde war Ka-maka-nui-'aha'ilono, ein Gott des Heilens. Er nahm einige Blätter und schwarze Nachtschattenfrüchte aus seinem Gewand, streute Salz auf die *pōpolo*-Beeren und auf die Blätter. Das Gemisch füllte er in Kokosnussblätter und band sie um die Wunde. „Lass den Verband eine Weile auf deiner Verletzung." Mit diesen Worten ging er davon.

Die Wunde verheilte, ehe drei Tage vergangen waren, sodass Lono-pūhā wieder seiner Arbeit nachgehen konnte. Doch sie erschien ihm weniger wichtig, vielmehr wollte er den Fremden wiedersehen, um sich für seine Hilfe zu bedanken.

Deshalb machte sich Lono-pūhā auf die Suche nach Ka-maka-nui. Als er ihn endlich gefunden hatte, sagte er: „Du hast mir geholfen. Also habe ich meine Äcker der Obhut von Freunden überantwortet und ihnen erklärt, was zu tun ist. Um von dir zu lernen, wie man Leute heilt, möchte ich dir folgen."

Ka-maka-nui entgegnete: „Lono-pūhā, öffne deinen Mund!" Lono tat, wie ihm geheißen, und Ka-maka-nui spuckte hinein, sodass sich der göttliche Speichel in Lonos Körper verteilen konnte. Derart nahm Lono einen Teil des Gottes in sich auf. In der Folge wurde er außerordentlich geschickt im Umgang mit Heilmitteln. Lono lernte die verschiedenen Krankheiten kennen und erfuhr, wie man Arzneien richtig anwendet. Stets begleitete er Ka-maka, wobei er immer neue Lektionen erhielt.

Letztendlich sagte Ka-maka-nui: „Du hast genügend gelernt. Wenn wir zusammenbleiben, kannst du niemals deine Fähigkeiten beweisen. Deshalb musst du deiner eigenen Wege gehen, um Leute zu heilen." Lono akzeptierte Ka-makas Argument, auch wenn ihm der Abschied schwerfiel. Den anderen Göttern verschwieg Ka-maka-nui, dass er Lono-pūhā in der Heilkunst unterrichtet hatte.

Über die Berge und Täler verbreitete sich der Ruf, dass Lono-pūhā Kranke wieder gesund machen könne. Irgendwann hörte der Häuptling Milu von Lonos Fähigkeit, nachdem Lono-pūhā Todkranke geheilt hatte. Deshalb sandte der Häuptling einen Boten zu Lono. „Höre", sprach Milu, „der Gott Ka-la'e will mich töten, indem er mir immer wieder Krankheiten schickt." Lono-pūhā tastete mit seinen Fingern über Milus Körper und erwiderte: „Wenn du meinen Anweisungen gehorchst, wirst du gesund und den Einfluss von Ka-la'e überwinden."

Lono-pūhā mixte eine Tinktur, um Milus Krankheiten zu besänftigen. „Um den Einfluss von Ka-la'e abzuwehren, musst du eine Hütte aus *kī*-Blättern bauen lassen und dort einige Zeit in aller Ruhe leben. Sollte jemand vor deiner Hütte Sport betreiben, beachte ihn nicht. Schiebe unter keinen Umständen die *kī*-Blätter zur Seite, um hinauszublicken. Solltest du dies tun, wirst du sterben."

Milu verharrte in seiner Hütte, doch das Treiben vieler Leute, die sprachen und schrien, begann ihn zu irritieren. Keineswegs hatte er die Anweisungen von Lono vergessen – auch nicht, als sich zwei Vögel einen ganzen Tag lang im Himmel über seiner Hütte vergnügten.

Einige Zeit war vergangen, als ein riesiger Vogel am Himmel erschien, in allen Farben glänzten seine Federn, und Geschrei der Menschen erfüllte das Tal. Von einer Seite des Tales zur anderen zog der Vogel seine Schleifen, umkreiste die Bergspitzen ebenso wie die Köpfe der Leute, deren Lärm natürlich auch in Milus Hütte drang. Neugierig rückte er ein paar *kī*-Blätter beiseite und spähte hinaus. Im nächsten Augenblick stürzte sich der Vogel auf Milu, erfasste ihn und riss ihm die Leber aus dem Leib.

All diese Ereignisse hatte Lono-pūhā beobachtet und er verfolgte den Angreifer, der sich in eine Felsspalte zurückgezogen, dabei Blutspuren hinterlassen hatte. Lono wischte das Blut von den Steinen und verwahrte es sorgfältig in einem Stück *kapa*. So schnell er konnte, kehrte er zu Milu zurück, keine Minute zu früh, denn Milu lag im Sterben. Lono-pūhā strich das Blut über die Wunde und flößte Milu eine Medizin ein, die schnell Wirkung zeigte – Milu war genesen und durfte die Hütte verlassen.

„Hüte dich vor der Brandung“, warnte Lono-pūhā, „du musst ein ruhiges Leben führen, sonst bedroht dich der Tod aufs Neue. Einmal bist du dem Tod entkommen, das nächste Mal gibt es kein Entrinnen mehr für dich. Deshalb darfst du keinesfalls hinaus auf das Meer.“

Milu hielt sich an dieses Gebot, saß am Strand und blickte schier unbeteiligt auf die Wellen, wie sie Schaumkronen vor sich her trugen, bevor sie das Ufer erreichten. Surfen war ein Privileg der Adeligen, und Milu verspürte eine starkt Lust, sich ihnen anzuschließen, aber noch hallte Lonos Mahnung in seinen Ohren.

Ein paar Tage später war die Brandung höher und höher geworden, und hielt mehrere Tage an. Mit großem Vergnügen und lautem Geschrei lenkten die Adeligen ihre Surfbretter über die Wellen. Milu wurde zunehmend ungeduldiger – und vergaß schließlich Lonos warnende Worte. Er ließ sich ein Surfbrett bringen und paddelte hinaus aufs Meer.

Sobald er die wundervolle Brandung erreicht hatte, missachtete er die erste und die zweite Welle. Bei der dritten erhob er sich auf seinem Surfbrett und steuerte dem Ufer entgegen. Die Leute applaudierten. Wieder paddelte er hinaus, und genoss die Freude an der Bewegung, wie sein Surfbrett auf dem Kamm einer gewaltigen Welle dahinglitt. Plötzlich brach die Welle und riss Milu in die Tiefe. Sein Körper tauchte nicht mehr auf, hingegen wurde sein Surfbrett an den Strand gespült. Die heute lebenden Hawaiianer bezeichnen derart mörderische Wellen als *Jaws* (Kiefer).

Die Leute wehklagten: „Milu ist tot! Schuld daran trägt seine Missachtung der Todesgötter." Vergeblich suchten sie nach seinem Körper. Weder entdeckten sie ihn am Grund des Meeres noch wurde er jemals ans Ufer geschwemmt. Hingegen frohlockte der Gott Ka-la'e, dass es ihm gelungen war, Milu zu töten.

„Dies wollen wir feiern", lachte Ka-la'e und lud andere Götter des Todes und der Gifte zu einem Fest. Sie tafelten und tranken, wobei jeder eine Geschichte erzählen musste, wie er jemanden zu Tode gebracht hatte, darunter spannende Berichte.

Ka-hō-'āli'i begann: „Ich erinnere mich an Nānāhoa, der missbrauchte seine Frau immer und immer wieder, also habe ich ihn in einen phallischen Felsen verwandelt, damit ihm die Lust für derartige Widerlichkeiten ein für alle Mal ausgetrieben wurde." – „Und ich", meldete sich ein anderer zu Wort, „habe Niu-lōlō-hiki, den dümmsten aller Brüder von Māui, in eine Kokospalme verwandelt, denn die passte am besten zu seinem Namen." – „Oftmals bringen die Menschen unsereins zum Staunen. Hiku-i-ka-nahele, ein Bewohner der Großen Insel, verliebte sich in die hübsche Kāwelu. Er kam in ihre Hütte, um Kāwelu seine Liebe zu gestehen. Doch was machte diese Frau? Sie verweigerte sich ihm sechs Tage lang, hielt ihn zum Narren. Frustriert ging Hiku nach Hause, doch Kāwelu rannte ihm hinterher. ‚Verschwinde, ich lasse mich nicht von dir frotzeln.' Jetzt war Kāwelu zutiefst gekränkt und erwürgte sich. Ihre Seele wanderte in die Unterwelt. Da habe ich eingegriffen, half dabei, ihr ein neues Herz einzusetzen. Hiku-i-ka-nahele machte sich auf die Suche nach ihrer Seele. Nachdem Körper und Geist wieder vereint waren, lebten die beiden glücklich zusammen."

Zum Ausklang der Feier spielten die Götter Verstecken. Manche schlüpften in den Stamm eines Baumes, andere wiederum verbargen sich in bestimmten Blättern. Einige fühlten sich in ihrem Versteck dermaßen wohl, dass sie für immer dort blieben. Wenn es jemandem gelang, ihr Wohlwollen zu erringen, dann halfen sie, Krankheiten zu heilen. Dennoch musste man Vorsicht walten lassen, allzu leicht konnten sie zornig werden und sich gegen das Wohl der Menschen wenden.

Lono-pūhā wurde zum Vorfahren und Lehrer aller heilkundigen Magier von Hawai'i. Milu hingegen gelang ein erfolgreicher Aufstieg in der Hierarchie der Unterwelt. Er arbeitete sich hoch, bis er die Herrschaft über jene Bereiche errang, an denen die Geister der Toten ihre Heimstatt bezogen, nachdem sie das Land der Lebenden verlassen hatten. In seinem Herrschaftsgebiet Ao-o-milu organisierte er sportliche Aktivitäten, man boxte gegeneinander, Ringkämpfe wurden ausgefochten, wie sie auch zu Lebzeiten betrieben wurden. Die Geister spielten *kilu* mit polierten Kokosnüssen – sie warfen und wanden sich geschickt und genossen den Sex dieses Spiels. Ein bestimmter Platz war reserviert für das Spiel *kōnane*, das hawaiianische Schach. Um die Besitztümer im Geisterland wurden Wetten aller Art abgeschlossen. Als wären sie niemals gestorben, lebten die Geister, wie sie es auf Erden getan hatten.

Ka-īlio-hae reist ins Reich der Schatten

Ka-īlio-hae war seit Tagen krank gewesen und verfiel allmählich in einen Zustand der Bewusstlosigkeit. Der Geist des Lebens kroch aus seinem Körper und verzog sich über das linke Auge in eine Ecke des Hauses, wo er wie ein Insekt summte. Als der Geist zurückblickte auf jenen Körper, den er verlassen hatte, erschien er ihm wie ein gewaltiges Bergmassiv mit tiefen Höhlen, hinter denen sich die Augen verbargen. Dieser Anblick irritierte den Geist, sodass er auf das Dach des Hauses entwich.

Lautstark beklagten die Angehörigen den nahen Tod von Ka-īlio-hae. Vor diesem Lärm flüchtete der Geist in eine Kokospalme und thronte wie ein Vogel auf einem Palmwedel. Bald wurde ihm dies zu langweilig, und er flog dorthin, wo alle Geister einander trafen, bevor sie in die Unterwelt eintraten.

An der Pforte begegnete er dem Geist seiner Schwester, die schon lange verstorben war. Ihr Geist verfügte über die Fähigkeit, einen anderen Geist wieder in seinen irdischen Körper zurückkehren zu lassen, denn sie war eine *'aumakua*, eine Halbgöttin des Lebens und der Gesundheit. „Komm in mein Haus", sagte sie zum Geist des Ka-īlio-hae, „und halte dich dort eine Weile auf." Zugleich warnte sie ihn: „Wenn mein Gatte zu Hause ist, darfst du das Haus nicht betreten. Sollte er dir etwas zu essen anbieten, lehne dies entschieden ab, denn das Haus und die Speisen sind bloß Schatten realer Dinge und würden deine Kraft, ins Leben zurückzukehren, zunichte machen."

Der Geist der Schwester forderte den Geist des Bruders auf, ihm zu folgen. Nachdem sie eine Weile gewandert waren, sagte die Schwester: „Sobald mein Mann heimgekehrt ist und die Nahrung der Geister isst, um sich sodann dem Schlaf der Geister hinzugeben, werde ich dich durch das Land der Schatten begleiten, damit du dem König aller Geister einen Besuch abstatten kannst."

Ka-īlio-haes Schwester führte ihren Bruder zum Platz der Wirbelwinde. Auf dem Hügel hörte er die Stimmen vieler Geister, die sich sportlich vergnügten, wie in ihrem früheren Leben. Einige machten sich bereit zum Surfen, andere spielten mit steinernen Scheiben, die sie über den Boden rollen ließen. Manche waren mit Ringen oder Boxen beschäftigt, andere widmeten sich dem Fingerhackenziehen oder dem Faustschieben, wobei jener siegte, dem es gelang, die Faust des Gegners über eine Markierung zu drücken. Anderswo hatten sich Hulatänzer versammelt und bewegten sich zum Rhythmus der Trommeln.

Unweigerlich wäre Ka-īlio-hae bereit gewesen, sich diesen Spielen anzuschließen, aber die Schwester zog ihn weiter. „Dies sind Schattenspiele. Wer sich darauf einlässt, vermag niemals mehr zu den substanziellen Dingen des Lebens zurückzukehren." Als Ka-īlio-hae von einem Geist unabsichtlich angerempelt wurde, konnte er sich lediglich in jene Richtung fortbewegen, in die er geschubst worden war. Erst nach heftigen Anstrengungen erlangte er wieder die Kontrolle über sich.

Die Schwester führte ihren Bruder zu einem großen Feld, von Steinmauern umzäunt, wo feine Grashütten standen, wie sie nur für Häuptlinge des höchsten Standes errichtet wurden. Dort wies sie auf einen engen Durchgang. „Diesen Spalt musst du allein passieren, ich kann dich nicht begleiten, denn dahinter befindet sich das Heim von Wā-li'a, dem Herrscher der Geister. Achte genau darauf, was er dir sagt. Sprich wenig, jedoch kehre möglichst schnell zurück."

Ka-īlio-hae hörte genau zu, was die Schwester ihm erklärte: „Drei Wächter bewachen diesen Durchgang. Der erste wird dich fragen: ‚Was ist die Frucht deines Herzens?' Du musst antworten: ‚König Wā-li'a.' Dann wird er dich passieren lassen. Innerhalb der Mauern des Nadelöhrs wird ein zweiter Wächter vor dich treten. Er wird dich fragen, warum du kommst. Antworte ihm: ‚Wegen König Wā-li'a.' Dann wird er dich ziehen lassen. Am Ende eines langen Ganges steht ein dritter Wächter, bewaffnet mit einem bedrohlichen Speer, den er gegen dich erheben wird. Rufe ihm zu: ‚Ka-make-loa, *Großer Gott des Todes*!' Das ist der Name seines Speeres. Er wird dich fragen nach deinem Begehren, worauf du entgegnen musst: ‚Um König Wā-li'a zu sehen.' Mit diesen Worten wird er dir den Weg freigeben."

„Ganz genau muss ich mir diese Worte einprägen", dachte Ka-īlio-hae, als seine Schwester weitersprach: „Hast du endlich das Große Tor des Großen Palastes erreicht, wirst du zwei Köpfe entdecken, die sich dermaßen einander zuneigen, dass du weder eintreten noch den König oder seine Königin sehen kannst. Sobald diese Köpfe einen Geist erspähen, der sich dem König nähert und nicht die richtigen Beschwörungen sprechen kann, werfen sie ihn in die finsterste Geisterwelt. Gib Acht, und denke an all das, was ich dir gesagt habe."

Einen Moment Geduld erbat sich Ka-īlio-hae, um jedes Detail richtig zu behalten. „Wenn du diese Köpfe erblickst, verschränke deine Arme vor deinem Gesicht und schiebe die Wächter zur Seite. Der Große Weg wird dir dann offenstehen, und du kannst in die Halle des Königs eintreten. Du wirst große Fächer aus Federn sehen, die sich über dem König bewegen. Der König wird aus seinem Schlaf erwachen und sagen: ‚Warum kommt dieser Reisende zu mir?' Worauf du schnell erwidern wirst: ‚Ein Diener kommt, um dem Herrscher entgegenzutreten.' Sobald du dies gesprochen hast, erleidest du keine Verletzung mehr und wirst wieder zum Leben erweckt."

Wie ihm seine Schwester vorausgesagt hatte, trat jeder der drei Wächter zur Seite. Sie sprachen: „Das Tabu ist aufgehoben." Schließlich schob Ka-īlio-hae die beiden Köpfe zur Seite und trat in die Halle des Königs. Ohne ein Geräusch zu verursachen, fächelten die Diener dem König mit Vogelfedern frische Luft zu.

Der König gähnte, als er Ka-īlio-hae erblickte: „Willkommen Fremder, tritt näher. Wer ist der König deines Landes?" Ka-īlio-hae nannte den Namen seines Königs und dessen Ahnen aus frühesten Zeiten, zählte die Toten auf und die Lebenden. Langsam erhob sich die Königin der Geister, und der in sich kauernde Geist erblickte eine Frau, hübscher als er je eine auf irgendeiner Insel zu Gesicht bekommen hatte.

„Kehre zurück, und tritt ein in den Körper, den du verlassen hast", gebot der König, „und berichte deinen Leuten von deinen Erlebnissen." Ein Bote meldete, dass mit dem dritten Aufruf die sportlichen Spiele beendet seien, wer dies nicht beachte, werde an entlegene Orte der Unterwelt verbannt.

Allmählich machte sich die Schwester Sorgen, denn sie wusste, dass sich nach dem dritten Signal die Wände um den Palast des Königs schließen würden und ihr Bruder würde für immer im Land der Geister festgehalten werden. Sie murmelte ihre Beschwörungen und passierte sämtliche Wächter, sanft rief sie seinen Namen. Nur widerwillig gehorchte der Bruder. Sie packte ihn und schob ihn hinaus, als im nächsten Augenblick der dritte Ruf ertönte.

Sie begegneten einer hübschen, jungen Frau, die sie einlud, ihr zu folgen, indem sie auf einen Felsen wies, wo viele Vögel saßen. Ka-īlio-hae war bereit zu bleiben und sich auf das Angebot einzulassen. Die Verlockung war gewaltig. Unwirsch stieß die Schwester ihren Bruder weiter. Neuerlich versuchte er zu entweichen und verbarg sich, um die Freuden der Schattenwelt zu genießen. Die Schwester hielt ihn fest und zwang ihn, seinen wartenden Körper aufzusuchen. „Du hast der Anordnung des Königs zu gehorchen!" Sie war recht zornig und versetzte ihrem Bruder einen kräftigen Tritt.

Noch fester trat sie zu, so lange, bis Ka-īlio-hae vor seiner Hütte angelangt war, in der er früher gelebt hatte. Sie entdeckte ein Loch in der Wand und drückte ihn dort hinein. Kaum hatte er seinen ehemaligen Körper erblickt, versuchte er zu entwischen, doch die Schwester fing ihn und schob ihn bei einem Fuß bis hinauf zum Knie. Ka-īlio-hae mochte den Geruch des Körpers nicht und wehrte sich, tiefer einzudringen. Die Schwester hielt den Fuß fest und schüttelte ihn dermaßen heftig, dass der Geist keine andere Wahl hatte und zum Kopf kriechen musste.

Allmählich war ein leises Geräusch aus dem Mund zu vernehmen, Atem hob und senkte die Brust. Da wussten

Ka-īlio-haes Angehörige, dass er ins Leben zurückgefunden hatte. Sie wärmten seinen Körper und gaben ihm etwas zu essen. Nachdem er wieder zu Kräften gekommen war, erzählte Ka-īlio-hae von seiner unglaublichen Reise in das Land der Geister.

Der Mann, der seine Frau nochmals heiratete

Niho-o-leki wurde in Kona auf der Großen Insel geboren. Er gelangte nach O'ahu und entwickelte sich zu einem geschickten Fischer. Mit Hilfe seines berühmten Angelhakens aus Perlmutt, *pāhuhu*, der Fische aller Art anzog – insbesondere den schwer zu fangenden *aku* –, wurde er zum Häuptling der Gegend von Wai-'anae. Sein Doppelkanu maß an die zwanzig Meter, besetzt mit zwölf Ruderern. Später übersiedelte Niho nach Kaua'i, da seine Frau die Tochter des Oberhäuptlings dieser Insel war. Wegen seiner Erfolge als Fischer erlangte er auch hier die Stellung eines Häuptlings.

Als Niho starb, wurde sein Körper wieder nach Wai-'anae auf O'ahu gebracht und in einem Haus auf Pfählen, welches die Form einer Pyramide hatte, aufgebahrt. Nihos Eltern verehrten seinen Geist derart heftig und lange, bis er genügend Kraft erlangt hatte, um wieder ins Leben eintreten zu können.

Vom Tode erweckt nahm er einen neuen Namen an, kehrte zu seiner Frau nach Kaua'i zurück und heiratete sie ein zweites Mal. Diese kam gar nicht auf die Idee, dass ihr zweiter Gatte der Geist ihres verstorbenen Mannes sei. Sie machte ihm Vorwürfe, dass er nichts anderes im Sinn habe, als andauernd zu schlafen. Niho machten diese Anschuldigungen wütend. „Dann werde ich eben irgendwann wieder fischen", schimpfte er und schickte seine Frau zu Verwandten. „Mein Schwager soll meinen Fischhaken in seine Obhut nehmen, ebenso mein Doppelkanu", bestimmte er, „der Geist meiner Schwester wird als schwarzer *noio*-Vogel über meinen Besitz wachen." Um diese Zeit erhielt er einen dritten Namen: Pu'ipu'i-a-ka-lawai'a, *Der träge Fischer.* Diese Schmach brachte ihn neuerlich in Rage. Er holte sein Doppelkanu aus dem Langhaus der Kanus, ergriff seinen Angelhaken *pā-hū-hū* und fuhr hinaus aufs Meer. Dafür hatte er zwölf Männer angeheuert. Sie waren noch nicht allzu weit draußen, als er zwei Paddler mit je einem Fisch an Land schickte, um sie den Göttern der Vorfahren anzubieten – einen für die männlichen und einen für die weiblichen *'aumakua.* Nach einigen Stunden kehrten die Fischer zurück, begrüßt von einer Menge Leute. Das Kanu wurde entladen, und die Leute kamen aus dem Staunen nicht heraus: Der Fang, den Niho gebracht hatte, reichte mehrere Wochen für alle Bewohner der Insel.

Zu jener Zeit erreichte ihn die Nachricht, dass sein bester Freund, der Schweinegott Kama-pua'a, erkrankt war, und Niho offerierte ihm, er möge ihn in seinem Haus besuchen. Nihos Frau hegte eine starke Abneigung gegen Kama-pua'a, was sie Niho gegenüber niemals verhehlt hatte. „Obgleich du Kama-pua'a verachtest, begegne ihm dennoch mit jener Höflichkeit, die einem Gast gebührt." Als Kama-pua'a auf einer Bahre hereingetragen wurde, wandte sich die Frau demonstrativ zur Seite.

Angewidert von diesem Affront verkündete Niho seiner Frau die Trennung. „Für unser Kind hinterlasse ich dir als Erkennungszeichen eine Keule sowie meinen Federmantel. Gib unserem Kind den Namen, unter dem du mich einst kennengelernt hast." Dadurch begriff die Frau, dass ihr zweiter Mann der wiedererwachte Geist ihres ersten Mannes war.

Gemeinsam verließen Kama-pua‘a und Niho-o-leki Kaua‘i. Sie paddelten nach O‘ahu, um den Ort Wai-‘anae zu erreichen, wo Niho einst als Häuptling geherrscht hatte. „Nun ist der Zeitpunkt gekommen, voneinander Abschied zu nehmen. Mein Wunsch ist, dass du meine Schwester heiratest“, bat Niho den Freund. „Damit meine Eltern die Gewissheit erlangen, dass ich dich geschickt habe, nimm dieses untrügliche Beweisstück.“ Mit diesen Worten überreichte Niho Kama-pua‘a jene Perle, die an seinem Angelhaken befestigt gewesen war. – Ohne ein weiteres Wort schlüpfte Niho in sein ehemaliges Grab und verschwand auf Nimmerwiedersehen.

Der Hundegott Kū-'īlio-loa

Der Hundegott Kū-'īlio-loa fasste den Entschluss, aus den Wolken herabzusteigen, um den Menschen einen Besuch abzustatten, weshalb er die Gestalt eines kleinen Hundes annahm und sich unerkannt unter die Menschen mischte. Er bemerkte drei Regenbögen, die sich von hier nach dort bewegten, eine Weile über dem Haus eines Häuptlings verharrten, um sich sodann über einen tiefen Teich zu wölben, der von einem Wasserfall gespeist wurde.

„Dies ist ein Vorzeichen, das mir den Weg weist", dachte Kū, hockte sich ans Ufer des Teichs und wartete. Es dauerte nicht lange, bis Nā-pihe-nui, die Tochter des Häuptlings, in Begleitung ihrer Freundinnen erschien, um sich im Wasser des Teichs zu vergnügen. Nā-pihe-nui kam jeden Tag hierher. Nach ihrem Bad spielten die Mädchen und genossen die Freuden des Le bens.

Bei nächster Gelegenheit schwammen und tauchten sie wieder, als Nā-pihe-nui einen Schatten am Ufer entdeckte. „Irgendjemand beobachtet uns!", rief sie. Sogleich schwammen die Badenden ans Ufer, wo sie ihre Gewänder abgelegt hatten. Ein kleiner, weißer Hund hockte auf dem Rock der Prinzessin.

„Ist er nicht süß?", rief eines der Mädchen. Eine Zeitlang spielten sie mit dem weißen Hund und freuten sich über seine ungewöhnliche Intelligenz. Er hüpfte zwischen ihnen herum, gehorchte ihren Zurufen, zeigte jedoch eine Vorliebe für die Prinzessin. Also nahmen sie den kleinen Hund mit nach Hause und kümmerten sich um ihn.

Skeptisch verfolgte der Häuptling Poli-hale die eigentümlichen Fähigkeiten des Tieres, hinter denen er den Einfluss irgendwelcher Geister vermutete. Um seinen Verdacht zu überprüfen, ließ er den Hund beobachten. Bald stellte sich heraus, dass er sich, ganz nach Belieben, in einen Menschen verwandeln konnte. „Tötet diesen Hund“, befahl der Häuptling seinen Dienern. Sie umzingelten ihn und hieben mit ihren Keulen auf das Tier, doch Kū entkam in den Wald. „Dies ist der Große Hund Kū, der den drei Regenbögen gefolgt ist, um die Prinzessin zu seiner Frau zu nehmen“, meinten die Wahrsager.

Kū fühlte sich ertappt, weshalb er sich in einen Menschen verwandelte, um nicht erkannt zu werden. Forsch betrat er die Hütte des Häuptlings und forderte die Hochzeit mit der Prinzessin. „Hier bin ich, und hier bleibe ich.“ Gewarnt von den Worten der Wahrsager verweigerte der Häuptling seine Zustimmung.

Die Absage erzürnte Kū. „Wenn du mir deine Tochter nicht zur Frau gibst, werde ich deine Leute fressen“, drohte er. In der Tat verschlang der Hund einige Männer von Poli-hale. Eilends beorderte der Häuptling seine Krieger zu sich, um den bevorstehenden Kampf zu organisieren.

Unterdessen wurden Frauen und Kinder in einer Höhle in Sicherheit gebracht. Sie nahmen ausreichend Proviant mit – Wasser war in der Höhle vorhanden –, falls die Auseinandersetzung längere Zeit in Anspruch nahm. Vor dem Eingang der Höhle wurden Steine aufgeschlichtet, sodass niemand hinein und niemand hinaus konnte.

Mit allen seinen Kriegern stürzte sich der Häuptling in den Kampf gegen den Hundemann Kū-'īlio-loa. Immer enger umzingelten sie ihren Gegner. Indes verfügte Kū über ungewöhnliche Kräfte und sprang den Männern auf die Schulter und ins Gesicht. Hatte er einen der Kämpfer gefasst, biss er tödlich zu und vertilgte den toten Körper. Kū-'īlio-loa war ebenso flink wie schlau, attackierte einmal hier, dann wieder dort. Anstatt anzugreifen, mussten sich die Krieger des Häuptlings Poli-hale immerfort verteidigen.

Es schien, als würden Poli-hales Männer unterliegen. Deshalb wandte sich der Häuptling an seine Götter und offerierte ihnen Opfer an sowie Beschwörungen. Dafür erwartete er ihren Beistand.

Die Götter erhörten seine Bitten, und es kam zum entscheidenden Gefecht, wobei Kū-'īlio-loa vernichtend geschlagen wurde. Immer noch wehrte er sich verbissen, jedoch die Speere durchlöcherten ihn und die schweren Keulen brachen seine Knochen. Als er zerschmettert darniederlag, schnitten seine Gegner den Körper des Hundemannes in zwei Hälften, warfen den einen Teil in diese und den anderen Teil in die entgegengesetzte Richtung. Durch die Magie der Götter wurde der Körper von Kū-'īlio-loa in zwei große Steine verwandelt, die jahrhundertelang Verehrung und Anbetung erfuhren. Der Geist von Kū-'īlio-loa dehnte sich über die Berge aus und offenbarte sich mitunter als Großer Hund in unzähligen Wolkenformationen über den hawaiianischen Inseln.

Der König mit den wundersamen Dienern

Dereinst lebte König Ikaika-loa auf der Insel O‘ahu. „Ich werde meine Ländereien bereisen, um mich dort umzusehen.“ Kaum gesagt, machte er sich auf den Weg. Er war noch nicht lange gegangen, als er einem Fremden begegnete. Wie Könige zuweilen sind, war auch er selbstgefällig und brüstete sich vor dem Fremden mit der Weite seiner Besitzungen. Dieser entgegnete: „Du magst mir erzählen, was du willst, aber ich habe die Länder unserer göttlichen Vorfahren Wākea und Haumea gesehen, und ich kann dir versichern, sie sind größer und beeindruckender, als deine es jemals sein können.“ Sie entschieden, gemeinsam das wunderbare Land der Götter aufzusuchen.

Am Straßenrand trafen sie einen Mann, der kein Wort sprach. Der König fragte ihn: „Was treibst du? Bist du Fischer oder Bauer?“ Der Mann erwiderte: „Ich bin Māmā-loa, *der überaus Schnelle*. Ich warte auf das Erscheinen der Sonne, um ihr zu folgen und sie einzuholen.“ Gemeinsam erwarteten sie den Sonnenaufgang. Māmā-loa rannte rasend schnell, fing die Sonne und bremste für eine Weile ihren Lauf.

Zu dritt wanderten sie weiter: König Ikaika-loa, *der Kräftige,* ‘Ike-loa, *der Weitsichtige,* der über das Land blicken konnte, und Māmā-loa, *der schnelle Läufer.*

Nach einer Weile trafen sie auf zwei Männer, die eng umschlungen am Wegesrand schliefen. Einer zitterte vor Kälte. „Ich bin Kanaka-make-anu“, sagte er, „ich komme um in der Kälte.“ Hingegen brannte der andere Mann vor Hitze: „Ich bin Kanaka-make-wela“, sagte er, „mir macht die Hitze zu schaffen.“ Abwechselnd wärmten und kühlten die beiden einander, deshalb waren sie unzertrennlich, denn der eine bedurfte des anderen. „Wir kommen mit euch“, sprachen sie im Duett und schlossen sich den drei Männern an.

Die Gruppe erreichte ein Feld, auf dem man Tiere jagte. Einer der Männer war besonders geschickt im Umgang mit Pfeil und Bogen. Er hieß Pana-pololei: „Ich bin ein glänzender Schütze.“ Nachdem sie ihm eine Weile zugesehen hatten, forderten sie ihn auf: „Schließe dich uns an, wir möchten das Land des Gottes Wākea und der Göttin Haumea aufsuchen.“ Ohne eine einzige Frage zu stellen, ging er mit ihnen.

Sie begegneten einem Mann, der sein Ohr auf den Boden presste. „Was machst du?“, fragte ihn König Ikaika-loa. „Ich lausche einer Auseinandersetzung zwischen Haumea und Wākea.“ Jener Mann, der den Streit des Götterpaares belauschte, hieß Ho‘o-lohe-loa, *der Weithörige*. Gemeinsam zogen sie weiter und gelangten in eine Gegend, bezaubernder als sie jemals zuvor einen Landstrich erblickt hatten.

Der Wächter dieses Landes bemerkte, dass sich sechs fein aussehende Männer näherten. Zudem ein siebenter, in jeder Weise außergewöhnlich. Sogleich erreichte die Neuigkeit der ankommenden Fremden die Königin, die über das Land von Wākea und Haumea herrschte. Unverzüglich befahl sie ihren Soldaten, die Fremden zu ergreifen und zu ihrem Wohnsitz zu bringen. Dort wurden sie nach der Sitte des Landes willkommen geheißen, mit Früchten und erlesenen Speisen bewirtet sowie mit Hulatänzen und Spielen unterhalten.

Am nächsten Morgen sagte König Ika-ika-loa zur Königin: „Ich habe gehört, du hast dir schwierige Rätsel ausgedacht. Du magst mich auf die Probe stellen. Sollte ich deine Rätsel lösen, wirst du meine Frau." Damit war die Königin einverstanden.

Sie führte ihn hinaus und sagte: „Der Mann, der mein Gatte werden möchte, steht am Tor des Hauses von Wākea und Haumea. Wo befindet sich dieses Tor?" Der König wandte sich an ʻIke-loa und fragte ihn heimlich, ob er das Tor von Haumeas Haus sehen könne. ʻIke-loa blickte um sich und flüsterte dem König zu: „Das Tor des Hauses verbirgt sich im Stamm dieses großen Baumes. Wenn du stark bist, wirst du das Tor unter der Rinde finden." Der König schritt zu dem Baum, langte nach einem Steinmesser und entfernte Stück für Stück der Rinde. Plötzlich öffnete sich ein Tor.

„Diese Aufgabe hast du zwar gelöst, dennoch warten weitere Rätsel auf dich." Um die Beine der Königin tummelten sich drei Hunde. „Siehst du diese drei Hunde? Einer gehört unserem Gott Wākea, einer seiner Frau Haumea, und einer gehört mir. Kannst du herausfinden, wem welcher Hund gehört?" Mit diesen Worten schloss sie die drei Hunde in einen Käfig.

Der König flüsterte zu seinem Diener Hoʻo-lohe-loa: „Lausche und finde die Namen der Hunde heraus." Also legte der Mann, der ungewöhnlich gut hören konnte, sein Ohr auf die Erde und vernahm Haumea, die ihren Dienern anordnete: „Mein schwarzer Hund soll als Erster hinausgehen, dann der rote von Wākea. Und zuletzt der weiße Hund der Königin." Dermaßen erfuhr der König, wer welchen Hund besaß.

Als der schwarze Hund heraussprang, sagte der König: „Der schwarze Hund gehört Haumea." Sobald der rote folgte, sagte er: „Das ist Wākeas roter Hund." Als er schließlich den weißen sah, verneigte er sich vor der Königin und sprach: „Diesen Hund nennst du dein Eigen."

„Du hast zwei meiner Aufgaben gelöst, deshalb werde ich ein Fest vorbereiten lassen. Doch dazu benötigen wir frisches Wasser, das von weit her gebracht werden muss. Ich entsende eine meiner Dienerinnen und du beauftragst einen deiner Gefolgsleute, beide mit einer Kalebasse für Wasser ausgestattet. Kehrt dein Diener mit dem Wasser als Sieger zurück, noch ehe wir unser Mahl beendet haben, heiraten wir."

„Mach dich startklar, um das Wasser zu holen", sagte der König und reichte Māmā-loa, dem Schnellen, eine Kalebasse. Māmā-loa war überzeugt, dass es niemanden gäbe, der annähernd so schnell laufen konnte wie er. Die Dienerin der Königin trug ebenfalls eine Kalebasse. Auf ein Zeichen starteten sie ihr Rennen. Obwohl Māmā-loa sehr schnell lief, überholte ihn die Frau und ließ ihn weit hinter sich.

Neugierig ob des Verlaufs des Wettkampfs fragte der König ʻIke-loa, den Weitsichtigen: „Kannst du erkennen, wer in Führung liegt?" ʻIke-loa blickte in die Ferne und berichtete, dass die Dienerin der Königin einen beträchtlichen Vorsprung errungen habe.

„Es bedarf deiner Geschicklichkeit", erbat der König die Unterstützung des Meisterschützen. Pana-pololei ergriff seinen Bogen, legte einen Pfeil auf und nahm sein Ziel ins Visier. Sehr weit flog der Pfeil, zischte knapp über den Kopf der Läuferin hinweg, die dermaßen erschrak, dass sie stolperte und zu Boden stürzte, wodurch Māmā-loa sie überholen konnte.

Wenig später hatte sie den Rückstand wettgemacht. Der weitsichtige ʻIke-loa konnte es deutlich erkennen. „Vielleicht verfügst du über einen weiteren Pfeil", animierte der König den Schützen. Der Pfeil streifte den Rücken der schnellen Läuferin, sodass Māmā-loa als Erster die Quelle erreichte. Er füllte seine Kalebasse und machte sich auf den Rückweg. Flink goss auch die Dienerin der Königin Wasser in ihre Kalebasse.

Bald sollten die beiden Wettkämpfer das Ziel erreichen. „Wie sie läuft! Sie fliegt an Māmā-loa vorbei!", rief ʻIke-loa, der in die Ferne blicken konnte. Diese Nachricht weckte die Ungeduld des Königs. „Du musst mir helfen", bat er den Bogenschützen. Pana-polo-lei nahm einen besonderen Pfeil, mit dem er auf die Kalebasse der Läuferin zielte. Sein Schuss ließ das Gefäß in unzählige Stücke zerbrechen, deshalb versickerte das Wasser im Boden.

„Hier bringe ich eine Kalebasse, gefüllt mit Wasser", verkündete Māmā-loa als Sieger des Wettkampfs. Der König nahm die Kalebasse entgegen und präsentierte sie der Königin zum Trunk.

„Weshalb hat meine Läuferin den Wettlauf verloren?" Die Königin war ungehalten über den Ausgang des Wettkampfs und befragte ihre Dienerin nach dem Grund ihrer Niederlage. „Ich lag in Führung, doch irgendetwas traf mich, sodass ich stürzte. Mit einem Mal zerbrach meine Kalebasse und das Wasser ging verloren."

Māmā-loa gebärdete sich als stolzer Sieger, aber die anderen Diener des Königs verspotteten ihn. „Warum lacht ihr, habt ihr denn nicht gesehen, dass ich gewonnen habe?", sagte er trotzig. „Ohne unser Eingreifen wärst du unterlegen." Sie erzählten ihm, wie er vom Weitsichtigen beobachtet worden war und wie ihm die Pfeile des Schützen zum Erfolg verholfen hatten.

„Du hast gemogelt!", empörte sich die Königin. „Deshalb stelle ich dir eine zusätzliche Aufgabe." Der König wagte nicht, ihr zu widersprechen. „In unserem Land existieren zwei konträre Gegenden: Eine ist sehr heiß, die andere ist sehr kalt. Sollte es dir gelingen, diesen Gegensatz zu überwinden, werde ich dich heiraten."

„In meinem Gefolge befinden sich zwei Männer, die einander ergänzen: Der eine kühlt die Hitze des anderen, wogegen dieser die Kälte seines Partners durch seine Wärme lindert. Indem sie einander stets umschlungen halten, überleben beide. Deshalb sind sie unzertrennlich und überwinden derart die Gegensätze unseres Landes."

Kanaka-make-anu und Kanaka-make-wela sprachen: „Wir werden gemeinsam fortziehen, allerdings werden wir niemals zurückkehren, sondern für immer beisammenbleiben."

Nun gab es kein Rätsel mehr zu lösen. Der König und die Königin heirateten und lebten königlich im Land der Götter.

Ein gewaltiger Felsenwurf

Vor langer Zeit lebte auf Kaua'i ein Mann, der über gigantische Kräfte verfügte. Als Hā'upu geboren wurde, ergoss sich der Regen in Sturzbächen über die Hänge der Berge und spülte Unmengen roter Erde ins Tal, sodass man glauben konnte, es sei Blut. Vom Himmel zuckten Blitze, und weil das auf den hawaiianischen Inseln selten geschah, deutete man dies als Zeichen, ein Halbgott oder mächtiger Häuptling sei auf die Welt gekommen oder verstorben. Zudem wölbte sich ein Regenbogen über das Haus von Hā'upu. Manche Häuptlinge wurden ihr ganzes Leben von einem solchen Regenbogen begleitet.

Hā'upu war bereits als Kind sehr kräftig und entwickelte sich zu einem geschickten Kämpfer, der gegen eine Übermacht von Gegnern bestehen und ebenso ohne fremde Hilfe angreifen konnte. Nur mit seinem Speer bewaffnet bezwang er mitunter ein feindliches Heer.

Eines Nachts schlief Hā'upu mit dem Blick in Richtung O'ahu, der Nachbarinsel. Er hatte einen unruhigen Schlaf, denn irgendwelche Geräusche irritierten ihn. Schließlich wurde er von Stimmen geweckt, die aus einiger Entfernung zu ihm drangen. Zweifellos kam der Lärm vom Meer. Zahlreiche Lichter blitzten vor seinen verschlafenen Augen auf. Ein Gemurmel vieler Stimmen kam von dorther, wo die Lichter tanzten. „Feindliche Krieger planen einen nächtlichen Überfall." Hā'upu war sich dessen völlig sicher.

Um einen besseren Überblick zu erlangen, hastete er auf die Spitze eines Berges: Eindeutig erkannte er unzählige Kanus und Menschen auf dem Meer, nicht allzu weit entfernt von seinem Aussichtsplatz.

„Ihr werdet euch wundern", lachte Hā'upu, bückte sich und riss einen gewaltigen Steinbrocken aus dem Boden, stemmte ihn hoch und schwang den Felsen mehrmals vor und zurück, bis er genügend Schwung geholt hatte, um ihn entsprechend weit zu schleudern. Wie eine Wolke erhob sich der Steinbrocken in den Himmel, beschleunigt von Hā'upus magischen Kräften flog er weit über das Land und das Meer.

Von den Ufern O'ahus war der Häuptling Ka-'ena mit seinen Leuten zu einem nächtlichen Fischfang aufgebrochen. Die besten Fischnetze waren vorbereitet, und Fackeln in die Kanus gebracht worden. An den ertragreichsten Plätzen waren die Netze ausgelegt worden. Der Fang versprach überaus erfolgreich zu werden. Darüber herrschte große Freude, die sich lautstark äußerte. Während sich die Kanus der Fischer aus O'ahu der Insel Kaua'i näherten, schwoll ihr Geschrei immer mehr an, ein Jubel ob ihrer prall gefüllten Netze. Dieses Getöse erreichte die Ohren des schlaftrunkenen Hā'upu.

Plötzlich befand sich etwas über ihren Köpfen, wie ein Vogel, jedoch von der Größe eines gigantischen Felsens. Es blieb ihnen keine Zeit, ihre Gedanken zu vollenden. Als hätte ein Sturm sie erfasst, wurden ihre Kanus von dem gewaltigen Steinbrocken zerschmettert, den Hā'upu geworfen hatte.

Der Häuptling Ka-'ena und viele seiner Männer wurden getötet. Allmählich spülten die Wellen Sand ans Ufer, aus dem sich eine Landzunge formte. Die Überlebenden nannten dieses Kap zu Ehren ihres toten Häuptlings Ka-ʻena.

Jener Felsbrocken, den Hāʻupu gegen die vermeintlichen Angreifer geschleudert hatte, liegt in der Tiefe des Ozeans, seine Spitze dagegen ragt weit aus dem Wasser, sogar wenn Stürme und Wellen ihn umtosen.

Lono heiratet und begründet das *Makahiki*-Fest

Der Gott Lono-i-ka-makahiki schickte zwei seiner Brüder als Boten aus mit dem Auftrag, für ihn eine Sterbliche als Ehefrau zu finden. Sie reisten von Insel zu Insel, durchkämmten Täler und Ebenen, Küstenbereiche und Wälder, bis ihre Suche auf der Großen Insel, im Tal von Wai-pi‘o, endlich das gewünschte Ergebnis brachte. Die Erde im oberen Teil des Tals war rot, weil der Gott Kanaloa dereinst Māui, nachdem er ihn verspottet hatte, gegen einen Felsen geschleudert hatte, wodurch sich der Boden mit Blut rot verfärbte. Nahe den Wasserfällen von Hi‘i-lawe wohnte die außergewöhnlich hübsche Ka-iki-lani in einem Brotfruchthain. Immer, wenn sie das Haus verließ, wurde sie von einer Schar Vögel begleitet.

Als Gott des Regens – ihm gewidmete Gebete belohnte er stets mit Regen – war Lono ebenso für sämtliche Himmelsphänomene verantwortlich: Wolken, Sturm, Donner, Blitz und – Regenbögen. Jedes Mal, wenn er vom Himmel auf die Erde herabstieg, benützte er einen Regenbogen. So auch anlässlich der Hochzeit mit Ka-iki-lani. Die Hochzeitsgäste sangen: „*Lono, der rollende Donner. Der Himmel, der grollt. Das aufgewühlte Meer.*“

Das jungvermählte Paar nahm sein Quartier in der wunderbaren Region Ke-ala-ke-kua und erfreute sich am Surfsport. – Bis sich ein Häuptling in Ka-iki-lani verliebte, ihr beharrlich nachstieg, sie umwarb und für die Angebetete Liebeslieder sang. Eines Tages drang der Gesang an Lonos Ohr: „Du hast mich betrogen!“, brüllte er und überhörte absichtlich die Unschuldsbeteuerungen seiner Frau. Rasend vor Eifersucht glaubte er ihr kein Sterbenswörtchen. Selbst als sie sich vor ihm auf den Boden warf und weinend schwor, dass sie einzig und allein ihn, ihren Ehemann, liebe, weigerte er sich, ihre Beteuerungen anzuerkennen. Überwältigt von einem ungezügelten Jähzorn prügelte er Ka-iki-lani zu Tode.

Als er seine wunderschöne Gattin tot im Staub liegen sah, beklagte er lautstark seine Tat. Trotz Lonos selbstquälerischer Reue konnte Ka-iki-lani nicht mehr zum Leben erweckt werden. Da Menschen nach ihrem Tod oftmals Göttlichkeit erlangen konnten, wurde Ka-iki-lani unter dem Namen Ka-iki-Tani-ali'i-o-Puna zu einer Göttin erhoben.

Von nun an sollte jedes Jahr während der Regenzeit, nämlich von Mitte Oktober bis Mitte Februar – so lautete Lonos Befehl – das Fest *Makahiki* zu Ehren von Ka-iki-lani abgehalten werden, mit Gesängen, Lustbarkeiten, Hulatänzen, sportlichen Wettkämpfen, wie Boxen, Ringen, Grasrodeln, mit Rätselwettbewerben und Gesellschaftsspielen. Das gewöhnliche Volk spielte *'ume*, dagegen war den Adeligen, den *ali'i*, das Spiel *kilu* vorbehalten. Beides waren sexuelle Spiele, die es auf einen Partnertausch anlegten: Männer und Frauen versammelten sich um ein Freudenfeuer, indes der Spielleiter einen schlüpfrigen Gesang anstimmte und mit einem langen, von Vogelfedern geschmückten Stab nach einem bestimmten Ritus ein Paar auswählte. Der Mann und die Frau, nicht miteinander verheiratet, verließen die Gruppe und vergnügten sich die restliche Nacht miteinander. Für keinen Ehemann oder keine Ehefrau ergab sich dadurch ein Anlass zur Eifersucht, denn wäre er oder sie ausgewählt worden, würden sie sich genauso verhalten.

Während der *Makahiki*-Festivitäten ruhte die Arbeit vier Monate lang, und jede Art kriegerischer Auseinandersetzungen wurde mit einem strengen Tabu belegt.

Nach dem Tod von Ka-iki-lani veränderte sich Lonos Verhalten grundlegend, unstet streifte er umher, von einer Insel zur anderen. Immer wenn er einem Mann begegnete, provozierte er einen Box- oder Ringkampf. Besser war es, nicht in die Nähe von Lono zu geraten.

Zu guter Letzt baute er ein Kanu, wie es Sterbliche noch niemals erblickt hatten: ausgestattet mit einem Mast und einem Querbalken aus dem Holz des *'ōhi'a-lehua*-Baumes, geschmückt mit Federn und Girlanden aus weißem *kapa*, obenauf prangte eine geschnitzte Vogelfigur. Das Tauwerk war aus Fasern von Kokospalmen gedreht worden. Mengenweise Proviant wurde herbeigeschafft. Um das Kanu zur Ablegestelle zu tragen, waren vierzig Männer erforderlich, trotzdem segelte Lono alleine los. „Wartet auf mich, irgendwann werde ich wiederkehren."

Die lebensspendende Banane

Der Vater von Kūkali war ein Mann von großer Weisheit und außergewöhnlichen Fähigkeiten. Er lehrte Kūkali die Kunst der Kanuherstellung, wie man aus feinkörniger Lava steinerne Messer und Beile fertigte und deren Schneide schärfte. Sein Unterricht umfasste gleichermaßen handwerkliche Geschicklichkeit als auch den Umgang mit magischen Kräften. Er unterwies seinen Sohn in den kraftvollsten Beschwörungen und verriet ihm Zauberformeln, die wirkungsvoller waren als jene seiner Widersacher. Kūkali lernte, Vorzeichen zu deuten und zu überwinden. Dermaßen wurde Kūkali zu einem Zauberer, der sich mit den klügsten Männern anderer Inseln messen konnte.

„Ich schenke dir eine Banane", sagte Kūkalis Vater, „jedoch wenn du die Frucht gegessen hast, hüte die Schale und achte darauf, sie niemals zu verlieren, damit sie dir weiter ihre Dienste leisten kann."

Kūkali zog ins Innere der Großen Hawaiʻi-Insel, wanderte durch die Wälder und ging hinauf in die Berge. Außer der Banane, die ihm sein Vater gegeben hatte, trug er keine Nahrung bei sich. Überkam ihn Hunger, zog er die Schale der Banane vorsichtig zurück, aß die Frucht und faltete sodann die Schale sorgfältig zusammen. Nach kurzer Zeit hatte sich darin wieder eine Frucht gebildet. Immer wieder nährte ihn die Banane, deren Schale er gewissenhaft aufbewahrte.

Die Lust, ferne Inseln aufzusuchen, von denen unglaubliche Geschichten erzählt wurden, erfasste Kūkalis Sinne. Um einen Baum zu finden, aus dem er ein entsprechendes Kanu herstellen konnte, streifte er durch die Wälder und wurde schließlich fündig. Unzählige Tage verbrachte er auf See, segelte von der Sonne geleitet bei Tag und folgte den Sternen bei Nacht. Eines Tages erreichte er jenes fremde Land, von dem er seit jeher geträumt hatte.

Er zog sein Kanu an den Strand und legte sich nieder, um zu rasten. Bevor er einschlief, versteckte Kūkali seine magische Banane in seinem Lendenschurz. Dann fiel er in einen tiefen Schlaf, sodass er die Gefahr nicht wahrnahm, die ihn bedrohte:

Ein riesiger Vogel, der sich von menschlichem Fleisch ernährte, herrschte über jene Insel, auf der Kūkali gelandet war. Jede Feder des Vogels Halulu war mit Krallen bestückt. Er hob Kūkali empor und trug ihn in seinen Schlupfwinkel. Als er ihn dort ablegte, erwachte Kūkali aus seinem Schlaf.

Irritiert blickte Kūkali um sich und begriff mit Schrekken, dass er sich in einem Tal befand, das von allen Seiten verschlossen war. „Willkommen, du teilst unser Los“, begrüßten ihn all jene, die der Vogel Halulu gefangen hielt. „Wir haben Hunger, aber niemand gibt uns zu essen.“ Der Vogelgott Halulu thronte auf einem Baum und beobachtete argwöhnisch seine Beute. Entkräftet vor Hunger brach einer der Gefangenen zusammen und war nicht mehr fähig, sich zu erheben. Sogleich stürzte sich Halulu auf sein Opfer und verspeiste es. Jene, die noch stark genug waren, verbargen sich, dennoch diente Tag für Tag einer von ihnen dem Vogel als Nahrung, die Schwächsten der Gefangenen wurden für Halulus Mahl auserkoren.

Kūkali erfasste Mitgefühl für seine Leidensgenossen, weshalb er sie von seiner wunderbaren Banane essen ließ, bis sie wieder zu Kräften gekommen waren. „Ihr müsst euch zur Wehr setzen“, animierte er sie und lehrte sie, Steine zu finden, die dazu geeignet waren, daraus Messer und Beile anzufertigen. Schlussendlich waren alle bestens mit scharfen Steinwaffen ausgerüstet.

Während Kūkali und seine Mitgefangenen bereit waren für den entscheidenden Kampf, erhob sich der Vogelgott von seinem Thron und flog mehrere Runden, um Ausschau nach neuer Beute zu halten. Jedenfalls blieb seine Suche erfolglos, was Halulus Wut umso heftiger anfachte. Erbittert riss er einige Federn aus seinem Gefieder, allesamt mit Widerhaken bewehrt, und schleuderte sie gleich Pfeilen auf seine Opfer.

Mit ihren Beilen hieben Kūkali und seine Leidensgenossen auf Halulus Körper ein und schnitten in sein Fleisch. Mit Gewalt zerrten sie Federn aus einem Flügel und zerhackten sie in winzige Stücke. Vor Schmerz brüllte Halulu, da sein Flügel nach und nach zerstört wurde. Nachdem auch der andere Flügel vernichtet war, wurde der Vogelgott von maßlosem Zorn erfasst, sodass er seine Beine, beide bestückt mit spitzen Klauen, als Waffen einsetzte. Kūkali sprach Beschwörungen, um seine Freunde zu beschützen und ihren Kampfgeist anzufeuern.

In einem erbitterten Gefecht schnitten sie Halulus Beine ab. Um die Macht des Vogelgottes zu bannen, zerstückelten sie seine Klauen. Sie zerrten den Körper ihres Peinigers nach allen Richtungen, bis er in Stücke gerissen wurde. „Wir müssen Halulu zu Asche verbrennen, um seinen Zauber endgültig zu brechen“, forderte Kūkali. Sie sammelten Zweige und bedeckten damit Halulus

Körper. Sodann entfachten sie ein Feuer. In höchster Eile verwoben sie Kletterpflanzen zu einem Seil, wodurch ihnen die Flucht aus ihrem Gefängnis ermöglicht wurde.

Indes entwischten zwei von Halulus Brustfedern den Flammen und flatterten zu seiner Schwester Nā-maka-'eha, einer Verwandten von Pele, die in einem Loch ohne Boden hauste.

Nā-maka-'eha roch den Rauch, der den Federn anhaftete, deshalb wusste sie, dass ihr Bruder tot war. Er konnte bloß von jemandem bezwungen worden sein, der über hinreichend magische Kräfte verfügte. „Wer hat meinen Bruder getötet? Ich will ihn kennenlernen."

Als wären Kūkali und seine Leidens- und Fluchtgenossen von einer unheimlichen Macht angezogen worden, gerieten sie zu jenem Loch, in dem Nā-maka-'eha wohnte. Nirgends konnte Kūkali einen Urgrund ermitteln, wodurch seine Neugier gereizt wurde, diesen Sachverhalt gründlicher zu erforschen. Er informierte seine Begleiter, dass er hinuntersteigen wolle, um herauszufinden, welche Mysterien sich in diesem Loch verbargen. Zu diesem Zweck flochten sie ein Seil und befestigten ein Ende um seinen Körper. „Jetzt lasst mich hinunter", verfügte Kūkali. Indem er Beschwörungen murmelte, gelangte er tiefer und tiefer. Doch mit einem Mal riss das Seil und er fiel und fiel – ins Bodenlose.

Während er stürzte, erinnerte sich Kūkali an die Formel, die er sprechen musste, um unverletzt zu bleiben: *„Göttlicher Kū, Wächter meines Lebens, schenke mir einen Tropfen vom Wasser des Lebens!"* Kūkalis Beschwörung besaß ungeheure Kraft, sodass er in einen Tümpel mit dem Wasser des Lebens geschleudert wurde.

Einer der Diener von Nā-maka-'eha war ein starker Zauberer und hatte Kūkalis wundersame Rettung beobachtet, worauf sie in ein Gespräch eintraten und Freunde wurden. „Wenn man dir Speisen anbietet, darfst du nichts akzeptieren, was schon gereift ist, davon wirst du vergiftet. Selbst der mächtigste Zauber könnte dich nicht mehr retten." Kūkali bedankte sich für diesen Rat und mischte sich unter Nā-maka-'ehas Gefolge. Gewissenhaft hatte er seine wunderbare Bananenschale aufbewahrt und nährte sich von deren reifen Früchten.

Endlich gelangte er zur Residenz von Nā-maka-'eha. „Sei willkommen!" Mit aller Herzlichkeit wurde er empfangen. „Nimm von den Früchten, die ich dir zu Ehren aufgetischt habe." Scheinbar nahm er das Angebot an, jedoch heimlich aß er seine magische Banane. Nachdem er sie geschluckt hatte, sprach Kūkali: „Ich will dich heiraten." Obwohl Nā-maka-'eha von diesem Ansinnen vorerst irritiert war, willigte sie letztlich ein.

Nachdem sie eine Zeitlang zusammengelebt hatten, wurde Kūkali das Leben im bodenlosen Loch langweilig, eine unbändige Sehnsucht nach den Wäldern und Stränden Hawai'is bemächtigte sich seiner. Frohen Mutes bestieg er ein Kanu und segelte grußlos davon. Dank seiner Banane litt Kūkali niemals Hunger.

Das Hühnermädchen Lepe-a-moa und ihr Bruder Kau-i-lani

Ke'āhua war der oberste Häuptling von Kaua'i. Dort verbrachte er seine Jugend, bis ihn das Verlangen übermannte, nach O'ahu zu reisen, um Ka'uhoa, die Tochter von Ka-pā-lama, zu seiner Frau zu machen. Die Ehe wurde unverzüglich vollzogen, und er kehrte mit Ka'uhoa zurück in seine Heimat Kaua'i. Leider währte das eheliche Glück nicht lange, denn Ke'āhua hatte den Zorn eines *kupua* geweckt, eines Halbgotts mit zweifachem Körper, der mitunter als Mensch, dann wieder als Tier auftrat, wobei dem Tierkörper übernatürliche Kräfte innewohnten. Mit dieser Sorte Dämonen war äußerste Vorsicht geboten, denn meistens waren sie extrem bösartig, mischten sich ein in Kämpfe und fügten den Menschen körperlichen Schaden zu, was mitunter zum frühen Tod führte.

Dieser widerliche *kupua* hieß Akua-pehu-'ale, *Gott der anschwellenden Woge*. Er verschlang nicht nur seine Feinde, sondern war sogar bei seinen eigenen Leuten gefürchtet und verhasst. Daher war es nicht verwunderlich, dass er Ke'āhua ohne Vorwarnung aus einem Hinterhalt attackierte und zahlreiche seiner Untertanen tötete, sodass Ke'āhua keine andere Wahl blieb, als sich mit seinen Leuten auf den hohen Berg Ka-wai-kini zurückzuziehen, wo reichlich frisches Quellwasser sprudelte und neue Häuser errichtet wurden.

Zufällig, oder von den Göttern manipuliert, wurde Ka-pā-lama, die mit ihrem Mann Hono-uliuli nahe Honolulu wohnte, von einem merkwürdigen Gefühl befallen: „Hono-uliuli, unsere Tochter Ka'uhoa auf Kaua'i wird ein Kind mit magischen Kräften und den Eigenschaften eines *kupua* entbinden. Wir sollten dorthin reisen, um nachzusehen."

Sie packten Opfergaben für die Götter in ihre Kanus und überquerten den Kanal zwischen O'ahu und Kaua'i, versteckten ihre Kanus nahe dem Strand und stiegen den Berg Ka-wai-kini hinauf, wo Ka'uhoa ihr Kind bereits geboren hatte – allerdings war es ein Ei!

Häuptling Ke'āhua hatte zwischenzeitlich die Anweisung erteilt, das Ei hinaus auf das Meer zu bringen und als Opfergabe für die Seemonster ins Wasser zu werfen. Wogegen die Mutter und ihre Hellseher eine gegensätzliche Meinung vertraten, man solle das Ei behalten und zum Leben erwecken.

Gerade rechtzeitig war Ka-pā-lama zur Stelle, vorsichtig ergriff sie das Ei und wickelte es in weiche *kapa*-Stoffe. „Wir werden dein Kind adoptieren und aufziehen." Mit diesen Worten verabschiedete sie sich von ihrer Tochter, und die Großeltern segelten zurück nach O'ahu. Unverzüglich errichtete Hono-uliuli eine feine, strohgedeckte Hütte aus dem besten Gras, das er finden konnte; *kapa*, genützt für Betten und Kleidung, wurde mit duftenden Ingwerblüten, *hala*-Blüten und der zarten Blüte der *niu* (Kokosnuss) parfümiert, dagegen schmückten Blumenketten mit süß duftender *maile* die Wände. Lange blieb das Ei in *kapa* eingewickelt.

Bald ersuchte Ka-pā-lama ihren Mann, einen Erdofen vorzubereiten, wofür er Steine und Holz sammelte, eine Grube aushob und Holz aufschichtete. Dann rieb er seine Feuerstöcke aneinander, bis Feuer entsprang, um die Steine des *imu* zu erhitzen. Sobald sie entsprechend heiß waren, wickelte er Süßkartoffeln in *kī*-Blätter, legte alles in den Erdofen und verschloss den *imu* mit Matten. Schlussendlich goss er Wasser darüber, um Dampf zu erzeugen und die Kartoffeln zu garen.

Die fertigen Süßkartoffeln brachte Ka-pā-lama zur Hütte des Eies – voll Entzücken erblickte sie ein wunderschönes Huhn, das aus dem Ei geschlüpft war. Sein Gefieder leuchtete in allen möglichen Farben verschiedenster Vogelarten. Ka-pā-lama verständigte ihren Mann, und sie gaben dem Vogelkind den Namen Lepe-a-moa, was so viel wie *Hahnenkamm* bedeutet. Gierig stürzte sich das Huhn auf die gekochten Süßkartoffeln, bis es gesättigt einschlief und dabei den Kopf unter einem Flügel verbarg.

Eine Ahnin des Vogelkindes war die Vogelfrau Keao-lewa, die in den höchsten Wolken lebte. Gelegentlich kam sie in Gestalt eines großen Vogels oder einer Frau auf die Erde, um ihre Verwandten auf die eine oder andere Weise zu unterstützen. Für Lepe-a-moa, ihre Ururenkelin, hatte sie von ihren Dienern ein Schwimmbecken vorbereiten lassen. Sobald das Vogelkind ausgeruht war, hüpfte es an den Rand des Beckens, zupfte seine Federn zurecht und ließ sich ins Wasser gleiten, schwamm und tauchte und spritzte wild herum. Als Lepe-a-moa von diesem Spiel genug hatte, schüttelte sie das Wasser ab und flog auf den Ast eines Baumes, um ihr Gefieder zu trocknen.

Jeden Tag badete sie, bis sie irgendwann eine Veränderung ihres Wesens wahrnahm – sie konnte die Vogelgestalt ablegen und sich in ein hübsches Mädchen verwandeln. Jetzt war es an der Zeit, nach den Großeltern zu rufen. „Wo steckt ihr beiden? Kommt, so kommt doch endlich!“

„Von woher vernehme ich diese gedämpfte Stimme? Wir müssen genauer hinhören, vielleicht verstehen wir dann die Stimme." Ka-pā-lama vermutete: „Das könnte eine Stimme aus der Hütte unserer Enkelin sein. Wir sollten schleunigst Nachschau halten, denn ihre Hütte ist ein Tabu-Ort; niemandem außer uns und unseren Kindern ist es gestattet, sie zu betreten."

Hono-uliuli und Ka-pā-lama eilten zu der Hütte. – Auf dem Boden lag ein schönes, kräftiges Mädchen, das einen grün-gelben Federkranz trug. Ka-pā-lama war dermaßen außer sich, dass sie zurücktaumelte und ohnmächtig zu Boden stürzte. Hono-uliuli goss Wasser über den Kopf seiner Frau, wodurch sie wieder erwachte.

Lepe-a-moa wandte sich an ihre Großeltern: „Ich möchte eine andere Art von Nahrung, deshalb werde ich zum Meer hinuntergehen, Fische fangen und Algen sammeln. Kartoffeln munden einzig meinem Hühnerkörper." Bester Stimmung schlenderte sie zum Strand, sah die Brandungswellen bei Pā-lama heranrollen und konnte nicht anders, als zu singen: „Die erste Brandung meines neuen Lebens, gleiten will ich auf diesen weißen Wellen." Frischweg tummelte sie sich in den Wellen, einer vollkommen anderen Umwelt als das Schwimmbecken ihrer Hühnerzeit, wo weder Fische noch Tintenfische anzutreffen waren. Als hätte sie ihn gerufen, schnappte sie einen Tintenfisch, der ihr zu nahegekommen war, an den Armen. Begeistert schleppte sie ihn an den Strand. In weiser Voraussicht hatte sie einen Fischkorb mitgebracht. „Mein erster Tintenfisch, dieser gehört den Göttern." Abermals schwamm sie hinaus, diesmal etwas weiter. „Hier sind zwei Tintenfische für meine Großeltern." Erst den dritten Tintenfisch beanspruchte sie für sich.

Die Großeltern waren höchst erfreut, als sie erkannten, dass sich Lepe-a-moa selbst ernähren konnte. Immer wieder ging sie ans Meer, fing Fische, sammelte Algen und Moos vom Riff. Derart vergingen die Tage ihrer Kindheit und Jugend.

Währenddessen lebten die Eltern des Vogelmädchens nach wie vor in ihrem Waldhaus auf Kaua'i, versteckt vor ihrem Feind Akua-pehu-'ale. Schließlich gebar Lepe-a-moas Mutter Ka'uhoa noch ein Kind, einen Jungen, der Kau-i-lani genannt wurde. Am Tag seiner Geburt bei den Wasserquellen Ka-wai-kini fegte ein Sturm über das Land, Regen fiel in Strömen und ein Regenbogen wölbte sich über seinen Geburtsort, was darauf schließen ließ, dass ein Häuptling auf die Welt gekommen war. Als Junge gehörte er zur Familie des Vaters, dessen Eltern *kupua* mit außerordentlichen Kräften waren. Sie konnten als Menschen erscheinen oder Windkörper annehmen und wie der Wind von Ort zu Ort sausen. Ihren Enkel führten sie zu einem wunderbaren Brunnen, der die Macht hatte, all jenen Kindern, die darin badeten, erhabene Stärke und bemerkenswerte Schönheit zu übertragen. Zwar waren sie nicht imstande gewesen, Kau-i-lani einen zweifachen *kupua*-Körper zu vererben, dennoch übertrugen sie ihm mittels seines Namens, *Der hochgeborene Aristokrat*, übernatürliche Macht. Weiters schenkten sie Kau-i-lani das wundervolle Lendentuch (*malo*) Pai-hi-ku, wodurch er sich rasend schnell entwickelte und im Handumdrehen zu einem Mann herangewachsen war, was dem Vater Ke'āhua natürlich nicht verborgen blieb.

„Da du dermaßen schnell erwachsen geworden bist, kannst du mir womöglich beistehen. Ein aggressiver

Feind hat mich vor langer Zeit in einen Krieg verwickelt, und ich war nahe daran, mich zu töten; deshalb wohnen wir in diesem Bergwald außerhalb seiner Reichweite." Ausführlich informierte er seinen Sohn über den Charakter und den Aufenthaltsort von Akua-pehu-'ale. „Vielleicht können meine Untertanen und ich mit deiner Hilfe diesen elenden Widersacher vernichten."

„Gewiss werden wir diesen Akua-pehu-'ale töten", sagte Kau-i-lani zu seinem Vater, „sofern du meinem Plan zustimmst." Ohne zu zögern erteilte Ke'āhua seine Einwilligung. „Welche Maßnahmen sollen wir ergreifen?" – „Du musst deine Leute losschicken, damit sie *'ahakea*-Bäume fällen, daraus Bretter machen, sodann einige davon zu dem Abgrund nahe ihrer Hütten tragen und sie wie Sträucher in den Boden einpflanzen, die restlichen sollen sie zum Meer bringen und wie Pfähle dicht nebeneinander aufstellen."

Aufgrund der Zauberei des jungen Häuptlings war die Nacht sehr dunkel. Die Untertanen von Ke'āhua schliefen tief und fest. Um Mitternacht ging Kau-i-lani in die Dunkelheit hinaus und beschwor seine Götter:

„Oh Berg! Oh Meer! Oh Süden! Oh Norden! Oh, ihr Götter! Kommt uns zu Hilfe! Im Landesinneren, am Fuße des pali-Abhangs, ist der 'ahakea-Baum; am Meer steht der 'ahakea-Baum, dort am Strand von Hina. Vermehrt sie mit den wauke am Fuße des pali von Hale-le'a und am Ufer von Wai-lua. Bananen sind heute Nacht für uns bereit. Die Brotfrucht und das Zuckerrohr sind unser, oh, ihr Götter!"

Nachdem er diese Beschwörung wiederholt hatte, legte er sich schlafen. Am Morgen trat Häuptling Ke'āhua vor seine Hütte. Siehe da, die Stöcke, die unterhalb des Abgrunds in die Erde gesteckt worden waren, hatten Wurzeln geschlagen, Zweige getrieben und sich zu einem fast undurchdringlichen Dickicht verflochten. Über Nacht waren etliche Haine von *wauke*-Bäumen aus dem Boden geschossen. Keʻāhua rief seine Frau: „Sieh dir das an! Während wir schliefen, ereignete sich dieses Wunder."

Nun ersuchte Kau-i-lani seinen Vater, sämtliche Leute zusammenzutrommeln und sie aufzufordern, die Rinde von den *wauke*-Bäumen zu schneiden, sie zu *kapa* zu schlagen und zum Trocknen auszubreiten. Das war rasch erledigt, sodass noch am selben Tag zwei große Hütten fertiggestellt werden konnten. Über die kommende Nacht wurde ein Schweigegebot verhängt, während Kau-i-lani erneut die Götter anflehte.

Tiefe Dunkelheit legte sich über das Land, die Menschen waren sehr müde, sodass sie umgehend einschliefen. Lediglich Kau-i-lani blieb wach, hielt seine Beschwörungen und lauschte der flinken Arbeit der Götter, die Bäume fällten, Bilder schnitzten und damit die Hütten füllten.

Als der Häuptling und seine Leute am nächsten Tag erwachten, erkannten sie, dass die beiden neuen Hütten bis oben mit Bildwerken gefüllt waren.

Kau-i-lani bedeutete seinem Vater: „Schicke deine Männer auf einen hohen Hügel im Landesinneren, dort sollen sie trockenes Holz und Gestrüpp verbrennen, um die Aufmerksamkeit des Feindes auf sich zu lenken, inzwischen wollen wir uns auf die Schlacht vorbereiten."

Unterdessen vergnügte sich Akua-pehu-ʻale beim Surfen – als er über den Hügeln aufsteigenden Rauch beobachtete, der sich mit den Wolken vermengte. Unweigerlich zog er den Schluss: „Das ist etwas völlig anderes als eine Wolke, es muss sich um den Rauch eines Feuers handeln, das von Menschenhänden entfacht wurde. Wo verbirgt sich dieser Mensch, der meiner Aufmerksamkeit entwischte? Akribisch werde ich Nachschau halten, und wehe seinem Fleisch! Sobald ich ihn erwische, wird er mir als Mahlzeit dienen." Ohne Zögern zischte sein magischer Körper nach Ka-wai-kini.

Währenddessen hatte Kau-i-lani dafür Sorge getragen, dass sich alle Leute verborgen hielten, einzig und allein er war geblieben, um dem Seemonster entgegenzutreten. Er stand im Eingang einer der beiden großen Hütten, in der auf jeder Seite Bildnisse angebracht waren, die menschlichen Augen glichen.

Sobald Akua-pehu-'ale den jungen Häuptling wahrgenommen hatte, spottete er: „Hier versteckst du dich also. Mehrmals bist du mir entkommen, doch jetzt wirst du mein Festmahl sein." Sogleich riss er sein Maul weit auf, dermaßen gewaltig war es, dass der Oberkiefer bis zu den Spitzen der Bäume ragte und der Unterkiefer sich auf den Boden stützte. Dazwischen wirbelte seine doppelt gespitzte Zunge, jederzeit bereit, den Häuptling und die Bildwerke an seiner Seite zu verschlingen.

Davon ließ sich Kau-i-lani keineswegs einschüchtern: „Kehre heute an deinen Wohnort zurück, morgen wirst du meine Bereitschaft erkennen, mit dir zu kämpfen."

Zwar zögerte der Gott, diesen Vorschlag anzunehmen, schlussendlich äußerte er sich optimistisch, einen Triumph zu erlangen: „Dein Fett ist süß, deine Knochen sind weich, deine Haut ist glänzend. Die Herrlichkeit deines Körpers wird mir auch morgen noch munden."

Unbewegt und resolut erwiderte der Häuptling: „Warten wir ab. Heute ist noch nicht der Tag unseres Kampfes. Sollte ich dich morgen besiegen, bist womöglich du meine Nahrung, dann werden dein Körper, dein Land und dein Besitz gleich Regentropfen auf mich fallen. Zweifellos ist dein Tod längst überfällig. Du bist steinalt, deine Augenlider hängen herab, deine Haut ist ausgetrocknet, du bist ein Gott aus Haut und Knochen. Ich hingegen bin jung."

Eigentlich hätte Akua-pehu-'ale diese Beleidigung nicht ohne den kecken Häuptling zu bestrafen hinnehmen dürfen, doch da Kau-i-lani sein Wort für eine Schlacht verpfändet hatte, machte er kehrt und verschwand.

Prompt verständigte Kau-i-lani seinen Vater: „Morgen gehe ich hinunter an den Strand, um mit unserem Feind zu kämpfen. Vielleicht wird er mich töten; sollte dem so sein, wird mein Tod dir allemal zum Ruhm gereichen. Damit deine Leute für die morgige Schlacht ausgeruht sind, schicke sie unverzüglich zu Bett."

Sobald alle schliefen, trat Kau-i-lani in die Dunkelheit hinaus und ergänzte seine Beschwörungen um weitere Götter, damit sie von der Morgendämmerung bis zum Abend wirken und seine Macht verstärken mochten.

Am Morgen umgürtete er sich mit seinem magischen Lendenschurz Pai-hiku und machte sich bereit zum Abstieg ans Meeresufer. „Bevor du aufbrichst", sagte sein Vater und überreichte ihm einen Speer, dessen scharf geschliffene Spitze sofort Kau-i-lanis Aufmerksamkeit erweckte. „Nimm diesen Speer, er ist ein Vorfahre von dir. Sein Name lautet Koa-wī Koa-wā. Er verfügt über wundersame Kräfte und wird dir sagen, was du zu tun hast. Er wird dich beschützen und für dich kämpfen." Dankbar ergriff Kau-i-lani den Speer und erwiderte seinem Vater: „Deine Aufgabe ist es heute, Wächter der Schlacht zu sein. Wenn der Rauch des Kampfes zum Himmel aufsteigt, sodann seewärts zieht und schließlich vor dir auftaucht, weißt du, dass ich tot bin. Sollte der Rauch vom Fuß des Abgrunds aufsteigen und zu den beiden großen Hütten hinüberziehen, erfährst du, dass dein Feind getötet wurde."

Bewaffnet mit seinem Speer ging Kau-i-lani auf das offene Feld in der Nähe des Meeresufers. Den ganzen Weg über sprach er intensiv zu den Göttern. An der Küste angelangt, erspähte er Akua-pehu-'ale, der mit Gebrüll, einem Donnerhall gleich, in der Gestalt eines gewaltigen Drachens in die Lüfte aufgestiegen war. Riesige Wellen brachen sich am Strand – und blitzschnell stürzte sich der Drache auf Kau-i-lani, wobei Sand und Erde bis zu den Wolken aufgewirbelt wurden.

Mit einer behänden Bewegung brachte Kau-i-lani seinen scharfkantigen Speer in Stellung, wobei er sang: *„Oh Koa-wī Koa-wā, schlage zu! Schlage dich um unser beider Leben! Koa-wī Koa-wā, schlage zu!"* Die Macht des magischen Gürtels *malo* stärkte Kau-i-lanis Arme, gleichzeitig handelte der Speer im Einklang mit den Gedanken seines Besitzers. – Sauste in das geöffnete Maul des Gegners, wodurch dessen Körper in Richtung des Abgrunds und der dichten Bäume abgedrängt wurde, rasend schnelle Hiebe des Speers vertrieben Akua-pehu-'ale aus seiner vertrauten Umgebung, sodass er sich im Dickicht der nächtlich gewachsenen *'ahakea*-Bäume verhedderte, wo ihn bereits Kau-i-lanis Kampfgefährten erwarteten.

Kau-i-lani versetzte dem Feind einen schweren Schlag, zumal der Speer vorwärts schnellte, wieder zurückkehrte und neuerlich sein Ziel fand, nämlich so lange, bis der Feind bei dem Ort Ka-pa'a in einen Bergbach rollte und beinahe ertrank. Kaum hatte er sich wieder mühsam erhoben, wurde er zu den Hütten der Bilder getrieben, wo ein heftiger Kampf entbrannte, an dem sich die hölzernen Bilder beteiligten, wobei einige von Akua-pehu-'ales Zähnen in Stücke gerissen wurden. Nunmehr wandte er sein entsetzliches Antlitz den Hütten zu, die mit Geistergöttern überfüllt waren. Dadurch ermattete Akua-pehu-'ale nach und nach, und er spürte den drohenden Verlust seiner Macht. Mit letzter Kraft attackierte er Kau-i-lani, dessen Speer sämtliche Angriffe abwehrte.

Wie es schien, beteiligte sich Kau-i-lanis Vorfahrin Ke-ao-lewa gleichfalls an dem Kampf, die auch über seine Schwester, das Vogelkind Lepe-a-moa, gewacht hatte. Sie sauste aus ihrer Wolkenheimat herab und beschleunigte die Niederlage von Akua-pehu-'ale. Gemeinsam trieben Kau-i-lani und seine Getreuen den Feind in die geheimnisvolle Wolke aus *mana*, oder Wunderkraft, ein letzter Stich des Speers Koa-wī Koa-wā verwundete Akua-pehu-'ale tödlich.

Kau-i-lani und seine Krieger zerrten den leblosen Körper in eine der großen Hütten. Dort wurde ein Lobpreis- und Opfergesang angestimmt, den Kau-i-lani allen Göttern als Danksagung widmete, die ihm in seinem Kampf Beistand geleistet hatten.

Nach dieser Zeremonie zündete er die Hütten an und verbrannte den Leichnam von Akua-pehu-'ale sowie alle hölzernen Bildnisse, die nach der Schlacht übriggeblieben waren. Ke'āhua übermittelte seinen Untertanen, dass sein Sohn ihren Feind getötet hatte, und er ließ ein Freudenfest für den siegreichen Häuptling und seine Krieger vorbereiten.

Zu guter Letzt ging Kau-i-lani mit seinen Eltern und Großeltern zur Küste hinunter und nahm den gesamten Teil der Insel um Wai-lua in Besitz, der große Fischteiche sowie *kalo*- und Süßkartoffelfelder umfasste, die alle dem Drachengott gehört hatten. Auf diese Weise wurde Ke'āhua erneut zum König über das Land, aus dem er vertrieben worden war.

Nach seinem Sieg über Akua-pehu-'ale war Kau-i-lani seinem Vater bei der Wiederherstellung einer stabilen und friedlichen Regierung behilflich, bis er den Eindruck gewann, dass seine Anwesenheit nicht länger notwendig war. Eine innere Unruhe hatte von ihm Besitz ergriffen, er war jung, wollte etwas erleben und neue Erfahrungen sammeln. Dieser Stimmung entsprang auch seine Neugier. „Bin ich dein einziges Kind?“, fragte er seine Mutter. Sie erzählte ihm von seiner Schwester, die aus einem Ei geboren wurde. „Sie soll eine schöne, junge Frau geworden sein, wurde uns berichtet. Mein Gatte Ke'āhua und ich haben sie niemals mehr gesehen, seit meine Eltern sie nach O'ahu mitgenommen und aufgezogen haben.“

Spontan sprudelte es aus Kau-i-lani hervor: „Ich werde nach O'ahu segeln, um meine Schwester kennenzulernen.“ Daraufhin schilderte ihm seine Mutter den Weg zu seiner Großmutter Ka-pā-lama und fügte hinzu: „Vermutlich wirst du deine Schwester unter einem Regenbogen mit kräftigen Farbschattierungen finden.“

Für seine bevorstehende Reise wurde Kau-i-lani von seinen Eltern mit einem feinen Mantel aus roten Federn ausgestattet. „Bedenke stets", ermahnte ihn sein Vater eindringlich, „Mantel und *malo* – dein magisches *Lendentuch* Pai-hiku, ein Geschenk meiner Eltern bei deiner Geburt –, beide musst du gleichzeitig tragen." Selbstverständlich zählte auch der Speer Koa-wī Koa-wā zur Reiseausrüstung, was eine fabelhafte Entscheidung war. Am Strand angelangt, legte er seinen Speer aufs Wasser und klammerte sich fest. Wie ein *mālolo*, ein *fliegender Fisch*, flitzte Koa-wī Koa-wā über das Meer, fegte von Welle zu Welle. Kurz darauf landeten Speer und Kau-i-lani auf dem Strand von O'ahu zwischen den Sanddünen von Wai-'anae.

„Koa-wī Koa-wā, weise mir den Weg nach Ka-pālama auf der Ostseite der Insel." Mit diesen Worten schleuderte er den Speer, doch anstatt über den Boden zu gleiten oder zu hüpfen, zischte er in die Höhe und schwebte wie ein Vogel vor Kau-i-lani. „Benimm dich anständig, Koa-wī Koa-wā! Glaubst du, weil du mir im Kampf gegen Akua-pehu-'ale treulich zur Seite gestanden bist, kannst du jetzt deinen Übermut austollen?" Offenkundig bevorzugte Koa-wī Koa-wā den Kampf, seine Aufgabe als Wegweiser ödete ihn an, denn er beschleunigte dermaßen, dass Kau-i-lani den Blickkontakt zu ihm verlor. Möglicherweise wollte er seinen Charme auf die Probe stellen, jedenfalls warf er sich zwei arbeitenden Frauen direkt vor die Füße, wobei er eine lange und tiefe Furche im Boden hinterließ. Eine Begegnung dieser Art war den Arbeiterinnen bislang noch nie widerfahren. Sie schnappten den herrlichen Speer und suchten flink nach einem Versteck für ihn, blickten sich um, ob sie jemand beobachtete, glätteten die Bodenfurche und setzten ihre Arbeit fort. Daran lässt sich ermessen, welch ansehnlichen Vorsprung Koa-wī Koa-wā gegenüber Kau-i-lani erzielt hatte.

Geraume Zeit verging, bis Kau-i-lani auf die beiden Frauen traf. Freundlich fragte er: „Wie lange ist es her, dass mein Reisegefährte hier vorbeikam? Ich nehme an, ihr habt ihn gesehen." Sie waren etwas verwirrt, behaupteten jedoch, sie hätten niemanden gesehen. Kau-i-lani vermutete, dass sie womöglich in einem Speer keinen Reisebegleiter erkannten. Also änderte er seine Fragestellung: „Ist hier ein Speer vorbeigeflogen?" Wiederum leugneten sie. „Habt ihr meinen Freund Koa-wī Koa-wā versteckt?" Abermals verneinten sie. Scheinbar nebensächlich murmelte Kau-i-lani: „E Koa-wī! E Koa-wā! E!" Mit kleinlauter Stimme vernahm er die Antwort: „E-o-e-o!" Dabei schlüpfte er aus seinem Versteck – und stieß die beiden Frauen keck zu Boden, sodass sie in den nahen Bach plumpsten.

Kau-i-lani ergriff Koa-wī Koa-wā, ging zum Strand, wobei er ihn heftigst beschimpfte: „Du machst dich über mich lustig, machst mich lächerlich, das lasse ich dir nicht noch einmal durchgehen. Wenn wieder etwas schiefgeht, werde ich dich zerbrechen!" Der Speer rechtfertigte sich: „Immerhin bin ich dein Vorfahre. Wenn du mich verletzt, erleiden deine Suche nach Lepe-a-moa und dein Plan, sie zu finden, einen Fehlschlag. Solltest du mich an den Strand legen, werde ich dich dorthin bringen, wo du deine Schwester antriffst."

„Woher kann ich wissen, ob du mich nicht betrügst?"

Koa-wī Koa-wā antwortete: „Setz dich auf mich, und in Kürze werden wir an dem Ort sein, wo du ihr begegnen kannst." Unverzüglich brachte der Speer Kau-i-lani zum Strand von Kou. Dort entspannte er sich auf dem Boden: „Siehst du den *wiliwili*-Baum, der allein am Meer steht und über das Wasser hinausreicht? Gehe zu diesem Baum, klettere hinauf und halte Ausschau, bis du über den Wellen einen Regenbogen erkennst. Unter diesem Regenbogen wirst du ein Mädchen erspähen, das Tintenfische und Muscheln fängt und Seemoos sammelt. Sie ist deine Schwester."

„Ich werde handeln, wie du gesagt hast, aber wehe, wenn niemand zu sehen ist, dann werde ich dich dafür bestrafen, dass du mich belogen hast, und dich in kleine Stücke zerbrechen."

Wie der Speer angeordnet hatte, ging Kau-i-lani zu dem Baum, stieg auf die obersten Äste und blickte sich um. Etwas Seltsames sah er über dem Wasser – rote Nebelschwaden und blutrote Regenwolken, die über den dunkelblauen Wellen hin und her schwankten, sich bis zum Horizont ausdehnten, sodass sie die Stelle verdeckten, an dem er das Mädchen erspähen sollte. Er rief dem Speer zu, dass er weder einen Regenbogen noch ein Mädchen wahrnehmen könne.

Der Speer antwortete gelassen: „Alles verändert sich sehr schnell auf dem Meer. Konzentriere dich und schaue noch einmal."

Kau-i-lani rieb sich die Augen und beobachtete alles ganz genau: den turbulenten Nebel sowie den heftigen Regen. Als der Regen nachließ und die Sicht besser wurde, entdeckte er einen riesigen Vogel mit roten Federn auf dem Körper und an den Flügeln. Sobald er höher in die Lüfte hinaufstieg, verdeckte er die Sonne und gleichzeitig warf er einen dunklen Schatten über den Strand.

„Dies ist eine deiner Ahnfrauen, ein *kupua*", erläuterte der Speer. „Sie besitzt einen zweifachen Körper, manchmal agiert sie als Vogel und manchmal in menschlicher Gestalt. Auf allen Inseln und sogar auf *Kahiki* hat sie Wohnsitze."

Bald klärte sich die Atmosphäre, da erblickte er unter einem Regenbogen ein Mädchen. Nachdem er von dem *wiliwili*-Baum heruntergestiegen war, lobte er seinen Speer: „Du hattest recht, alles, was du vorausgesagt hast, ist zutreffend."

„Unsere Reise geht weiter, nimm wieder Platz auf mir." – Und ehe Kau-i-lani sich versah, hatten sie das Haus erreicht, in dem Ka-pā-lama mit ihrem Mann lebte. „Hono-uliuli", ganz aus dem Häuschen war Ka-pā-lama, „ich habe eine seltsame Sache wahrgenommen, ein Regenbogen und eine Wolke bewegten sich in unsere Richtung, daher weiß ich, dass unser Enkelsohn aus Kaua'i uns besuchen kommt. Du musst rasch den Erdofen anheizen und Essen für unseren Enkel zubereiten." Wenig später garten darin Hühnchen, Fisch und Süßkartoffeln.

Die Begrüßung war überschwänglich, wie es bei den Hawaiianern Brauch war, alle weinten schier endlos und herzzerreißend. Sobald die Zeremonie beendet war, zog sich Hono-uliuli mit seinem Enkel in jenes Haus zurück, das Männern zum Essen vorbehalten war, dagegen war Frauen der Zutritt verboten. Gesättigt ging Kau-i-lani alsdann nach draußen und ließ sich auf einer Matte nieder. Ka-pā-lama setzte sich neben ihn, und sie begannen ein Gespräch, immerhin waren sich die beiden niemals zuvor begegnet. Die Großmutter lobte ihren Enkel für seinen Sieg, den er mit seinem Speer gegen den Feind seines Vaters errungen hatte. „Weshalb bist du nach O'ahu gekommen?"

„Immer stärker wuchsen in mir Verlangen und Sehnsucht, endlich meine Schwester kennenzulernen."

„Sogleich werde ich dich zu ihrer Hütte begleiten, dort musst du dich unter den Matten verstecken, damit sie dich weder sieht noch hört, sonst würdest du womöglich sterben. Sobald sie eingeschlafen ist, musst du sie fangen und festhalten. Ich werde dafür sorgen, dass sie so lange fastet, bis sie dich als ihren Bruder akzeptiert. Meine Gesänge und Beschwörungen mögen dir Erfolg bringen."

Währenddessen hatte Lepe-a-moa das Fischen beendet und machte sich auf den Heimweg. Über den Häusern ihrer Großeltern sprang ihr ein Regenbogen ins Auge, weshalb sie vermutete, ein fremder Häuptling sei zu Besuch. Darüber freute sie sich und beschloss, mit dem Fremden ihr Lieblingsspiel *kōnane* zu spielen, eine Unterhaltung ähnlich dem *Damespiel*. Daheim angelangt, fragte sie ihre Großmutter nach dem fremden Häuptling und äußerte die Vermutung, Schritte eines Mannes erkannt zu haben.

Ka-pā-lama widersprach, dass irgendjemand gekommen sei. Also ging das Mädchen in ihre Hütte, entledigte sich ihres menschlichen Körpers und verwandelte sich in einen Vogel. Nachdem sie ausreichend gekochte Süßkartoffeln verspeist hatte, gehorchte sie ihrer Müdigkeit, streckte sich auf ihre Schlafmatte – und nach kürzester Zeit war sie eingeschlafen.

Auf diesen Moment hatte Kau-i-lani ungeduldig gewartet. Er kroch aus seinem Versteck und schloss seine Schwester heftigst in die Arme. Lepe-a-moa sprang hoch, flatterte aus der Hütte, sodass Kau-i-lani mitgerissen wurde. Hoch hinauf in den Himmel flog sie, und immer noch klammerte er sich an ihr fest, was ihm dank der magischen Kraft des Speeres gelang, die zugleich das Huhn langsamer fliegen ließ, bis Lepe-a-moa endlich auf einem Ast landete: „Wer bist du, und woher kommst du?“ – „Ich komme von Kaua‘i, ich bin Kau-i-lani, dein jüngerer Bruder.“

Hals über Kopf verliebten sich die beiden ineinander und lebten viele Jahre mit ihren Großeltern in O‘ahu.

MENEHUNE, DIE FLEISSIGEN KLEINEN LEUTE

Über die Menehune

Die Menehune sind ein merkwürdiges Völkchen: klein von Gestalt und groß von Aktivität. Was immer von ihnen verlangt wird, machen sie gemeinsam. Eine ihrer Regeln bestimmt, dass jede begonnene Arbeit noch in derselben Nacht fertiggestellt sein muss, andernfalls bleibt sie unvollendet, denn sie beschäftigen sich nicht zwei Mal mit derselben Sache. Ihr Leitspruch lautet: „In einer Nacht – bis zum Morgengrauen ist es vollbracht."

Niemand weiß, wann sie kamen, wiewohl behauptet wird, sie seien die Ureinwohner Hawai'is und hätten sich lange vor den göttlichen Stammeltern der Hawaiianer, der Göttin Haumea und dem Gott Wākea, angesiedelt. In jedem Fall sind sie übernatürliche Wesen, geleitet von jemandem, dessen Abstammung edel ist und dessen Autorität sie anerkennen, etwa den Gott Kū-leo-nui, gleichermaßen verehren sie die Meeresgöttin Nā-maka-o-Kaha'i, Peles ältere Schwester.

Ihr ständiger Aufenthaltsort sind die Berge und Hügel der Inseln, wo sie in Höhlen ihren Unterschlupf finden. Sie ernähren sich von Pudding aus Stärkemehl, einem Brei aus den wilden Pflanzen des Waldes, Süßkartoffeln und gekochten *kalo*-Blättern. Gerne vergnügen sie sich mit dem Wurfringspiel, mit Bogenschießen und Fingerhutverstecken, ebenso schätzen sie Laufbewerbe und Handringen. Mit Vergnügen rutschen sie über Wiesen oder springen von den Klippen ins Meer. Gleichfalls singen und musizieren sie leidenschaftlich, spielen die Nasenflöte sowie die *kī*-Blatt-Trompete, begleitet von einer Trommel, bespannt mit Haifischhaut.

Mit bloßem Auge kann man sie nicht wahrnehmen, denn sie sind unsichtbar – außer für ihresgleichen und für jene, die ihnen in irgendeiner Weise verbunden sind. Das Brummen ihrer Stimmen kann man allerdings hören. Sie haben zwar eine zarte Haut, dafür aufgeblähte Bäuche. Allemal sind sie bereit, einer Bitte um Hilfe Folge zu leisten, da ihre übernatürlichen Kräfte es ihnen ermöglichen, außergewöhnliche Werke zu vollbringen. Vermutlich haben sie auch Gewalt über das Wetter.

Für den Fischfang zuständig war ein gewisser Manini-holo-kuāua, der zugleich ein notorischer Dieb war. Mit seiner Großmutter bewohnte er eine Höhle, die sich auf sein Kommando öffnete und schloss. Einst stahl er das Kanu des Schnellläufers Ke-li'i-mālolo aus O'ahu. Dafür wurde er bitter bestraft, indem er mitsamt seiner Höhle zerquetscht wurde.

Es empfiehlt sich, entlang ihrer Routen an bestimmten Felsen Geschenke zu hinterlegen, insbesondere dort, wo ein Menehune aufgrund von Ungehorsamkeit oder Narreteien versteinert wurde. Mitunter ergab sich Ärger wegen Diebstahls oder weil ein Menehune eine Hawaiianerin entführt und zur Frau genommen hatte.

Pī bereitet ein Fest vor

Der Häuptling Ola wollte das Wasser des Flusses Waimea umlenken, damit er seine *kalo*-Felder bewässern könne. „Wir werden den Fluss aufstauen“, erklärte er seinen Untertanen, „und einen Damm errichten, um das Wasser auf unsere Felder zu leiten. Wenn sie ausreichend mit Wasser versorgt werden, haben wir Nahrung für das ganze Dorf.“

Die Arbeit war schwer. Tag für Tag schleppten die Männer Steine, behauten sie und passten sie in den Damm ein. Ola entlohnte seine Arbeiter gut. Jeder der Männer nahm reichlich Fische mit nach Hause sowie Gemüse oder *kapa* für die Kleidung seiner Familie.

Einer der Männer arbeitete hingegen wenig: Pī war zwar ebenso freundlich wie fröhlich, andererseits war er furchtbar faul. Lieber feierte er des Nachts und schlief tagsüber. Da er kaum etwas zum Bau des Damms beitrug, erhielt er bloß geringen Lohn.

„Wir haben Hunger“, klagten die Kinder von Pī, „all unsere Spielgefährten können sich jeden Abend mit Fischen satt essen.“ Wieder einmal hatte Pī den ganzen Tag verschlafen und keinen einzigen Fisch heimgebracht.

Auch die Kleider der Kinder ließen zu wünschen übrig, waren zerschlissen und brüchig, doch ihre Mutter hatte keinen *kapa*-Stoff, um neue Bekleidung anzufertigen.

„Pī, warum hast du schon wieder nichts gearbeitet und bist stattdessen faul im Schatten gelegen?“, schimpfte sie mit ihrem Mann. „Deine Kinder wollen essen, und sie tragen zerrissene Kleider. Wogegen alle anderen Männer am Damm arbeiten und genügend Essen nach Hause bringen, verschläfst du die Tage."

Pī konnte die Argumente seiner Frau nicht widerlegen, folglich schwieg er lieber. Jedoch kam die tagtägliche Arbeit unter der sengenden Sonne für Pī ganz und gar nicht infrage. „Es muss einen anderen Weg geben", er legte sich in den Schatten und sinnierte so lange, bis ihm eine Lösung eingefallen war.

Als sich die Dämmerung ankündigte, ging er zu seinem *kalo*-Feld und erntete es ab. Sodann beheizte er den Erdofen und füllte ihn mit *kalo*-Wurzeln. Er war verschwitzt und müde, dennoch gönnte er sich keine Rast, sondern ging einen steilen Pfad hinauf in die Unwegsamkeit des Waldes.

Immer weiter wanderte er, bis er auf einen Wächter der Menehune traf. „Heute Nacht wird ein Fest vorbereitet", erzählte er dem Wächter, „ein Fest für alle Menehune. Es wird unten am Damm stattfinden, den unser Häuptling bauen lässt."

Obwohl der Wächter ein bisschen schlaftrunken war, wusste er sogleich, dass Pī um Hilfe bat. „Wir werden kommen", versprach er.

Pī pflückte so viele *kī*-Blätter, wie er auf seinem Rücken tragen konnte. Jetzt musste noch ein kleiner *kukui*-Baum gefällt und ins Tal geschleppt werden. Sodann öffnete er seinen Erdofen, schälte die *kalo*-Wurzeln und zerstampfte sie zu *poi*. Seine Arme und sein Rücken schmerzten, trotzdem arbeitete er weiter, bis sämtliche Wurzeln zerstampft waren. Den Brei füllte er in die Blätter und fertigte daraus Päckchen, die er an den Ästen des *kukui*-Baumes befestigte.

Olas Arbeiter waren längst heimgegangen, daher beobachtete niemand, wie Pī den *kukui*-Baum nahe dem Damm aufstellte. Der Baum schien reichlich mit Nüssen behangen, doch war jede Nuss ein Päckchen mit wohlschmeckendem *poi*. Zufrieden hielt Pī inne und bewunderte sein Werk.

Doch das Brummen vieler Stimmen ließ ihn nicht lange rasten. Das konnten nur die Menehune sein, die sich flott näherten. Pī musste sich beeilen, zumal das Fest erst zur Hälfte vorbereitet war. Es galt noch Krabben zu fangen.

Während sich Pī auf Krabbenjagd begab, machten sich die Menehune an die Arbeit. Steine wurden von Hand zu Hand gereicht und derart behauen, dass sie sich perfekt einpassten. Geschickt bauten die kleinen Männer jenen Damm, der das Wasser des Wai-mea zu den *kalo*-Feldern umleiten sollte.

Bevor sich der erste zaghafte Strahl des Morgens blicken ließ, war das Werk vollendet. Auch Pī war am Ende seiner Kräfte. Erschöpft beobachtete er, wie sich die Menehune an *poi* und Krabben delektierten. Nachdem sie keinen Bissen mehr hinunterbrachten, machten sie sich auf den Heimweg. Allmählich verschwand ihr wohlgelauntes Brummen im Wald. Noch vor Tagesanbruch trottete Pī zurück in seine Hütte. Den Schlaf hatte er sich nun redlich verdient.

Pünktlich am Morgen erschienen Häuptling Ola mit seinen Männern, um ihre Arbeit an dem Damm fortzusetzen. Starr vor Verwunderung standen sie vor dem vollendeten Damm. Bis einer von ihnen seinen Mund zu einem Wort formte: „Fertig!“ Wasser floss bereits auf die ausgetrockneten *kalo*-Felder.

Skeptisch gingen sie umher, betrachteten den Damm und wussten nicht, was sie sagen sollten. „Menehune!“, mutmaßte jener, der als Erster die Sprache wiedergefunden hatte. Erst zaghaft, dann entschlossen berührten die Männer den Damm, überprüften seine Konstruktion und wunderten sich über die tadellose Ausführung.

Ola nickte bedächtig und bemerkte: „In einer Nacht haben sie es vollbracht.“

„Aber warum sind sie gekommen?“, fragte einer.

„Du bringst mich in Verlegenheit“, erwiderte Ola, „denn ich kenne die Menehune nicht und habe sie nicht gerufen.“

Die Männer blickten einander an, um herauszufinden, wer von ihnen die Menehune herbeigelockt haben könnte. Schließlich vermutete jemand: „Es kann nur Pī gewesen sein, der sich mit den Menehune angefreundet hat.“

Ola befahl einem seiner Diener, Pī zu befragen, ob die Menehune aufgrund seines Ersuchens hilfreich eingegriffen hätten.

Der Diener fand Pī schlafend. Es war gar nicht einfach, ihn aufzuwecken, da er sehr tief schlief. Auf die Frage des Dieners meinte er: „Ich habe beobachtet, wie schwer unsere Leute arbeiten mussten, deshalb habe ich ein Festmahl für die Menehune vorbereitet und sie ersucht, aus den Bergen herunterzukommen.“

Häuptling Ola ließ ein Gelage zu Ehren von Pī ausrichten und beschenkte ihn reichlich. Pī brachte neue Kleider, ausgezeichneten Fisch und jede Menge Leckereien für seine Familie mit nach Hause.

Noch heute existiert jener Damm, den die Menehune innerhalb einer Nacht errichtet haben.

Laka und sein Kanu

Laka war der Sohn eines Häuptlings. Da sein Vater von einer Reise zur Großen Hawai'i-Insel nicht mehr zurückgekehrt war, nahm ihn seine Großmutter in ihre Obhut. Sobald Laka erwachsen geworden war, fragte er nach seinem Vater, denn er wollte sich auf die Suche nach ihm machen. Dazu benötigte er ein Kanu. Also bat er seine Großmutter um Rat.

„Gehe in die Berge und suche nach einem Baum, dessen Blätter die Form des zunehmenden Mondes haben", erwiderte die Großmutter. „Dieser soll der Baum für dein Kanu sein."

Laka befolgte ihre Anweisung und machte sich auf die Suche. Nachdem er einen Baum gefunden hatte, der Großmutters Beschreibung entsprach, fällte er ihn. Es dämmerte bereits, als er damit fertig war. Müde trat er den Heimweg an. Alle weiteren Schritte, um aus dem Baum ein Kanu zu fertigen, wollte er am nächsten Tag erledigen.

Als Laka an jene Stelle zurückkehrte, wo der gefällte Baum liegen sollte, konnte er ihn zu seiner Überraschung nicht mehr finden. „Muss ich eben einen anderen Baum fällen", überlegte er und machte sich an die Arbeit. Jedoch auch am folgenden Tag fand er seinen Baum nicht wieder.

„Ich werde ein paar Markierungen auslegen, womöglich bin ich vom Weg abgekommen", spekulierte Laka, obwohl er daran zweifelte, sich verirrt zu haben, denn er kannte den Wald genau.

Noch einige Male wiederholten sich diese Vorfälle. „Entweder spielt mir jemand einen Streich oder ich habe einen Fehler gemacht und Großmutter nicht richtig verstanden", grübelte Laka. In seiner Verwirrung wandte er sich nochmals an seine Großmutter, die wiederum dieselben Worte sprach und ihn aufs Neue mit dem Rat fortschickte, nach einem Baum Ausschau zu halten, dessen Blätter einer wachsenden Mondsichel glichen.

„Diesmal werde ich ein Loch an jener Seite ausheben, auf die der Baum fallen wird", entschloss er sich. Wie geplant fiel der Baum quer über die Grube. Laka kroch hinein und legte sich auf die Lauer. Nicht lange musste er warten, bis er Stimmen vernahm.

„Wir werden den Baum wieder aufstellen und ihn in seine ursprüngliche Position bringen." Die Stimmen sangen ein Lied, Laka konnte es deutlich hören. Das Ganze klang nach einer Zeremonie.

Ein Brummen und ein Lärmen umgaben ihn. In kürzester Zeit tummelte sich eine Vielzahl von Leuten bei seinem Unterschlupf, die sich abmühten, den Baum aufzurichten. Laka wartete auf einen günstigen Moment, sogleich sprang er aus seinem Versteck und ergriff zwei der Männer. „Ich werde euch erwürgen, wenn ihr diesen Baum wieder aufstellt, den ich für mein Kanu gefällt habe."

„Wenn du uns tötest, wird dir niemand helfen, aus dem Baum ein Kanu herzustellen", sagte Moku-hāli'i. „Und niemand wird dir helfen, es an den Strand zu befördern", ergänzte Kapa'a-'ike'e. „Aber wenn du uns verschonst, würden wir dies gerne für dich tun", versprachen die beiden Menehune.

„Weshalb sollte ich euch vertrauen?" Laka war misstrauisch und wollte nicht wieder ausgetrickst werden.

„Wir Menehune halten uns an Abmachungen", beteuerte Moku-hāli'i gekränkt. „Deine Aufgabe ist es, ein *hālau,* also eine Hütte entsprechender Größe, für dein Kanu zu errichten sowie genügend Essen für uns alle zur Verfügung zu stellen", forderte Kapa'a-'ike'e.

„Abgemacht", sagte Laka, „ich riskiere diesen Handel, aber wehe, ihr betrügt mich." Mit diesen Worten ließ er die beiden Menehune laufen.

Gleich am nächsten Morgen machte sich Laka an die Arbeit. An einer Stelle, wo der Strand einen günstigen Zugang zum Meer gestattete, zimmerte er eine langgestreckte Hütte, wie sie von den Hawaiianern für ihre Kanus benützt wurde, und deckte sie mit Palmblättern.

Nachdem sein Werk vollendet war, ging er hinauf in die Wälder, um festzustellen, ob sich die Menehune an die Vereinbarung gehalten hatten. Sein Kanu lag bereit. „Noch in dieser Nacht werden wir das Kanu zu deinem *hālau* transportieren", erklärten die Menehune. „Damit es keinen Schaden erleidet, werden wir es nicht zum Strand ziehen, sondern tragen."

Das erste Brummen der Stimmen signalisierte, dass das Kanu gehoben wurde. Laka lauschte in die Nacht hinein. Ein zweites Brummen zeigte an, dass sein Kanu über die Hänge des Berges ans Ufer des Meeres gebracht wurde. Laka beobachtete, wie sehr sich die Menehune abmühten, das Kanu zu tragen. Mit dem dritten Brummen wurde das Kanu in der *hālau*-Hütte abgelegt – jederzeit bereit zu einer Fahrt über das Meer. Sogar Auslegerarme hatten die Menehune an dem Kanu fixiert.

Inzwischen hatte Laka das Mahl für die Menehune vorbereitet: Fische und Krabben, gekochte *kalo*-Blätter sowie einen Topf mit *poi*. Genug für alle, niemand kam zu kurz. Gesättigt kehrten die Menehune bei Sonnenaufgang zurück in ihr Reich.

Ke-kupua und sein Kanu

Häuptling Kākae herrschte auf der Insel O'ahu. Eines Tages bat ihn seine Frau, sich auf die Suche nach ihrem Bruder machen zu dürfen, von dem sie meinte, er würde in *Kahiki* leben. Kākae schickte seinen Diener Ke-kupua in den Wald, um einen geeigneten Baum zu fällen und daraus ein Kanu für seine Frau herzustellen, mit dem sie ihre weite Reise würde antreten können.

Ke-kupua wählte einige Männer als Helfer aus, um seinen Auftrag zu erfüllen. „Wir werden einen *koa*-Baum finden", versprach Ke-kupua zuversichtlich. Doch das Glück war nicht auf seiner Seite.

Den ganzen Tag waren die Männer erfolglos durch die Wälder gestreift. Ermattet wählten sie eine Höhle für ihre Nachtruhe und schliefen bald ein. Ein Geräusch weckte sie – als wären menschliche Stimmen ganz in ihrer Nähe. Sie lauschten, woher die Stimmen wohl kommen mochten, konnten aber niemanden erkennen. Den Rest der Nacht fanden sie wenig Ruhe.

Nachdem die Sonne aufgegangen war und die Männer vor ihre Höhle traten, entdeckten sie eine Ansammlung von Steinen, die angeordnet waren wie für einen Tempel, denn hawaiianische Tempel waren keine überdachten Häuser, vielmehr wurde die Heiligkeit eines Platzes durch eine bestimmte Anordnung von Steinen markiert.

Ke-kupua kehrte zu seinem Häuptling zurück und berichtete von seiner erfolglosen Suche nach einem *koa*-Baum für das gewünschte Kanu. Auch den Zwischenfall mit den unsichtbaren Stimmen sowie die merkwürdigen Steine erwähnte er.

Kākae, der ein Nachfahre der Menehune war, wusste sogleich Bescheid. „Das waren die Menehune. Indem sie Steine gleich einem Tempel anordneten, haben sie mir ihre Dienste angeboten.“ Er gab Ke-kupua detaillierte Anweisungen, welchen Weg er einzuschlagen habe, und schärfte ihm ein, sich genau daran zu halten. „Wenn du das Brummen und den Lärm der Menehune hörst, ist dies ein Zeichen, dass sie das Kanu fertiggestellt haben.“

Ke-kupua befolgte alle Anweisungen gewissenhaft. Tagsüber schlief er, um in der Nacht bereit zu sein, sobald die Menehune kamen. Er musste wohl ein wenig im Halbdunkel des Waldes eingenickt sein, als ihn das Geräusch vieler Stimmen weckte. Voll Neugierde blickte er sich um und sah, wie die kleinen Männer geschäftig umherrannten. Das Kanu war fertig, aus einem prächtigen *koa*-Baum hergestellt. Ke-kupua war begeistert von der tadellosen Ausführung.

Nunmehr musste das Kanu vom Wald ins Wasser befördert werden. Ke-kupua übernahm das Kommando. Er erteilte zwei Menehune den Auftrag, das Kanu mit einem Seil, das am Bug befestigt war, talwärts zu ziehen. Ein anderer hüpfte zwischen den beiden Seiten des Kanus hin und her, wechselte zwischen Steuerbord und Backbord, um den Fortgang der Arbeit zu koordinieren. Für die anstrengende Aufgabe, das Kanu zu bremsen, damit es nicht unkontrolliert den Hang hinabschlitterte, waren mehrere Menehune erforderlich. Mit aller Kraft hielten sie die Seile, die am Heck angebracht waren, und stemmten sich dagegen.

Ke-kupua verlangte, dass sie seinen Anweisungen gehorchten, was bei den Menehune Verwunderung und Erstaunen hervorrief, dass ein Mann ihnen zeigen wollte, wie man ein Kanu ins Meer befördert, doch sie widersprachen nicht.

Ke-kupuas Plan war, das Kanu an eine bestimmte Stelle des Flusses zu ziehen, die ihm leicht zugänglich schien. Allerdings war die Sache weitaus schwieriger, als er es sich vorgestellt hatte, sodass viel Zeit verloren ging. Bei Tagesanbruch ließen die Menehune ihre Last fallen, um in ihre Höhlen zu verschwinden. Für immer und ewig blieb das Kanu dort liegen, wo die Menehune es fallengelassen hatten, allmählich versteinerte es. Die Einheimischen nennen jenen Felsen „Ke-kupuas Kanu" – in Erinnerung an jenen selbstgefälligen Diener des Häuptlings Kākae, der glaubte, die Menehune kommandieren zu können.

Wie die Menehune ihre Fische retteten

Die ganze Nacht über hatten die Menehune gefischt. Beim ersten Strahl der Sonne standen sie vor einem beachtlichen Fang. „Wir sollten sie noch heute Nacht trocknen“, meinten einige. „Wenn wir sie einsalzen, haben wir Nahrung für viele Nächte.“

Da der Morgen bereits dämmerte, entschieden sie, dies in der nächsten Nacht in Angriff zu nehmen. Um die Fische nicht unbewacht liegen zu lassen, bestimmten sie Wachen, die tagsüber auf sie aufzupassen hatten.

Die beiden Menehune, denen diese Aufgabe zugefallen war, langweilten sich entsetzlich, zumal der Tag recht träge dahinkroch. Plötzlich meinte der eine: „Hörst du auch diesen merkwürdigen Lärm? Als würde gelegentlich ein Stein irgendwo herunterrutschen!“ Der andere Wächter nickte: „Ich habe mich auch schon gefragt, woher diese Geräusche stammen könnten.“ Sie schwiegen, um genauer zu lauschen.

„Jedenfalls kommen sie weder vom Strand noch von den Bergen.“ Der Wächter gab seinem Kollegen Recht. Abermals horchten sie. Nach wie vor war ein Poltern und Pochen zu vernehmen.

„Das muss ein nahegelegener Tunnel durch die Berge sein“, behauptete der eine. „Irgendjemand nähert sich durch einen unterirdischen Gang.“

„Als ob Steine gegeneinanderschlügen.“ Er presste sein Ohr fest auf den Boden. „Ich höre, es sind ihrer viele.“

„Es sind diese bösen Geister, die auf den Bergspitzen hausen. Sie haben unsere Fische entdeckt, und nun kommen sie, um sie zu stehlen. Wir müssen die anderen wecken!"

Bald hatte sich eine Gruppe der kleinen Männer versammelt, und sie diskutierten mit leisen Stimmen die Gefahr. „Ich habe einen Plan", verkündete der Oberste. „Wir schlagen selbst einen Schacht in den Berg und überraschen die Geister."

Sogleich machten sie sich ans Werk. Da sie überaus zahlreich waren und ihre Geschicklichkeit groß war, gruben sie den Stollen mit höchster Geschwindigkeit dorthin, wo sich die Geister tummelten. „Sobald unser Tunnel ihren erreicht hat, werden wir sie bezwingen." Niemand zweifelte an den Worten des Obersten.

Als die bösen Geister nacheinander durch den unterirdischen Gang krochen, fielen die Menehune über sie her und töteten sie. Auf diese Weise wurden ihre Fische gerettet, die ihnen viele Nächte lang als Nahrung dienen sollten.

Wer die Geschichte nicht glaubt, mag sich selbst davon überzeugen, denn der Tunnel, den die kleinen Männer gegraben haben, besteht noch immer – nämlich in Hā'ena, wo er ausgehend von einer trockenen Höhle weit in den Berg hineinreicht.

Ein Helm für den Hügel Kū'ili

Einige Menehune saßen am Waldesrand und blickten die Hänge des Vulkans Hualālai empor. Unverhofft hatte einer die Idee: „Nivellieren wir doch einfach die Spitze des Berges."

„Weshalb sollten wir das tun?", fragten die einen, und die anderen argwöhnten: „Wohin mit den Steinen und der Erde?"

„Dumme Frage! Natürlich auf den kleinen Hügel Kū'ili nahe der Küste. Der Hualālai sieht aus, als hätte er einen Helm, und es wäre hübsch, würde der Kū'ili auch einen Helm tragen."

Dieser Gedanke amüsierte die Menehune und ihr Gelächter erfüllte die Luft. „Der Kū'ili bekommt einen Helm", riefen sie vergnügt, „einen Helm für den Kū'ili."

Der Oberste der Menehune näherte sich der Gruppe, um herauszufinden, warum seine Leute dermaßen vergnügt waren, und sie verrieten ihm ihre Idee.

„Ein ausgezeichneter Plan", nickte der Oberste. „Wenn die Hawaiianer einen Helm auf dem Kū'ili erblicken, werden sie mit Bewunderung unsere Macht zur Kenntnis nehmen und erkennen, dass wir Menehune ebenso mächtig sind wie die Götter."

Die kleinen Männer hüpften vor Wonne und jubelten ob dieser einmaligen Chance. „Noch heute Nacht werden wir dieses Werk beginnen."

Sobald die Dunkelheit eingefallen war, versammelten sich die Menehune um den Gipfel jenes Berges, und wenig später verursachten ihre Grabstöcke eine beträchtliche Staubwolke. Der Oberste beaufsichtigte die Arbeit. „Die Spitze des Felsens ist bereits locker“, stellte er fest, „seid vorsichtig.“

In diesem Moment ertönte aus dem Wald das Krähen eines Hahnes. „Es ist schon Morgen!“ Dies war das Zeichen für sie, die Arbeit einzustellen. Alle ließen ihr Werkzeug fallen und schickten sich an, davonzueilen.

Nichtsdestotrotz blickte sich einer um und bemerkte: „Schaut doch auf die Sterne, noch ist es nicht Morgen. Wir sollten unsere Arbeit vollenden.“

Der Oberste rügte streng: „Wie du weißt, dürfen wir nicht nach dem Hahnenschrei arbeiten, so lautet unser Gesetz. Auf eure Schlafmatten, Menehune!“

In der nächsten Nacht sausten wieder ihre Grabstökke. Während die Menehune alle Arbeiten für die Menschen in einer einzigen Nacht fertigstellten, befolgten sie diese Regel nicht allzu minutiös, wenn sie etwas zu ihrem eigenen Vergnügen taten. „Bald ist der Gipfel abgetragen, dann können wir die Steine an ihrem neuen Ort aufschichten. Nur ein paar Stunden noch“, feuerte der Oberste seine Leute an.

Vor Ausgelassenheit kicherten die Menehune, und flink setzten sie ihre Grabwerkzeuge ein – als plötzlich wieder ein Hahn krähte. Verwundert blickten sich die kleinen Leute um. „Schnell, verschwinden wir!“, rief jemand.

„Es ist erst Mitternacht, wir können unser Werk fortsetzen“, widersprach ein anderer und hieb sein Grabwerkzeug fest in den Boden.

„Hinweg mit euch, Menehune!“, kommandierte der Oberste. „Der Hahnenschrei ist ertönt, und wir müssen unserem Gesetz Folge leisten.“

Die Menehune hetzten den Berg hinauf und versammelten sich im Wald, um sich zu beraten. „Es gilt, etwas gegen diesen Hahn zu unternehmen“, meinte einer. „Sehr richtig, wir können nicht dulden, dass er ständig unsere Arbeit stört“, pflichtete ihm ein anderer bei.

„Das ist ein böser Hahn, deshalb werden wir ihn töten“, entschied der Oberste.

„Sein Krähen kam aus dem Hibiskuswald“, bemerkte einer der Menehune.

„So habe ich es auch gehört“, bestätigte der Oberste. „Noch heute Nacht werde ich ihn mit zwei meiner Gefolgsleute ausfindig machen. Niemals mehr soll sein Krähen unser Werk beeinträchtigen.“

Unverzüglich machte sich der Oberste mit zwei Dienern auf den Weg, um den *'ōhi'a-le'hua*-Wald gründlichst zu durchsuchen. Die ganze Nacht hielten sie Ausschau nach dem Versteck des Hahns. Allmählich begann der Morgen zu dämmern, als der Oberste flüsterte: „Ich höre den Gesang der Schnecken.“ In diesem Augenblick krähte der Hahn – sehr nahe und ungemein laut.

„Hier steckt er!“ Der Diener wies auf eine Anhöhe oberhalb einer Höhle. Schon fasste der Oberste nach dem Hals des Hahns und würgte ihn zu Tode.

Gut gelaunt machten sich die Menehune in der dritten Nacht an ihre Arbeit. „In dieser Nacht wird der Kū'ili endlich seinen Helm erhalten“, frohlockten sie. „Dann braten wir den Hahn im Erdofen.“ Der Heißhunger auf den Festschmaus beflügelte sie. Schneller als jemals zuvor machten sie sich ans Werk. Zufrieden beobachtete der Oberste die Fortschritte – als laut und klar ein

Hahnenschrei aus dem *'ōhi'a-le'hua*-Wald die Menehune verwirrte. „Wir sind verpflichtet zu gehorchen.“ Nur schwer konnte der Oberste seine Verbitterung verbergen.

„Warum habt ihr nicht beide Hähne getötet?“ Protestierend huschten die Menehune in die Berge.

„Woher konnten wir wissen, dass es zwei Hähne waren?“ Trotzig rechtfertigten sich die beiden Männer, die an der nächtlichen Suche teilgenommen hatten, denn alle Menehune waren zornig und enttäuscht. „Nun beginnt das Graben aufs Neue“, schimpften sie im Chor.

„Murrt nicht, Leute“, beruhigte der Oberste seine Untertanen, „denkt an unser Fest und den Hahn im Erdofen, der uns allen schmecken wird.“ Dies war wenigstens eine vielversprechende Aussicht.

Behände wurde die Erde aus dem Erdofen entfernt, wurden die Bananenblätter herausgehoben, sodass man bereits den köstlichen Geruch eines gebratenen Hahns erahnen konnte. Ungeduldig erwarteten die Menehune das Öffnen des *imu*. „Unser Erdofen ist leer! Der Hahn ist nicht drinnen!“ Dicht drängten sich die Menehune um den Erdofen, jeder wollte diese Ungeheuerlichkeit mit eigenen Augen sehen. Mit knurrenden Mägen schlichen sie heim.

Die Menehune konnten nicht begreifen, was geschehen war. Schließlich erfuhren sie, dass Gott Kāne ihr Vorhaben beobachtet und den Plan missbilligt hatte. Um zu verhindern, dass die Menehune aus bloßem Vergnügen dem Hügel Kū'ili einen Helm aufsetzten, hatte er seinen heiligen Hahn gesandt. Nachdem die Menehune seinen Hahn getötet hatten, hatte Kāne ihn aus dem Erdofen geholt und ihn mit dem Wasser des Lebens übergossen:

„Damit die Hawaiianer die Menehune nicht für ebenso mächtig erachten wie die Götter!“

Niemals mehr versuchten die Menehune, dem Kū‘ili einen Helm aufzusetzen.

GEISTER, GÖTTER, HAIE, DRACHEN

Die Legende vom Brotfruchtbaum

Am Ufer des Flusses Pūe-hue stand ein gewaltiger Baum. Dieser wunderbare Brotfruchtbaum war ein Tabu-Baum, Adeligen und Königen vorbehalten, damit sie auf ihrem Weg zu den Teichen, wo sie zu baden pflegten, unter seinem Schatten rasten konnten. Bis sich jener Baum unvermittelt in eine Gottheit verwandelte. Dies ist die Geschichte seiner Metamorphose.

Die Göttin Haumea und ihr Ehemann Wākea waren die Vorfahren seefahrender Leute, die über die pazifischen Inseln verstreut lebten. Haumea und Wākea segelten von *Kahiki*, einem weit entfernten Land, über das Meer, bis sie O'ahu erreichten.

Haumea war eine äußerst attraktive Frau. Ihre Haut war ihre einzige Bekleidung, die wie dunkles Elfenbein durch die Zweige und Blätter der Bäume schimmerte. Jene Frauen, die über Zauberkräfte und wundersame Fähigkeiten verfügten, wurden *kupua* bezeichnet. Haumea war eine solche Frau, und sie bediente sich mehrerer Namen; so wurde sie auch *Papa* genannt.

Dort, wo Haumea und ihr Mann sich niedergelassen hatten, fanden sie fruchtbares Land, dementsprechend pflanzten sie Bananen, Zuckerrohr und *kalo*, sodass es ihnen niemals an Essen mangelte. Ihr Haus errichteten sie auf dem Kamm eines Berges, von wo sie eine herrliche Aussicht über Land und Meer genossen.

Eines Tages blickte Haumea hinunter zur Küste, entdeckte klare und tiefe Teiche, in denen sich köstliche Fische und Krebse tummelten. Sie pflückte einige der langen Blätter des *hala*-Baumes, flocht daraus einen Behälter und ging hinunter an den Strand. Innerhalb kurzer Zeit war ihr Korb mit Seetang und Krabben gefüllt, die sie an einer Quelle mit frischem Wasser wusch.

Als sie einen Moment von ihrer Arbeit aufblickte, bemerkte sie, dass Wākea von einigen Männern gefesselt worden war und einen Abhang hinuntergetrieben wurde. Vor Angst und Ärger pochte Haumeas Herz schneller. Augenblicklich ließ sie die Krabben und den Seetang liegen und nahm die Verfolgung auf. Der Seetang schlug Wurzeln, während die Krabben ins Meer entkamen.

Wie auf allen Hawai'i-Inseln teilten sich auch auf O'ahu mehrere Häuptlinge die Macht. Einer von ihnen war Lele-ho'o-mao. Seine Felder waren von Haumea und ihrem Mann Wākea mehrmals geplündert worden. Lele-ho'o-mao hatte an jenem Tag seinen Leuten den Auftrag erteilt, nach dem Dieb Ausschau zu halten. Sie waren in den Feldern umhergestreift, als sie Wākea entdeckt und ihn gefangen genommen hatten. „Endlich haben wir den Übeltäter aufgespürt und gefesselt!“, jubelten sie und trieben ihn zum Tempel Pākākā, um ihn dort zu opfern.

Haumea erreichte den Steilhang des Tals. Nachdem sie hinuntergespäht hatte, lief sie ohne zu zögern ihrem Mann Wākea und seinen Bewachern hinterdrein. Am Ufer des Puēhue begegnete sie einem Fremden, der zu ihr sagte: „Soeben wurde ein Mann vorbeigetrieben, der noch heute auf einem Scheiterhaufen gebacken werden soll. Das Feuer brennt bereits unten im Tal.“

Haumea antwortete: „Gib mir Wasser zu trinken.“

„Ich habe keines“, erwiderte der Mann.

Daraufhin ergriff Haumea einen Stein und schleuderte diesen zu Boden. Er drang tief in das Erdreich ein, wo er auf eine Quelle stieß. Haumea labte sich mit ein paar kräftigen Schlucken und hastete weiter. Bei dem Brotfruchtbaum erreichte sie ihren Mann und seine Bewacher.

Wākeas Hände waren hinter dem Rücken zusammengebunden, und sein Körper wies etliche Verletzungen auf. „Ich muss meinen Mann küssen, um von ihm Abschied zu nehmen“, jammerte Haumea. Dabei warf sie sich auf ihn, zog und schob ihn hin und her, drehte ihn im Kreis.

Mit einem Mal öffnete sich die Rinde des großen Brotfruchtbaumes. Durch den Spalt drängte Haumea ihren Mann in das Innere des Stammes und schlüpfte selbst hinein. Im nächsten Moment schloss sich die Lücke.

Durch ihre Zauberkraft öffnete Haumea den Baum an der gegenüberliegenden Seite, sodass sie beide entkommen konnten.

Wütend droschen die Männer gegen den Baum, doch seine Rinde blieb beharrlich verschlossen. Sie konnten nicht ergründen, wieso ihnen ihr Gefangener entflohen war. Einer der Wächter kletterte die mächtigen Äste empor, fand aber nicht die geringste Spur von Haumea und Wākea. „Der Baum hält Wākea gefangen“, wurde vermutet.

Bald erreichte den Häuptling Lele-ho‘o-mao die Nachricht, dass sein Opfer für den vorbereiteten Scheiterhaufen im Brotfruchtbaum verschwunden war.

Lele-ho'o-mao verständigte die anderen Häuptlinge, um sich mit ihnen zu beraten: „Wie sollen wir vorgehen?"

Die Häuptlinge entschieden, den Baum zu fällen: „Dadurch zwingen wir den Gefangenen, sein Versteck zu verlassen." Also schickten sie einige Holzfäller zu dem Baum.

Der Anführer der Truppe holte mit seiner Axt aus und hieb auf den Brotfruchtbaum. Ein Splitter traf seinen Körper – und er fiel tot um. Sogleich ergriff ein anderer die Axt. Späne flogen durch die Luft. Tödlich verletzt stürzte auch dieser Mann zu Boden. „Wir werden dich zu Fall bringen, so sehr du dich dagegen wehrst", drohten sie dem Baum. Weitere Männer schlugen auf den Baum. Dabei wurden viele von einem Holzsplitter getroffen und starben. Unter den Hieben der Steinäxte spritzte der Saft des Baumes umher, wer von einem Tropfen benetzt wurde, fiel gleichfalls leblos zu Boden.

„Der Baum tötet uns alle!" Angst ergriff die Menschen, und sie baten ihren Magier um Rat und Hilfe. Wohi, ein weiser Mann, beugte sich vor dem Brotfruchtbaum nieder und verharrte eine geraume Weile in völliger Ruhe. Schließlich erhob er sein Haupt und sprach: „Es war Haumea, die in dem Baum verschwand. Als Göttin verfügt sie über eine Vielzahl von Körpern. Wenn ihr sie gut behandelt, wird niemand Schaden erleiden."

Wohi befahl, dem Baum Opfer darzubringen, bevor man ihn fällte, ihm Gebete und Zaubersprüche zu widmen. „Ihr müsst Haumea ein schwarzes Schwein opfern, einen Krug mit *'awa* sowie rote und schwarze Fische." Den Holzfällern gebot Wohi, sich gewissenhaft mit Ko-

kosnussöl einzureiben und ohne Angst an die Arbeit zu gehen. Tatsächlich: Obwohl sie von Holzsplittern getroffen und vom Saft des Baumes bespritzt wurden, vollendeten sie unverletzt ihre Tätigkeit.

Aus dem Holz des wundersamen Brotfruchtbaumes wurde die Statue einer Göttin gefertigt. Haumea akzeptierte die Opfergaben und schenkte dem Baum einen ihrer Namen. Ausgestattet mit Haumeas magischen Kräften erlangte die Statue den Ruf einer imposanten Göttin. Sie wurde von O'ahu nach Maui gebracht, wo König Kamehameha der Große sie als seine Gottheit beanspruchte. Mit ihrer Hilfe erlangte er die Herrschaft über alle Inseln und vereinte Hawai'i zu einem Königreich.

Haumea und der Baum der zweifachen Blüten

Mū-lei-ula, die Tochter des Häuptlings ‘Olopana, war schwanger. Jedoch als die Geburt des Kindes bevorstand, ergaben sich Komplikationen. Es schien, als müsse Mū-lei-ula sterben. ‘Olopana machte sich große Sorgen und bat die Göttin Haumea um Hilfe. „Du hast unzählige Kinder zur Welt gebracht“, sagte ‘Olopana zu Haumea, „rette meine Tochter vor dem Tod.“

Schon von Weitem hörte Haumea die Wehklagen von Mū-lei-ula, um festzustellen: „In unserem Land werden Babys auf natürliche Weise geboren, ohne die Mutter aufzuschneiden.“

Unter einer Bedingung war Haumea bereit, ihr Wissen zur Verfügung zu stellen. „In deiner Obhut befindet sich ein Baum mit eigenartigen Blüten, die ich sehr gerne mag“, sagte sie zu der Schwangeren. „Ich meine den Baum der zweifachen Blüten. Während sich eine seiner Blüten ständig zeigt, erscheint die andere bloß dann und wann. Die Blüte Kani-ka-wī singt mit einem scharfen Ton, dagegen erklingen die Töne der Blüte Kani-ka-wā nur gelegentlich. Wenn du diese Blüten entsprechend meinen Anweisungen isst, werden sie deine Gesundheit wiederherstellen, und dein Kind wird gesund zur Welt kommen.“

Gewissenhaft gehorchte Mū-lei-ula allen Ratschlägen. – Als sie mit einem Mal spürte, wie das Kind von dem Baum herausgepresst wurde, indes Haumea gegen ihre Oberschenkel drückte.

Mū-lei-ula war überglücklich: „Wie kann ich dir für deine Hilfe danken?“

„Überlasse mir diesen Baum, dann will ich dein Leben sowie das Leben deines Kindes retten."

Ohne einen Moment zu überlegen willigte Mū-lei-ula ein, obwohl auch sie den Baum überaus liebte.

Mit Beschwörungen begleitete Haumea die Behandlung der Kranken. Schnell erholte sich Mū-lei-ula und erlangte ihre Gesundheit zurück. Da ihre Genesung derart rasch erfolgt war, bereute sie ihr Versprechen: „Ich werde dir den Baum der wunderbaren Blüten nicht geben!"

Kaum hatte sie das ausgesprochen, siechte Mū-lei-ula wieder dahin, sodass sie eindringlich nach Haumea rief und ihr gelobte, sich diesmal an das Abkommen zu halten. „Vergib mir, und mache mich gesund!", erflehte sie Haumeas Nachsicht. Sobald Mū-lei-ula aufs Neue genesen war, kümmerte sie sich nicht weiter um ihr Gelöbnis. Was zur Folge hatte, dass der Schatten des Todes abermals über Mū-lei-ula schwebte, nachdem Haumea ihren Schutz rückgängig gemacht hatte.

„Gib deinen Baum auf", bedrängte 'Olopana seine Tochter. „Welchen Sinn haben seine Blüten, wenn du seinetwegen zugrunde gehst?" Die Worte ihres Vaters überzeugten Mū-lei-ula. „Nimm den Baum der zweifachen Blüten als Würdigung deiner göttlichen Macht", sprach sie feierlich zu Haumea.

Die Göttin nahm den Baum in Empfang und senkte seine Wurzeln in das Erdreich. Um ihn vor heftigen Stürmen zu schützen, umgab sie ihn mit einer Mauer. Sodann wartete sie so lange, bis alle Blüten aufgegangen waren, um sich daran zu ergötzen. Danach wandte sie sich anderen Dingen zu.

Irgendwann kam ein Mann mit einer Axt des Weges, der nach einem Baum Ausschau hielt, den er fällen könnte. Der Baum der zweifachen Blüten erregte seine Aufmerksamkeit. Innerhalb weniger Stunden war der Baum gefällt. Inzwischen war die Dämmerung hereingebrochen, sodass er ihn liegenließ und nach Hause ging.

Während der Nacht erhob sich ein monströser Sturm, der von schrecklichen Regenfällen begleitet wurde. Zwanzig Tage und zwanzig Nächte dauerte das Unwetter. Als reißender Fluss ergossen sich die Wassermassen talwärts, zerstörten die Mauer und schwemmten den Baum weit hinaus auf das Meer.

Sechs Monate lang trieben Äste und Stamm auf den Wellen. Schließlich wurde der gewaltigste Ast ans Ufer der Großen Hawai'i-Insel gespült. „Seht nur, welch merkwürdiges Holz", staunten die Leute. Der Häuptling der Gegend nahm den Ast mit nach Hause und gestaltete daraus den Gott Makalei. Dieses göttliche Ebenbild besaß die Fähigkeit, Fische anzulocken.

Ein anderer Ast strandete auf der Insel Maui, und einer der Häuptlinge beanspruchte ihn für sich: „Aus diesem Ast werde ich meinen Kriegsgott machen." Er schnitt eine furchterregende Fratze aus dem Holz, um seine Feinde damit zu erschrecken. In Zeiten des Friedens wurde der Ast dazu benützt, Lebensmittel aufzuhängen, um sie dem Zugriff von Tieren zu entziehen.

Indes trieb der Stamm des Baumes weiterhin auf dem Meer.

In jener Zeit suchte ein Häuptling nach einem Hausgott für sich und seine Frau, denn er sehnte sich nach einem Gott, der einzig und allein für ihn und seine Familie zuständig war. In einem Traum wurde ihm versprochen, dass er einen solchen bald finden würde. Drei Tage lang bot er den Göttern Opfer dar, dann machte er sich auf die Suche nach einem geeigneten Holz, woraus er seine private Gottheit würde formen können. Ein gutes Omen trieb ihn in der dritten Nacht an den Strand. Erhellt vom Schein des Vollmonds rollte der Stamm eines Baumes zwischen Wasser und Land hin und her. „Dies wird mein Gott, lange habe ich nach dir verlangt", murmelte er und zog den Stamm ans Ufer.

Der Häuptling schnitze seinen Gott und nannte ihn Kū-ho'one'e-nu'u, baute für ihn einen Tempel und belegte den heiligen Ort mit einem Tabu. Allein den Magiern und Häuptlingen war der Zutritt gestattet. Kū-ho'one'e-nu'u revanchierte sich für die Verehrung, die ihm der Häuptling entgegenbrachte, sodass dieser zu großem Reichtum und Ansehen gelangte. Die Kunde von der Kraft des Gottes verbreitete sich bald über alle Hawai'i-Inseln.

Auch dem König, der über die Insel O'ahu herrschte, kam diese Nachricht zu Ohren, weshalb er Boten aussandte, um jene Berichte zu überprüfen. Sollten sie stimmen, beabsichtigte er, Kū-ho'one'e-nu'u nach O'ahu bringen zu lassen. Da der Häuptling von Maui bereit war, seinen Gott aufzugeben, fand Kū-ho'one'e-nu'u in O'ahu eine neue Heimstatt. Der König errichtete für ihn einen neuen Tempel, den er Pākākā nannte. Fortan verehrte er Kū-ho'one'e-nu'u als seinen obersten Kriegsgott.

Die Göttin Haumea und ihr Gatte Wākea

Haumea, die Göttin der Erde und der Fruchtbarkeit, war mit dem Gott Wākea verheiratet, der als Urvater aller Häuptlinge galt – wogegen das einfache Volk von einem Bruder Wākeas abstammte. Haumea und Wākea hatten etliche Kinder, darunter die Feuergöttin Pele, den Haigott Ka-moho-ali'i und die Hulagöttin Laka, die Haumea aus ihren Augen geboren hatte.

Eines von Haumeas Kindern besaß weder Arme noch Beine, sondern hatte die Form einer Wurzel. Eines Nachts legte Haumea das Wurzelkind in die Ostecke ihres Hauses; am nächsten Morgen war daraus eine *kalo*-Pflanze gewachsen.

Neuerlich gebar Haumea ein Kind. Es war ein Mädchen, das sie Ho'ohoku-i-ka-lani nannten. Über die Jahre entwickelte sich Ho'ohoku zu einer wunderschönen Frau. Leidenschaftlich begehrte Wākea Ho'ohoku, erkannte aber keine Möglichkeit, sein Verlangen zu befriedigen, ohne Haumeas Eifersucht zu wecken. Lange grübelte er über eine Lösung. Sein Freund und Berater Komo'awa fand letztendlich einen Ausweg: „Unterbreite Haumea den Vorschlag von monatlichen Tabu-Nächten, die Mann und Frau getrennt voneinander verbringen müssen. Du musst darauf verweisen, dass dies der Wille der Götter ist, der unter keinen Umständen missachtet werden darf." Haumea hegte keinerlei Verdacht und war einverstanden.

Eines Nachts passierte eine Panne: Wākea war mit Ho'ohoku zusammen, sie hatten ihr Vergnügen miteinander gehabt und waren danach fest eingeschlafen, sodass sie die Gesänge von Komoʻawa überhörten, die sie als Weckzeichen vereinbart hatten. Auf diese Weise durchschaute Haumea die Hinterlist Wākeas. Ihre Wut war grenzenlos. Als Zeichen ihrer Missachtung spuckte sie Wākea ins Gesicht: „Du hast mich belogen und betrogen! Ich werde dich verlassen!“ Unter keinen Umständen war Haumea bereit, sich mit Wākea zu versöhnen. Umgehend kehrte sie nach *Kahiki* zurück, von wo sie beide dereinst gemeinsam nach Hawaiʻi aufgebrochen waren. Wākea schwängerte Hoʻohoku und sie gebar einen Sohn, der den Namen Hāloa erhielt.

Auf *Kahiki* wurde Haumea Magierin eines Tempels. Aufgrund der Kraft ihres Zauberstabs *makalei* – der ebenso Fische anlockte, sobald man ihn ins Wasser hielt – erlangte sie wieder die blühende Jugend eines Mädchens. Inzwischen war ihr Enkel Hāloa alt genug, um selbst eine Hütte zu bauen, doch es zog ihn nach *Kahiki*. Ohne zu wissen, wer das reizende Mädchen tatsächlich war, verliebte sich Hāloa in Haumea, die zwar seine Großmutter war, dennoch das Aussehen einer jungen Frau besaß. Sie lebten als Ehepaar zusammen und hatten einen Sohn namens Waia, der sich zu einem korrupten und brutalen Herrscher entwickelte. Er kümmerte sich nicht um die Armen und Bedürftigen, sondern regierte einzig zu seinem eigenen Vorteil und Vergnügen. Wenn Waia jemanden als faul erachtete, ließ er ihm zur Strafe die Hand abhacken oder die Nase wegbrennen.

Mittels der Macht ihres Zauberstocks verwandelte sich Haumea stets aufs Neue in ein junges Mädchen, vermählte sich mit ihren Kindern und Enkeln und hatte zahlreiche Nachkommen mit ihnen – bis in die achte Generation wiederholte sie ihre Verjüngungen.

Der Zauberer U'aiā, darauf versessen, die junge Frau zu erobern, suchte unablässig ihre Nähe, verfolgte Haumea auf Schritt und Tritt, wobei er sie dabei ertappte, wie sie ihr Alter abwarf und sich durch den Zauberstock in ein blühendes Weib verwandelte. U'aiā fühlte sich arglistig hintergangen: „Du bist eine alte Frau, wie konnte ich mich bloß in dich verlieben!“ In seinem Jähzorn zerbrach er ihren Zauberstock. Dadurch verlor Haumea ihre Fähigkeit, sich stets wieder zu verjüngen. Haumeas Sohn Kio war der erste ihrer Nachfahren, mit dem sie sich nicht mehr paarte. In weiterer Folge wurde er zum Stammvater zahlreicher hawaiianischer Häuptlinge.

Häuptling Puna und die Drachenfrau

Nachdem Haumea sich von ihrem Ehemann Wākea getrennt hatte, erkor sie Häuptling Puna als ihren Gatten, dessen liebste Betätigung das Surfen war. Dieses Vergnügen wurde *he'e nalu* genannt. Wieder einmal verspürte Puna Lust, mit seinen Freunden, allesamt Fürsten und Prinzen, surfen zu gehen, bedauerlicherweise waren die Wellen nicht optimal, sodass die Surfer nach einem besseren Platz Ausschau hielten. In einer abgelegenen Bucht fanden sie günstige Bedingungen, also paddelten sie mit ihren Surfbrettern hinaus, um danach über die Wellen zu gleiten.

Indes erregte eine bezaubernde Dame Punas Aufmerksamkeit. Schwimmend war sie ihm gefolgt. „Das ist wahrlich kein guter Platz für Könner deinesgleichen", bemerkte sie trocken. „Ich kenne einen weitaus besseren, etwas weiter draußen." Sofort wurde Punas Neugier geweckt. Zu zweit schwammen sie weiter und weiter hinaus aufs Meer, bald konnten sie keine Berge mehr erkennen, jedoch Puna vergaß alles um sich herum, so sehr faszinierte ihn diese Frau. Sie hieß Kiha-wahine und war wild entschlossen, Puna zum Mann zu nehmen.

Um dieses Vorhaben umzusetzen, entführte sie Puna in ihre Höhlenbehausung, bereitete seine Speisen und kümmerte sich um sein Wohlbefinden. Andererseits gab sie ihm Anweisungen, was ihm alles nicht gestattet war. Insbesondere verbot sie ihm, ohne ihre Zustimmung die Umgebung der Höhle zu verlassen oder allein an den Strand zu gehen. Dennoch lebten sie als Ehepaar. Allerdings ahnte Puna nicht, dass Kiha-wahine eine Drachenfrau war, weshalb er mehr oder weniger zum Gefangenen seiner Frau wurde.

Einmal glaubte Puna laute Stimmen zu hören, trat vor die Höhle und wollte deren Ursache herausfinden. „Was bedeutet der Lärm, der vom Strand bis zu uns herauf ertönt?" Beiläufig erwiderte Kiha-wahine: „Vielleicht sind es ein paar Surfer, oder einige Häuptlinge vergnügen sich beim Kegeln und der Beste bejubelt seinen Sieg." Trotzig äußerte Puna: „Es wäre großartig, könnte ich all diese Dinge, von denen du sprichst, mit eigenen Augen beobachten. Außerdem habe ich große Lust, endlich einmal wieder zu surfen." Kiha-wahine vertröstete Puna: „Morgen wirst du dazu Gelegenheit haben." Aus einem Winkel der Höhle zauberte sie ein Surfbrett hervor und überreichte es ihm.

Am nächsten Morgen schlenderte Puna hinunter zum Strand, um sich den Surfern und Spielern anzuschließen. Einer aus der fidelen Gruppe näherte sich Puna: „Ich möchte mich mit dir unterhalten, ich bin Hinole, der Bruder deiner Frau Kiha-wahine." Puna freute sich über die neue Bekanntschaft. „Du bist mein Schwager und lebst mit meiner Schwester zusammen, ihretwegen hast du deine frühere Frau Haumea verlassen." Daran erinnert zu werden, missfiel Puna überaus, und er wollte sich am liebsten von seinem Schwager abwenden, doch dieser blieb hartnäckig. „Darf ich dich etwas fragen?" Puna bejahte mit einem zögerlichen Kopfnicken. „Bist du glücklich mit meiner Schwester?" Diese Frage brachte Puna in allergrößte Verlegenheit, er stotterte herum, krampfhaft vermied er, Hinole eine klare Antwort zu geben.

„Ich vermute, dir ist nicht bekannt, dass meine Schwester eine Drachenfrau ist. Daher weiß sie alles, was du tust und was du sagst. Das Surfbrett, das sie dir gegeben hat, ist ihre Drachenzunge." Diese Mitteilung verschlug Puna die Sprache. „Schleiche dich behutsam heran, auf diese Weise kannst du ihre Drachengestalt erkennen. Du sollst auch wissen, dass Kiha-wahine die Gestalt eines Huhnes, eines Fisches oder einer Spinne anzunehmen vermag." Puna war jetzt wild entschlossen, Hinoles Ratschlag zu befolgen.

Er erinnerte sich, dass Kiha-wahine ihm eingeschärft hatte: „Wenn du dich der Höhle näherst, mache dich mit lauter Stimme bemerkbar, huste oder singe, damit ich mich auf deine Ankunft vorbereiten und dich würdevoll empfangen kann." Diesmal achtete Puna darauf, nicht das geringste Geräusch zu verursachen. Geschockt erkannte er, dass Hinole die Wahrheit gesprochen hatte: Kiha-wahine war eine Drachenfrau! Unverzüglich verbarg er sich, denn der Anblick hatte ihn dermaßen erschaudern lassen, dass er am ganzen Körper zitterte und nach Luft rang.

„Du bist ein ekelerregender Kerl", fluchte Kiha-wahine, die sich inzwischen wieder in eine Frau zurückverwandelt hatte, „du kommst dahergeschlichen wie ein Dieb und versteckst dich vor deiner eigenen Frau! Aber ich hörte deinen Atem. Du dachtest wohl, ich würde dich nicht erkennen? Ich bin auch darüber informiert, dass dich mein Bruder Hinole gegen mich aufgehetzt hat." Die Drachenfrau war dermaßen wütend, dass sich ihr Haar im Nacken sträubte. „Ich sollte unverzüglich deine Augen verspeisen, damit du mir nicht mehr nachspionieren kannst." Ungerührt erwiderte Puna: „Ich habe keine Angst vor deiner Drachengestalt." Diese Feststellung versöhnte Kiha-wahine einigermaßen, sodass sie ihren Ärger allmählich vergaß und ihre Ruhe zurückkehrte.

Dennoch ging Puna die Unterhaltung mit Hinole nicht aus dem Sinn, und er fasste den Entschluss, die Drachenfrau zu verlassen. Dazu müsste er sich einer List bedienen. Er überlegte hin und her, bis er endlich eine Lösung fand: Er simulierte eine Krankheit. „Warum atmest du so schwer?", fragte seine Frau. „Ich habe Durst und brauche das Wasser der Götter, das Wasser von Poli-'ahu vom schneebedeckten Berg Mauna Kea", erwiderte Puna. „Dieses Wasser ist kalt vom Eis und wird mein Fieber kühlen. In meiner Jugend brachten mir meine Großeltern stets ein bisschen von dem heiligen Wasser. Wohin ich auch ging, ich trug es allzeit bei mir. Zwar habe ich dein Wasser getrunken, dennoch ist es nicht vergleichbar mit dem Wasser von Poli-'ahu. Keinesfalls schicke ich dich danach, denn ich weiß, es ist ein weiter Weg."

Kiha-wahine beugte sich zu Puna und flüsterte: „Dein Wunsch nach dem Wasser von Poli-'ahu kann leicht befriedigt werden. Ich werde dir das Wasser bringen. Gleich morgen mache ich mich auf den Weg." Puna hatte hingegen, wie Hinole ihm geraten hatte, ein paar kleine Löcher in ihre Kalebasse gebohrt, sodass Kiha-wahine das Wasser immer wieder verlieren und ihr Gefäß aufs Neue würde füllen müssen.

Sobald Kiha-wahine die Höhle verlassen hatte, machte sich Puna aus dem Staub. Er stieg in ein Kanu und begab sich, ebenso wie seine Frau, zur Großen Hawai'i-Insel. Bei der Pele-Familie hoffte er, Schutz vor Kiha-wahines Rache zu finden. Als er an den Rand des Kraters gelangt war, erblickten ihn Peles Schwestern und riefen: „Seht, da kommt ein Mann, womöglich ein Ehemann für eine von uns!" Sie umringten ihn, und Puna berichtete von der Drachenfrau.

Als Pele hinzukam, prophezeite sie: „Es kann nicht mehr lange dauern, dann wird deine Frau hier eintreffen, um nach dir zu suchen. Daher wird es zu einem Kampf kommen. Wir werden dir zur Seite stehen, denn sie wird alles daransetzen, dich zu töten."

Unterdessen hatte Kiha-wahine das Wasser von Poli-'ahu in ihr Gefäß gefüllt. Sie hielt die Kalebasse, doch sie war genauso leicht wie zuvor. Indem sie die Kalebasse in Augenschein nahm, entdeckte sie die Löcher, weshalb alles Wasser ausgeflossen war. Augenblicklich wurde ihr klar, dass Puna sie mit einer List weggelockt hatte und geflohen war. Keine Sekunde zweifelte sie, ihn im Krater von Pele zu finden, zumal sie wusste, dass Haumea, Peles Mutter, früher die Ehefrau Punas war.

Wütend schleuderte Kiha-wahine die Kalebasse zu Boden und kommandierte sämtliche Drachen der Inseln zu sich: „Wir werden den Vulkan Kī-lau-ea angreifen und Pele zwingen, meinen Mann auszuliefern." Ungeduldig erwarteten die Drachen vorzupreschen. Kiha-wahine stellte Pele ein Ultimatum: „Wenn ihr mir Puna nicht in den nächsten Minuten übergebt, werden meine Drachen mit ihrem feurigen Speichel deinen Krater zerstören."

„Puna ist nicht dein Mann, er bleibt bei uns, immerhin ist Haumea seine Frau." Unverzüglich starteten die

Drachen ihren Angriff, jedenfalls war Pele vorbereitet: Das vulkanische Feuer verdampfte den Speichel der Drachen. Viele von ihnen wurden getötet, einige trachteten, in Felsklüfte zu entkommen. Kiha-wahine konnte der Hitze nicht einmal kurze Zeit standhalten, sie rannte, so schnell sie konnte, sprang einen Steilhang hinunter und landete in einem Fischteich, in dem sie sich zwar abkühlen, dem sie aber nicht mehr entkommen konnte. Sie war in diesem Teich gefangen und kam nur knapp mit dem Leben davon.

Mittlerweile hatte sich in ihrem Kopf eine Obsession festgesetzt, wie sie ihren Bruder Hinole töten könnte, um ihn dafür zu bestrafen, dass er Puna animiert hatte, sich von ihr zu trennen. Hinole ahnte die Bedrohung und verwandelte sich in den Fisch *hīnālea*. Kiha-wahine setzte alles daran, Hinole zwischen den Korallenriffen zu finden, konnte ihn aber nirgendwo erwischen.

Doch die Drachenfrau kapitulierte nicht, sondern agierte, aufgestachelt von ihrem Groll, unermüdlich weiter. Dabei wurde sie von der Zauberin Hoʻo-una-una beobachtet: „Wen suchst du, Kiha-wahine?“ Die Drachenfrau zischte nach Drachenart: „Mein Bruder Hinole ist ein Fisch, ich möchte ihn gern fangen.“ Hoʻo-una-una schwieg eine Weile, sodann sprach sie: „Höre mir gut zu, ich kann dich lehren, diesen Fisch zu schnappen.“ Kiha-wahine war begierig zu erfahren, wie sie vorgehen müsse. „Besorge dir *ʻieʻie*-Zweige, flechte daraus einen Korb und senke ihn hinab zum Grund des Meeres. Nach einer Weile wirst du feststellen, dass sich der Fisch in deinem Korb verfangen hat.“

In aller Eile flocht Kiha-wahine einen Korb, warf ihn ins Wasser und wartete. Ungeduldig tauchte sie hinunter, um nachzusehen, ob sie Hinole schon erwischt hatte. Doch Hinole schwamm munter umher und ignorierte Kiha-wahines Korb. Wutentbrannt eilte sie zu Ho'o-una-una: „Du hast mich betrogen, deshalb werde ich dich töten!"

Ho'o-una-una entgegnete: „Wenn ich sterbe, wirst du niemals erfahren, ob du einen Fehler begangen hast. Deshalb solltest du mir genau berichten, wie du vorgegangen bist, damit ich weiß, ob du meine Anweisungen richtig ausgeführt hast. Möglicherweise habe ich vergessen, eine Einzelheit zu erwähnen."

Ausführlich erzählte die Drachenfrau von ihrem Vorgehen. Daraufhin griff sich Ho'o-una-una an den Kopf und rief: „Natürlich! Ich habe dich nicht darauf hingewiesen, dass du einige Krabben zermahlen und in den Korb legen musst. Wende die Öffnung des Korbes nach unten, dann wirst du deinen Bruder baldigst darin finden."

Und tatsächlich verfing sich Hinole in dem Korb seiner Drachenschwester. Sogleich wollte Kiha-wahine ihn töten, doch Hinole flehte inständig um Gnade, dass sie sich erweichen ließ – allerdings zwang sie ihn, fortan die Gestalt des Fisches *hīnālea* beizubehalten.

Der kannibalische Hundemensch

Der Halbgott Kaupē, der sowohl als Mensch als auch als Hund auftreten konnte, hatte den König von O'ahu bezwungen und die Herrschaft über einen großen Teil der Insel übernommen. Niemals attackierte oder verletzte Kaupē ein Mitglied der adeligen Familien, wiewohl er als Kannibale bereits etliche Menschen getötet und verspeist hatte.

Um sich nach einem neuen Opfer umzusehen, begab sich Kaupē zur Insel Maui. Doch dort war er wenig erfolgreich, sodass er bald nach Hawai'i weiterreiste. Sein Plan war es, einen jungen Adeligen der Insel in seine Gewalt zu bringen und nach O'ahu zu entführen. Durch eine heimtückische Falle gelang es ihm tatsächlich, den Sohn eines Häuptlings zu ergreifen. So schnell er konnte, kehrte er mit seinem Gefangenen zurück nach O'ahu, wo er ihn in seinem Tempel einsperrte. Auf der Plattform des Tempels sollte der junge Häuptling den Göttern geopfert werden.

Jedoch der Vater des Entführten folgte Kaupē nach O'ahu. Er überlegte, wie er seinen Sohn befreien könne und machte sich schließlich auf die Suche nach Hilfe. Da begegnete er einem Mann, der ihm riet, Kahi-lona aufzusuchen, der als Magier dem Tempel Kahe-iki vorstand. Diesen Tempel hatten die Menehune innerhalb einer Nacht erbaut. Sie hatten die erforderlichen Steine für die Tempelwand herbeigeschafft, flache Steine für die Altäre ausgesucht, glatte für den Fußboden bestimmt. Für die Opferplattform, auf der Menschen dargebracht wurden, hatten sie Äste des

ʻōhiʻa-leʻhua-Baumes herangeschleppt. Alle Teile des Tempels, sogar die überdachten Unterkünfte für Magier und Häuptlinge, hatten die kleinen Leute errichtet.

„Wie ich sehe, bedrückt dich etwas", sagte Kahi-lona zu dem Häuptling, dessen Sohn von Kaupē gefangen worden war, „vielleicht kann ich dir helfen." Der Häuptling erzählte, wie sein Sohn entführt worden war, und dass Kaupē beabsichtige, ihn den Göttern zu opfern.

„Wenn du die richtige Beschwörung sprichst, kannst du deinen Sohn der magischen Kraft von Kaupē entziehen", versprach der Magier Kahi-lona, der die Fähigkeit besaß, die Zeichen am Himmel, auf dem Meer und auf dem Land zu lesen. „Bediene dich der Formel, die ich dich lehren werde, wenn Kaupē eure Flucht bemerkt und euch verfolgt."

Gleich in der nächsten Nacht schlich sich der Häuptling in Kaupēs Tempel und murmelte jene Formel, die Kahi-lona ihm beigebracht hatte. Vorsichtig kletterte er über die Mauern des inneren Tempelbezirks, stets darauf bedacht, sich nicht zu verraten. Unentwegt wiederholte er seine Beschwörungen und entdeckte endlich das Gefängnis seines Sohnes – bewacht von einem Hund, der zu schlafen schien. Rasch schlüpfte der Vater hinein und befreite seinen Sohn von den Fesseln. Flugs flohen Vater und Sohn aus dem Tempel.

Ein heftiges Bellen verfolgte sie, denn Kaupē war erwacht und hatte die Flucht seines Gefangenen wahrgenommen. Wie ein Wirbelwind sauste er los, um die Fährte aufzunehmen. Kaupē vermutete, dass Vater und Sohn Oʻahu in Richtung Hawaiʻi verlassen würden, um in ihre Heimat zu gelangen.

Noch hatten sie einen beträchtlichen Vorsprung, aber Kaupē kam immer näher. Verzweifelt sprach der Vater die Formeln, die Kaupē abwehren sollten. Sein Atem ging heftig, und er war bereits ziemlich erschöpft. Hinter einem riesigen Felsen fanden sie Schutz. Sie rissen die duftenden Blüten eines Hibiskusstrauchs ab und warfen sie ihrem Verfolger entgegen, um seine Nase zu irritieren. Besessen von dem Gedanken, sein Gefangener würde in seine Heimat zurückkehren, erreichte Kaupē den Strand, erhob sich in die Lüfte und flog zur Insel Hawai'i.

Dagegen begaben sich der Häuptling und sein Sohn zu Kahi-lona, um dem Magier für seine Hilfe zu danken. „Ich werde Kaupē töten", versprach der junge Häuptling, „diesen Hund, der Menschen frisst." Er bat Kahilona um Unterstützung. „Kaupē soll keine Menschen mehr in seinem Tempel opfern, denn er tötet sie nicht den Göttern zu Ehren, sondern verschlingt sie selbst."

Kahi-lona überlegte eine geraume Zeit und sprach sodann: „Du musst die Winde beobachten und einen Köder auslegen, den du mit dem Öl von Hibiskusblüten einreiben musst, dann wird sich dein Gegner zögernd nähern. Verbrenne einen menschlichen Knochen, dann verstecke dich und lauere geduldig, bis dein Gegner auftaucht. Jetzt jage dem Hund einen Speer in den Leib."

Der junge Häuptling gehorchte den Anweisungen des Magiers und tötete Kaupē. Indes überlebte der Geist des Hundes, gelegentlich erschien er als Geistergott in den Wolken über den Berggipfeln, manchmal als großer, dann wieder als kleiner Hund. Derart beobachtete Kaupēs Geist jenes Land, das er einst mit Schrecken erfüllt hatte.

Der Vogelmensch Nā-maka

Nā-maka, geboren auf der Insel Kaua'i, war ein angesehener Mann. Denn er war ein unterhaltsamer Erzähler, geschickt im Umgang mit dem Speer, konnte ausgezeichnet boxen und besaß zudem astronomische Kenntnisse. Gerne mochte Nā-maka seine Fähigkeiten mit jemandem messen. Deshalb verließ er Kaua'i und segelte nach O'ahu, weil man ihm von Paku-a-nui berichtet hatte, einem Mann, der sowohl erzählen als auch boxen konnte.

Nā-maka und Paku-a-nui vereinbarten, einen Wettkampf auszutragen. Gewissenhaft bereiteten sie sich darauf vor, sich beim Boxen und Ringen aneinander zu messen.

Während des Zweikampfs erwies sich Nā-maka als überaus flink und geschickt, konnte Paku-a-nui an jedem Teil des Körpers erwischen, denn Nā-maka hatte sich mit Öl eingerieben, dadurch war seine Haut glitschig wie die eines Fisches, sodass Paku-a-nuis Hände immer wieder an ihm abrutschten. Nā-maka konnte seinen Gegner attackieren, wo immer er wollte: an der Stirn, an der Nase, am Hals oder an den Beinen und Armen. Keinesfalls wollte er Paku-a-nui töten, vielmehr seine Geschicklichkeit demonstrieren. Paku-a-nui aber fühlte sich durch seine Unterlegenheit in seiner Ehre gekränkt. „Ich werde mich rächen", gelobte er, „und Nā-maka töten, sobald sich eine Gelegenheit dazu ergibt."

Nach dem Ringkampf stiegen die beiden Kontrahenten eine Anhöhe empor. Als sie einen schmalen Grat erreicht hatten, sagte Paku-a-nui zu Nā-maka: „Dir gebührt der Vortritt, denn du bist der Sieger unseres Zweikampfs." Deshalb ging Nā-maka voraus. Sogleich versetzte ihm Paku-a-nui einen derart heftigen Stoß, damit er abstürzen und sein Körper an den Felsen zu Tode kommen würde.

Nā-maka stürzte jedoch nicht hinab, sondern erhob sich über die Schlucht. Wie ein Vogel benützte er seine Arme als Flügel, ließ sich von den Winden treiben und glitt in langgezogenen Schleifen ins Tal, bis er in den Zweigen eines Baumes landete. Er sprang zu Boden und überlegte, seine Fähigkeiten auch anderswo zu zeigen. Folglich besuchte er zuerst die Insel Maui, segelte mehrmals vom Pu'u-kukui und vom niedrigeren 'Eke im Westen der Insel in die Tiefe, zuletzt vom Vulkan Hale-a-ka-lā. Die Nachricht seiner kühnen Taten erreichte bald sämtliche Hawai'i-Inseln.

Das nächste Ziel von Nā-maka war Hawai'i, die Große Insel. Einer seiner Konkurrenten war ein Mann, der sich brüstete, der Günstling des regierenden Königs zu sein. Dieser Mann fürchtete, seine einflussreiche Stellung zu verlieren, sollte der König von Nā-makas wunderbaren Fähigkeiten erfahren, weshalb er sich aller Möglichkeiten bediente, gegen Nā-maka zu intrigieren.

Um diesen Feindseligkeiten zu entgehen, entschloss sich Nā-maka, die Insel Kaua'i aufzusuchen. Am Hof des Königs Hīna'i wurde er mit allen Ehren empfangen. Rasch freundete er sich mit dem König an, der ihn zu seinem Vertrauten erkor. Nā-maka unterrichtete den Monarchen in allen möglichen Künsten, insbesondere darin, von hohen Felsen zu springen und sicher auf dem Boden zu landen. König Hīna'i war ein aufmerksamer Schüler, der viel von Nā-makas Kenntnissen profitierte, sodass es ihm schlussendlich selbst gelang, steile Abhänge unverletzt zu überwinden.

Diese Nachricht kam irgendwann Nā-makas Rivalen zu Ohren. Er verleumdete Nā-maka bei seinem König, redete ihm ein, er sei ein gefährlicher Feind, gegen den man sich zur Wehr setzen müsse: „Dieser Mann kann über Berge und Flüsse und Ebenen fliegen, von Felsen springen, ohne sich zu verletzen. Er ist eine Gefahr für dein Königreich."

Das Argument überzeugte den König und er befahl seinen Kriegern, Nā-maka zu töten. Sollte König Hīna'i sich weigern, ihn auszuliefern, würde es Krieg geben.

Nā-maka hatte die Gefahr vorhergesehen und sich entsprechend vorbereitet. Längst hatte er einen unterirdischen Gang gegraben, der ihn von seiner Hütte in einiger Entfernung wieder ans Tageslicht brachte.

Unterdessen waren die Krieger des feindlichen Königs eingetroffen und umzingelten Nā-makas Hütte. Sie berieten die wirksamste Methode, ihn zu ermorden. „Wir werden die Hütte in Brand setzen, dann wird Nā-maka darin umkommen." Sie legten ein Feuer und waren sich ihres Erfolges sicher.

Nā-maka entkam nach Maui, dort blieb er eine Weile. Leider fand sich niemand, der seine Dienste in Anspruch nehmen wollte. Auch in O'ahu hatte er kein Glück. Verbittert kehrte er nach Kaua'i zurück.

Den Fürsten seiner Heimatinsel – die er weitaus höher einschätzte als die adeligen Familien von Maui, O'ahu und der Großen Insel – prophezeite Nā-maka: „Kein Herrscher der hawaiianischen Inseln wird jemals seinen

Fuß auf den Strand von Kaua'i setzen. Kein Kriegskanu eines Königs wird nach Kaua'i gelangen, wenn nicht zuvor ein Vertrag zwischen den beiden Königreichen abgeschlossen wurde."

Tatsächlich gelang es König Ka-meha-meha dem Großen nicht, die Insel Kaua'i zu unterwerfen und in sein hawaiianisches Königreich zu integrieren.

Pikoi, der Rattentöter

Im Allgemeinen waren Kinder von Häuptlingsfamilien ganz normale Knaben und Mädchen. Dennoch geschah es mitunter, dass sie als Götter oder Göttinnen geboren wurden, was daran zu erkennen war, dass sie die Fähigkeit besaßen, sowohl die Gestalt eines Tieres als auch eines Menschen anzunehmen. Von diesen göttlichen Kindern wurde erwartet, auf ihre Familie, einen Bruder oder eine Schwester Obacht zu geben, sie vor Gefahren und Feinden zu beschützen.

Die Halbgöttin Lepe-a-moa, Tochter des Häuptlings Keāhua von Kaua'i und seiner Frau Kauhao, kam aufgrund eines Fluchs des Seegotts Akua-peha-'ale als Ei zur Welt. Von ihren Großeltern in O'ahu aufgezogen, konnte sie als Vogel oder als hübsche Frau auftreten. Ihr jüngerer Bruder Kau-i-lani, gleichfalls mit übernatürlichen Kräften ausgestattet, hatte sich in die Tochter des Königs Kā-kuhi-hewa verliebt: „Wenn du mich beim Hahnenkampf besiegst, was ich nicht für wahrscheinlich halte, kannst du meine Tochter heiraten." In seiner Not bat Kau-i-lani seine Schwester um Hilfe. Indem sich Lepe-a-moa in seiner Kleidung versteckte, gewann Kau-i-lani sowohl den Kampf als auch die Hand seiner Liebsten.

Eine Familie auf Kaua'i hatte bloß ein richtiges Mädchen und einen richtigen Jungen, dafür sechs Mädchengöttinnen, die allesamt Ratten waren und Kīko'o genannt wurden – genauso wie man den Bogen bezeichnete, der mit einem Pfeil für das Rattenschießen verwendet wurde. Ihre Namen lauteten: *Bogen des Himmels*, *Bogen der Erde*, *Bogen des Berges*, *Bogen des Ozeans*, *Bogen der Nacht* und *Bogen des Tages*.

Die menschliche Schwester hieß Ka-ui-o-Mānoa, *Die Schönheit von Mānoa*, weil sie Pā-wa'a, den Häuptling des Mānoa-Tals, geheiratet hatte und von Kaua'i zu ihm in seine Heimat nach O'ahu gezogen war.

Unablässig überwachten die göttlichen Rattenschwestern ihren Bruder Pikoi und seine Fortschritte im Bogenschießen und waren höchst zufrieden, dass er seine Beschwörungen und Gesänge allzeit ihnen widmete.

Pikoi-a-ka-'alalā war, wie sein Name verriet, der Sohn von 'Alalā. Schon als Knabe hantierte Pikoi bei der Jagd auf Ratten sehr geschickt mit Pfeil und Bogen. Er besaß außerordentlich scharfe Augen, weshalb er sogar versteckte oder weit entfernte Ratten töten konnte und derart sämtliche Männer von Kaua'i an Geschicklichkeit übertraf. Diese Fähigkeit verdankte er vor allem der Hilfe seiner Rattenschwestern.

Pikoi streifte eines Tages durch den Wald, als er einem gelben Hund begegnete, der erfolgreich Ratten jagte, was Pikois Ehrgeiz anfacht, sich mit ihm zu messen. Der Hund war einverstanden und schloss sich Pikoi an. Am Ende des Tages hatte jeder zehn Ratten erlegt.

Infolge des unentschiedenen Ergebnisses vereinbarten die beiden, sich erneut zu treffen. Bereits zeitig am Morgen brachen sie auf, um mehr Zeit zur Verfügung zu haben, weshalb die Ausbeute diesmal größer ausfiel: Pikoi hatte vierzig Ratten getötet, und Pūpū-a-lenalena, der *sehr gelbe Pūpū*, erreichte dieselbe Anzahl. Noch mehrmals versuchte jeder, den anderen zu übertreffen, doch niemals gelang einem der beiden ein Sieg. Dies lag daran, dass Pūpū-a-lenalena ein *kupua* war, ein Halbgott, der die Gestalt eines gelben Hundes annehmen konnte. Pūpū war sowohl flink als auch intelligent. Allerdings hatte Pikoi keine Ahnung, dass Pūpū außerdem ein schlauer Dieb war, der einst den Geistern eine bedeutende heilige Muschel gestohlen hatte, die sie zuvor aus einem Tempel entwendet hatten, wodurch die diebischen Geister selbst bestohlen wurden.

Pikois Wettkampf mit Pūpū hatte sich inzwischen über ganz Kaua'i verbreitet, auch auf O'ahu und der Großen Insel erzählte man sich von der außergewöhnlichen Geschicklichkeit Pikois, sein Name war in aller Munde, obwohl ihm nur wenige persönlich begegnet waren.

„Ich möchte meine Tochter im Mānoa-Tal besuchen", sagte 'Alalā zu seinem Sohn. „Und ich wünsche mir, dass du mich begleitest." Pikoi war sofort begeistert, seine Schwester wiederzusehen. Gemeinsam trugen Vater und Sohn ihr Kanu zum Meer und segelten über den Kaua'i-Kanal nach O'ahu. Der gelbe Hund hatte keine Lust mitzukommen, worüber 'Alalā froh war, er hätte ohnedies keinen fremden Halbgott zum Familientreffen zugelassen.

Die beiden waren bereits eine Weile unterwegs auf dem Kanal zwischen den Inseln, als Pikoi rief: „Schau! Da ist ein riesiger Tintenfisch!" Es war der Tintenfisch-Gott Kakahe'e, der sich in einer Höhle tief unten in den Korallen verbarg. Als hätte Pikoi ihn gerufen oder beschimpft, sauste der Tintenfisch aus seinem Versteck hervor und verfolgte das Kanu – unablässig wirbelten seine

Fangarme auf der Wasseroberfläche, als er das Boot zu umschlingen trachtete. Gelassen spannte Pikoi seinen Bogen, und mit einem einzigen Pfeil tötete er den gewaltigen Tintenfisch.

Nachdem Pikoi und sein Vater ihr Ziel erreicht hatten und an Land gegangen waren, wanderten sie das Mānoa-Tal hinauf. Endlich trafen sie Ka-ui-o-Mānoa. Überschwänglich und tränenreich war die Freude des Wiedersehens und der Umarmungen. Ein Erdofen (*imu*) wurde ausgehoben und mit köstlichen Speisen gefüllt, drei Tage sollte das Festmahl (*lūʻau*) dauern, danach würden alle ruhen. Die Überfahrt hatte Pikoi weit weniger angestrengt als seinen Vater.

Während der Vorbereitungen für die Feier wurde Pikoi langweilig, weshalb er in bester Laune das Mānoa-Tal hinunterspazierte, bis er ein ziemlich ebenes Gelände erreichte, das mit Sträuchern und niedrigen Bäumen bewachsen war. Prompt entdeckte er Ratten, die sich unter den Blättern und Zweigen verbargen. Gleichzeitig bemerkte er eine Menschenansammlung: Im Mittelpunkt die Häuptlingsfrau Ka-hama-luihi mit ihrem Gefolge, darunter ihre Tochter, die hervorragende Pfeilschützin Ke-pana-kahu, die sich mit dem professionellen Rattenschützen Mai-nele, der im Dienste ihres Vaters stand, messen wollte. Ka-hama-luihi wettete mit Mai-nele, dass ihre Tochter ihn diesmal besiegen würde. Gespannt verfolgte Pikoi den Wettkampf, indessen näherte er sich allmählich. Leider verlor die Häuptlingsfrau Ka-hama-luihi diese Wette, denn Mai-nele war an diesem Tag ein besserer Schütze als ihre Tochter.

Ka-hama-luihi stand an einem schattigen Platz innerhalb der Tabu-Grenzen, dennoch betrat Pikoi den

Tabu-Bereich und stellte sich neben die Häuptlingsfrau, die ihn verblüfft ansah und verärgert fragte: „Was treibst du hier? Hier hast du nichts verloren!" Betont höflich antwortete Pikoi: „Ich möchte gerne bei diesem Sport zusehen." – „Hast du eigentlich Vorkenntnisse? Kannst du überhaupt schießen?" – „Ich bin ein wenig in dieser Kunst unterrichtet worden." Daraufhin reichte sie ihm Pfeil und Bogen: „Jetzt zeige, was du kannst!" Pikoi schüttelte den Kopf: „Dieser Pfeil und dieser Bogen sind für diese Art des Schießens ungeeignet." Ka-hama-luihi erwiderte mit einem ungläubigen Gelächter: „Was versteht denn ein Jüngling wie du von der Rattenjagd?" Zornig zerbrach er den Pfeil und den Bogen und entgegnete: „Dieses Zeug ist für nichts zu gebrauchen, weshalb man es wegwerfen muss!" Die Häuptlingsfrau platzte beinahe vor Zorn: „Du hinterhältiger Kerl wagst es, mein Eigentum zu zerstören!"

Inzwischen war Pikois Vater die Abwesenheit seines Sohns aufgefallen. Von seiner Tochter Ka-ui-o-Mānoa erfuhr er: „Die Häuptlingsfrau Kaha-malu-'ihi veranstaltet einen Wettbewerb im Rattenschießen." Augenblicklich ergriff 'Alalā die Ausrüstung seines Sohnes, sämtliche Bögen und Speere waren in *kapa*-Stoff eingehüllt. Mit dem Bündel auf dem Rücken eilte er das Tal hinunter. 'Alalā hatte nicht den geringsten Zweifel, wo er seinen Sohn antreffen würde.

Pikoi war gerade damit beschäftigt, die Häuptlingsfrau zu überreden, eine weitere Wette mit Mai-nele abzuschließen. Wieder in bester Stimmung und siegesgewiss stimmte sie zu. „Ich kann deine schmähliche Niederlage kaum erwarten."

Mai-nele und Pikoi vereinbarten die Anzahl der Schüsse für den ersten Durchgang; man einigte sich auf fünfzehn.

Während sich Mai-nele, der als Erster an die Reihe kam, für den Wettbewerb vorbereitete, rief Pikoi hektisch: „Dort in den Sträuchern verbirgt sich eine Ratte!" Immer wieder deutete Pikoi auf Ratten, bis Mai-nele vierzehn getötet hatte. „Du hast noch einen Schuss, ziele auf die Ratte, deren Schnurrhaare hinter einem Blatt des *'āweoweo*-Baumes hervorschauen. Der Körper ist zwar versteckt, aber ich kann die Schnurrhaare sehen. Erschieß die Ratte, Mai-nele!"

Sorgfältig untersuchte Mai-nele sämtliche Sträucher, dennoch vermochte er nicht das geringste Anzeichen einer Ratte zu entdecken. Neugierig traten die Zuschauer näher heran und steckten Pfeile zwischen die Blätter, auch sie konnten nichts erspähen.

Mai-nele fauchte: „An dieser Stelle gibt es keine Ratte! Ich habe nachgesehen, wo du hingedeutet hast. Du lügst, wenn du behauptest, die Schnurrhaare einer Ratte zu sehen."

Pikoi hingegen beharrte auf der Existenz dieser Ratte. Trotzig verkündete Mai-nele: „Hört mir alle gut zu, den gesamten Erlös, den ich gegen die Häuptlingstochter gewonnen habe, sowie den Einsatz, um den wir jetzt gewettet haben, soll Pikoi bekommen, wenn er eine Ratte in dem kleinen Baum erschießt und ihr einen Barthaarschnitt verpasst. Wenn du keine Ratte erlegst, werde ich von dir die Schuld unserer Wette einfordern."

Bedächtig und ohne Eile entnahm Pikoi dem Bündel, das ihm sein Vater entgegenstreckte, einen Bogen und einen Pfeil. Sorgfältig spannte er den Bogen, legte den

Pfeil an und richtete die Pfeilspitze auf die zuvor markierte Stelle.

Bewundernd sprach die Häuptlingsfrau Kaha-malu-'ihi: „Welch ein prächtiger Bogen." Ihr Verwalter konzentrierte sich indes auf die schönen Augen des Jungen und seine allgemeine Erscheinung.

Leise sang Pikoi seine Beschwörungen an die göttlichen Schwestern: *„Da bin ich, da bin ich, Pikoi! 'Alalā ist mein Vater, Koukou ist meine Mutter. Von ihnen wurden meine göttlichen Schwestern geboren: Oh, Bogen des Himmels! Oh, Bogen der Erde! Oh, Bogen des Berges! Oh, Bogen des Ozeans! Oh, Bogen der Nacht! Oh, Bogen des Tages! Oh, ihr wundersamen Schwestern! Oh, du Stille! Stille. Da ist die Ratte – eine Ratte zwischen den Blättern des 'āweoweo, eine bei den Früchten des 'āweoweo, eine beim Stamm des 'āweoweo. Große Augen hast du, oh, Mai-nele, doch du hast die Ratte nicht gesehen. Hättest du geschossen, Mai-nele, hättest du die Schnurrhaare der Ratte getroffen – du hättest zwei Ratten getroffen, zwei. Eine weitere kommt hinzu – drei Ratten, drei!"*

Kaum hatte Pikoi seine Beschwörungen beendet, platzte Mai-nele heraus. „Du bist ein verdammter Betrüger. Ich dagegen bin ein geschickter Schütze. Ich habe jede Ratte stets in den Mund oder in den Fuß oder in irgendeinen Teil des Körpers getroffen, aber niemals hat jemand Schnurrhaare durchbohrt. Du versuchst uns zu narren."

Darauf antwortete Pikoi nicht, sondern hob seinen Bogen, fühlte seinen Pfeil und fragte seinen Vater: „Was ist das für ein Pfeil?"

Der Vater erwiderte: „Das ist der Pfeil *māhu*, der die Blüten des *le'hua*-Baumes verschlingt." – „Dies wird nicht ausreichen, gib mir einen anderen." Daraufhin reichte ihm der Vater den Pfeil *lau-konā*: „Der Pfeil durchschlägt das robusteste Blatt." Auch damit gab sich Pikoi nicht zufrieden. „Dieser Pfeil hat bloß sechzig Ratten getötet und seine Spitze ist stumpf. Gib mir einen anderen."

Schließlich griff ʻAlalā nach *huhui – Der Gebündelte* –, einem Pfeil mit vier scharfen Kerben an der Spitze.

Pikoi nahm ihn und jauchzte: „Dieser Pfeil wird mir den Erfolg bringen", näherte sich dem Baum und wiederholte seine Beschwörungen. Schon schnellte der Pfeil durch die Luft – und verknotete die Schnurrhaare dreier Ratten.

Mai-nele war fassungslos über diesen einzigartigen Schuss. Anstandslos bekannte er seine Niederlage: „Mein gesamter Gewinn gehört dir, du hast gesiegt!" – „Erst dann, wenn ich vierzehn weitere Ratten getötet habe, bin ich tatsächlich Sieger." Abermals schoss er einen sehr langen Pfeil zwischen die dicken Blätter der Sträucher. Als die Leute diesen Pfeil in Augenschein nahmen, klappten ihre Münder auseinander. – Mehrmals zählten sie, jedoch das Ergebnis blieb jedes Mal gleich: Von einem Ende des Pfeils bis zum anderen waren vierzehn Ratten aufgespießt worden.

Jetzt kannte die Begeisterung keine Grenzen mehr. Dieses Durcheinander nützten Pikoi und ʻAlalā, um still und leise ins Mānoa-Tal zu verschwinden. Sie kamen gerade rechtzeitig zu dem Festmahl, die Speisen wurden dem Erdofen entnommen, und Pikoi verzehrte einen gewaltigen Teil davon. Die Leute starrten einander an und sprachen ehrfürchtig: „Er isst wie ein Gott!"

Die Kunde von diesem außergewöhnlichen Wettbewerb war bis zu König Kā-kuhi-hewa gedrungen, und er ließ nichts unversucht, um mit dem einzigartigen Schützen in Kontakt zu treten. Doch es schien, als wäre Pikoi vom Erdboden verschluckt worden. Der Verwalter des Häuptlings war der Einzige, der Pikois Augen sowie sein Aussehen sorgfältig beobachtet hatte, allerdings hatte er keinerlei Informationen, wo sich Pikoi aufhielt. „Dieser Junge muss gefunden werden, so schnell wie möglich", begehrte der König.

Kaha-malu-'ihi machte den Vorschlag, alle Männer von O'ahu aufzufordern – Distrikt für Distrikt –, dem König Opfergaben zu bringen. „Jedem Distrikt wird eine Frist von zwei Monaten eingeräumt, damit es nicht zu einem Überangebot an Gaben kommt, während das Volk verarmt und an Hunger leidet."

Fünf Jahre waren vergangen. Im sechsten Jahr war das Mānoa-Tal an der Reihe, seine Gaben abzuliefern.

Inzwischen war Pikoi zum Mann herangewachsen, sodass sich seine Erscheinung stark verändert hatte. Sein Haar war extrem lang, hing weit über den Rücken. Deshalb bat er seine Schwester, ihm die Haare zu schneiden, dafür sollte sie das Haifischzahnmesser ihres Mannes verwenden, des Häuptlings Pā-wa'a. Zunächst weigerte sich Ka-ui-o-Mānoa: „Wie du weißt, sind diese Messer tabu, denn sie gehören dem Häuptling." Wieder einmal siegte Pikois Überredungskunst. Letztendlich willigte Ka-ui-o-Mānoa ein, freilich war sein Haar derart dick und stark, dass die Griffe des Messers abbrachen und sie den Versuch beendete: „Dein Haar ist das Haar eines Gottes."

Als die Nacht hereingebrochen war und Pikoi schlief, huschten seine Rattenschwestern herbei und nagten sein

Haar ab, jede knabberte an einer anderen Stelle, wodurch sein Haar nicht gleichmäßig gekürzt wurde. Dadurch entstand das Sprichwort: „Seht euch diese Frisur an, als wären seine Haare von Ratten abgebissen worden.“

Als der Häuptling Pā-wa‘a nach Hause zurückkehrte, erkannte er sogleich, dass seine Frau etwas bedrückte. Sie gestand, was sie getan hatte. Er tröstete sie: „Zwar sind die Griffe gebrochen, nicht die Haizähne. Wären die Zähne geborsten, dann wäre dies eine Katastrophe.“

Beim Abnagen der Haare von den Götterschwestern war Pikois Gesicht verfärbt worden, hinzu kam sein zerzaustes Haar, sodass er weder von seinem Vater noch von seiner Schwester erkannt wurde. Außerdem war er mit duftenden Blumenketten aus *le‘hua*-Blüten geschmückt, als die Bewohner des Mānoa-Tals nach Wai-kīkī gingen, um vor dem König zu erscheinen. Bevor das Volk dazu aufgefordert wurde, dem König zu huldigen, surften und vergnügten sich die Leute mit allerlei Freizeitspielen.

Pikoi spazierte hinunter zum Strand von ‘Ulu-kou, ein königliches Revier, wo die Königin und ihr Gefolge in der Brandung surften. Er platzierte sich nahe ans Wasser, als die Königin auf einer hohen Welle bis ans Ufer glitt und erst knapp vor seinen Füßen zum Stehen kam. „Könnte ich mir dein Surfbrett ausleihen?“ – „Dieses Surfbrett ist außer für mich selbst für alle anderen tabu. Jeder, der es wagen würde, mein Surfbrett anzufassen, wird von den Dienern des Königs getötet.“

Unmittelbar danach erreichte die Häuptlingstochter das Ufer, sie war damals Zeugin, als Pikoi die Ratten von Makiki erlegt hatte. „Dieses Surfbrett da“, deutete die

Königin, „darfst du benutzen.“ Die Häuptlingstochter gab Pikoi ihr Brett, erkannte ihn allerdings nicht. Er paddelte hinaus auf das Meer, dorthin, wo die meisten surften. Jedenfalls war die Brandung nur an einer Stelle optimal, indes war diese für die Königin tabu. Also ließ sich Pikoi von einer Welle bis zu den hohen Brechern tragen, auf denen die Königin surfte. Sie erwartete ihn bereits, zumal sie von seiner ungewöhnlichen Schönheit äußerst angetan war, obgleich er versucht hatte, seinen Körper zu verschleiern, etwa durch unzählinge *le'hua*-Ketten.

„Magst du mir nicht eine deiner wunderschönen *le'hua*-Ketten schenken?“. – „Dieses Ansinnen muss ich leider ablehnen, weil sie tabu sind.“ – „Du irrst, nichts ist für mich tabu, wenn ich etwas erhalten möchte. Erst nachdem ich die *lei*-Kette getragen habe, ist sie für alle anderen tabu.“ Daraufhin überreichte Pikoi ihr die schönste *le'hua-lei.*

Indem er ihren hohen Rang berücksichtigte, überließ er ihr die erste Welle, wogegen er die zweite nehmen würde. Leider verpasste sie die erste Welle, erwischte erst die zweite, als er bereits an ihr vorbeifuhr. Sobald er sie erblickt hatte, versuchte er von dieser Welle auf die nächste zu wechseln, doch sie folgte ihm mit größter Geschicklichkeit. Gemeinsam schwammen sie zum Strand.

König Kā-kuhi-hewa beobachtete, wie die Königin und ein junger Mann auf derselben Brandungswelle fuhren. „Er hat ein Tabu gebrochen, dafür muss er mit dem Tod bestraft werden!“ Und er kommandierte seinen Dienern: „Ergreift den jungen Häuptling, er hat sein Leben verwirkt!“ Augenblicklich rannten sie los, packten ihn, rissen ihm das Gewand vom Leib und schlugen mit Keulen auf ihn.

„Wartet, wartet, bis ich mit dem König gesprochen habe."

Also schleppten sie den Gefangenen zum König. Auf dem Weg dorthin wurde er von umherstehenden Leuten beschimpft, sie bewarfen ihn mit Sand und Schlamm und Steinen.

Anstatt den Frevler umgehend töten zu lassen, ließ der König vorerst Gnade walten: „Ich höre, welche Ausreden du vorbringen wirst."

Inzwischen hatten sich die Königin sowie weitere Frauen hinzugesellt. Eine von ihnen musterte den jungen Mann sehr genau: „Ich erkenne merkwürdige Zeichen an seinem Körper. Es ist jener unfassbare Junge, der sensationelle Rattenschütze, der Mai-nele besiegt hatte."

Lächelnd meinte der König: „Deine Worte sind leicht zu durchschauen, weil dies ein gut aussehender, junger Mann ist, versuchst du, ihn zu retten."

„Wenn ich dir sage, dass ich in dem jungen Mann jenen famosen Rattenschützen wiedererkenne, dann kannst du mir glauben, dass es sich tatsächlich um den fantastischen Rattentöter handelt."

„Sollte zutreffen, was du behauptest, werden wir ihn gegen Mai-nele antreten lassen. Gleich hier, in meinem Haus, können sie sich messen." Der König verkündete die Regeln für den Wettkampf: „Jeder von euch darf so viele Pfeile schießen, wie er Finger an den Händen hat, sowie fünf weitere – insgesamt fünfzehn."

Unversehens befiel Pikoi Bange vor diesem Wettkampf. „Mai-nele besitzt seine eigenen Waffen, dagegen verfüge ich über keine Ausrüstung." Zögerlich schaute er sich um, als er seinen Vater ʻAlalā erblickte, an dessen Schulter sein *kapa*-Bündel mit Bögen und Pfeilen hing.

Im nächsten Moment erkannte auch der Vater seinen Sohn.

Eine beträchtliche Anspannung erfüllte die Luft, als Pikoi den Ratschlag erteilte, Mai-nele möge auf einige Ratten unterhalb des Hauseingangs zielen. Nacheinander deutete er auf Ratten, bis Mai-nele zwölf getötet hatte.

„Sieh doch, dort versteckt sich noch eine. Ihr Körper ist zwar nicht zu sehen, aber die Schnurrhaare liegen an der Kante der Steinstufe."

Mai-nele bestritt das Vorhandensein einer Ratte und weigerte sich zu schießen.

„Du sollst nicht eine Ratte unterhalb der Türschwelle anvisieren", mischte sich der König in den Kampf, „sondern existierende Ratten töten, wie es Mai-nele getan hat."

„Du solltest gleichfalls auf Ratten deuten", tadelte Pikoi seinen Gegner, „genau wie ich es getan habe, als du an der Reihe warst." Weder der König noch Mai-nele erspähten einen Rattenschatten, weder innerhalb des Hauses noch außerhalb. Konzentriert spannte Pikoi seinen Bogen, denn er reichte von einer Seite des Hauses bis zur anderen. Mit diesem außergewöhnlich langen Pfeil nahm er die Türschwelle ins Visier – augenblicklich war jene Ratte tot, die sich darunter versteckt hatte. Danach erlegte er eine fette, alte Ratte, die sich in einer schwer einsehbaren Ecke des Hauses verborgen hatte.

Indem er seinen Arm nach dem Firstpfahl ausstreckte, sang er seine Beschwörung, die diesmal mit den Worten endete: „*Gerade trifft der Pfeil das Maul der Ratte. Vom Auge des Pfeils bis zum Ende: Vierhundert Ratten – vierhundert!*"

Verdrießlich murrte der König: „Schieß endlich deine vierhundert. Mai-nele wird sie auflesen. Sollte das Auge deines Pfeils keine Ratten findet, stirbst du."

Unbeirrt schoss Pikoi seinen Pfeil, der am First unterhalb des Strohdachs entlang glitt und eine Ratte nach der anderen aufspießte, bis der Pfeil von einem Ende zum anderen prallvoll war – Hunderte und Aberhunderte.

Jetzt erkannte Häuptling Pā-wa'a in dem Schützen seinen Schwager, umarmte ihn und bedauerte, dass er von den Leuten schlecht behandelt worden war. Unverzüglich schnappte er seine Kriegskeule und trat aus dem Haus, um jene Männer zu bestrafen, die Pikoi misshandelt und ihm das Gewand (*malo*) vom Leib gerissen hatten. Einen nach dem anderen hieb er in den Nacken, sodass zwanzig Männer getötet wurden. Bei jedem Schlag fügte Pā-wa'a hinzu: „Weil du meinen Schwager, den einzigen Bruder meiner Frau, der *Schönheit von Mānoa*, ungerecht behandelt hast."

„Damit tust du wohl recht", nickte König Kā-kuhi-hewa zustimmend.

All jene, die Pikoi beleidigt oder mit Dreck beworfen hatten, trachteten, sich zu verstecken oder suchten ihr Heil in der Flucht. Nach allen möglichen Richtungen rannten sie um ihr Leben.

Abermals spannte Pikoi seinen Bogen, legte einen Pfeil ein und sang erneut zu seinen göttlichen Rattenschwestern, wobei er mit einer Beschwörung gegen die Fliehenden endete: *„Schlagt zu! Seht, da sind die Ratten – die Männer! Der kleine Mann, der große Mann, der große Mann, der kleine Mann, der keuchende Feigling, der gemein Handelnde. Fliege Pfeil und schlage zu! Dann kehre zurück!"*

Sein Pfeil durchbohrte den nächsten der fliehenden Männer, wendete sich seitwärts, um einen anderen zu treffen, flog von einer Seite zur anderen, machte einen Bogen um diejenigen, die Pikoi bemitleidet hatten, rächte sich nur an jenen, die sich schuldig gemacht hatten; als hätte er Augen, fand er die Richtigen. Letztendlich kehrte er zurück zu den anderen Pfeilen im *kapa*-Bündel. Daraufhin erhielt der Pfeil den Namen Ka-pua-aka-mai-loa, *der sehr kluge Pfeil*. Unzählige wurden von diesem klugen Pfeil bestraft.

Die große Versammlung der Häuptlinge war erstaunt und verwirrt zugleich, sie sagten zueinander: „Wir haben keinen Krieger, der gegen diesen überaus geschickten jungen Mann bestehen kann." Daraufhin erhielt Pikoi vom König einen ehrenvollen Platz unter seinen Häuptlingen, und er machte ihn zu seinem persönlichen Rattenjäger. Die Königin adoptierte ihn als ihr eigenes Kind.

Niemand hatte Pikois Namen während all der wunderbaren Ereignisse erwähnt. Wenn er seine Beschwörungen sang, in dem er seinen Namen aussprach, hatte er derart leise gesungen, dass niemand die Worte verstehen konnte. Deshalb wurde Pikoi von nun an Ka-pana-kahu-ahi genannt, *Der feuerentfachende Schütze*, in der Tat reagierte sein Pfeil wie Feuer mit seiner Zerstörungskraft.

Mai-nele schämte sich über alle Maßen, weil der König ihn beauftragte, nicht nur alle Leichen der Menschen aufzusammeln, die von dem sehr klugen Pfeil durchbohrt worden waren, sondern auch sämtliche getöteten

Ratten. „Außerdem sollst du jegliches Blut vom Boden entfernen.“ Nachdem er all seine Pflichten erledigt hatte, verschwand er wortlos, zog sich zurück in ein Dorf, das von Leuten der Unterschicht besiedelt war. Dort wartete er auf eine Gelegenheit, nach Hawaiʻi fortzuziehen, in der Hoffnung, einen neuen Rekord mit Pfeil und Bogen aufzustellen.

Mit seinem Schwager Pā-waʻa, seinem Vater und seiner Schwester kehrte Pikoi in das Mānoa-Tal zurück. Dort wohnte er eine Zeitlang in einem großen Grashaus, das der König ihm geschenkt hatte. Kā-kuhi-hewa hegte die Absicht, Pikoi mit seiner Tochter zu verheiraten, doch Pikoi-a-ka-ʻalalā widersetzte sich einer Hochzeit. „Ich bevorzuge es, neue Erfahrungen auf der Großen Insel zu sammeln.“ Als er einmal in Kohala auf Hawaiʻi stand, nahm er eine Ratte wahr, die auf der Insel Maui schlief. Es ist anzunehmen, dass er auch diese erlegte.

Der Seilmensch Palila

Palila war der Sohn des Häuptlings Ka-lua, der eine Hälfte der Insel Kaua'i beherrschte und ein glühender Verehrer des Kriegsgottes Kū war. Palilas Mutter Mahi-nui war eine Tochter der Göttin Hina. Bei seiner Geburt besaß Palila die Form eines Seils, weshalb ihn seine Eltern achtlos zur Seite legten. Hätte ihn seine Großmutter Hina nicht aus einem Abfallhaufen gerettet, wäre er umgekommen. Hina kümmerte sich um ihren Enkel und zog ihn unter dem Schutz der Geister im Tempel Humu-'ula auf. Palila vereinte zwei Naturen in sich: die eines Menschen und die eines Geistes. In der Obhut seiner Großmutter wuchs er zu einem erwachsenen Wesen heran.

Sein Vater Ka-lua führte von jeher einen erbitterten Kampf gegen den Häuptling Na-maka-o-ka-lani, der über die andere Hälfte der Insel herrschte. Wieder einmal stand das Kriegsglück nicht auf seiner Seite, vielmehr war er drauf und dran, eine schwere Niederlage zu erleiden. Gerade rechtzeitig eilte Palila seinem Vater zu Hilfe. Er befahl seiner Keule Huli-a-mahi, mit der er ganze Wälder auf einen Streich fällen konnte, die feindliche Armee niederzuwerfen. Nach diesem Triumph warf sich Palila ehrfurchtsvoll vor seinem Vater nieder und schleuderte seine Keule zu Boden, wodurch bei Wai-ho-honu eine tiefe Senke entstand. Hina forderte ein Ende des Tabus zwischen Vater und Sohn. Sie hielt seinen Lendenschurz, und nach seiner Beschneidung kehrte Hina mit Palila in den Tempel zurück, wo sie ihn großgezogen hatte.

Durch diesen Sieg konnte Ka-lua seine Herrschaft über Kaua'i wiederherstellen.

Palila aber wurde es daheim bald zu eng, er verließ Hina und den Tempel auf der Suche nach Abenteuern. Er stieg auf einen kleinen Hügel und schwang seine Keule mehrmals über dem Kopf, sodass sie ihn emporhob und nach O'ahu beförderte.

Hier regierte Häuptling Ahu-a-pau, der mit großen Problemen zu kämpfen hatte, da der Haimensch Kama-i-ka-'āhui sein Land terrorisierte. Palila offerierte dem Häuptling seine Dienste und versprach, den Hai mit seiner Keule zu erschlagen. Mühelos erledigte er diese Aufgabe und errang dadurch die Gunst der beiden Häuptlingstöchter. Als Zeichen seiner Wertschätzung überließ ihm Ahu seine Sänfte und ging selbst das erste Mal in seinem Leben zu Fuß. „Bevor du allerdings meine Töchter heiraten kannst, musst du deine menschlichen Züge hervorkehren." Ahu verlangte, dass Palila eine Weile im Tempel des Gottes Kāne verbringen sollte, denn sein angehender Schwiegersohn war ihm keineswegs geheuer, vielmehr fürchtete er seine übermenschlichen Kräfte.

Insgeheim hoffte Ahu, er könne Palila irgendwie loswerden. Deshalb überredete er ihn zu einer Rundreise – „damit du O'ahu besser kennenlernst" –, unterließ es aber, Palila vor dem heimtückischen Riesen Olo-mana – gut zehn Meter groß – zu warnen, dem ein beträchtlicher Teil der Insel O'ahu heilig war. Tatsächlich begegnete Palila dem Giganten. Ein einziger Schlag seiner Keule genügte, um Olo-mana niederzustrecken und zu töten. Er zerschnitt den Körper und warf einen Teil in Richtung

Meer, den anderen Teil ließ er unbeachtet liegen. Daraus entwickelte sich der Berg Olo-mana.

Durch diese Heldentat waren die Leute von O'ahu voller Ehrfurcht vor Palila, dem daher das Recht zugestanden wurde, mit seinem zukünftigen Schwiegervater fischen zu gehen. Mit gleichem Erfolg wie seine Keule gebrauchte Palila sowohl Paddel als auch Fischhaken. Bereits nach kurzer Zeit ging Palila das selbstherrliche Gerede und Gehabe von Ahu-a-pau gehörig auf die Nerven, sodass er ihn mit dem Vorhaben konfrontierte: „Ich werde einen Ausflug zur Insel Moloka'i unternehmen."

Auf Moloka'i zog Palila die Aufmerksamkeit aller Frauen auf sich, was bei den einheimischen Männern allergrößte Eifersucht und Wut auslöste. Dadurch wurde er in heftige Kämpfe verwickelt. Damit nicht genug, verlor seine Keule ihre Macht an die Götter von Moloka'i, weshalb er sie achtlos wegwarf. Demnach war es verständlich, dass er von Moloka'i genug hatte und auf die Insel Lāna'i übersiedelte, wo es ihm gleichfalls nicht behagte. Genauso erging es ihm auf Maui. Letztlich landete er auf der Großen Insel, genau genommen an der Ostküste nahe der Stadt Hilo, wo Hinas Schwester Lupea als *hau*-Baum lebte. Da sie seine *kahu,* seine Beschützerin, war, wächst bis heute kein *hau*-Baum an jener Stelle, an der Palila seinen Lendenschurz zum Trocknen ausgebreitet hatte.

Zwei Häuptlinge verschiedener Gebiete führten damals Krieg gegeneinander. Palila ergriff die Partei des Häuptlings Kulu-kulu-'ā von Hilo. Niemand ahnte, wer der unsichtbare Kämpfer war, der jedes Mal, wenn ein Gegner tot umfiel, ausrief: „Erschlagen von Palila, dem Pflegekind von Hina, zum Mann erzogen von Lupea, Nachkomme von Walewale-o-Kū, der vieläugigen Göttin, Palila, dem der mächtige Gott Kū beisteht!" Er bezwang sämtliche Krieger des feindlichen Häuptlings. Ihre Schädel hängte er auf den Baum Ka-haka-'auwae, *die Äste der Kieferknochen.* Erst nachdem die allerletzte Schlacht entschieden war, gab sich Palila zu erkennen.

Nach dem Tod von Kulu-kulu-'ā erlangte er die Herrschaft über das Gebiet von Hilo.

Der Speerwerfer Kapu-nohu

Kapu-nohu war ein äußerst kräftiger Mann. Er besaß einen Speer namens Kani-ka-wī, mit dem er geschickt umgehen konnte. Als Kapu-nohu wieder einmal seinen Speer schleuderte, wurde er dabei von dem Geist Kani-ka'a beobachtet. Während sein Speer durch die Luft flog, wurde er von Kani-ka'a abgefangen. Kapu-nohu war derart überrascht, dass er einen Moment lang kein Wort herausbrachte. Endlich sagte er: „Ich werde dich als meinen Gott verehren, falls du mir treu zur Seite stehst." Ohne Wenn und Aber war Kani-ka'a damit einverstanden. Indem er den führenden Geistergott Kani-ka'a als Verbündeten gewonnen hatte, wuchsen seine Fähigkeiten dermaßen, dass es ihm gelang, seinen Speer durch hundert *wiliwili*-Bäume zu werfen, die hintereinander in einer Reihe standen.

Mit einem Speerwerfer als seinem Gott und dem Speer Kani-ka-wī als Waffe rächte sich Kapu-nohu an seinem Schwager Kukui-pahu, der seinem Erzfeind Niuli'i als Heerführer gedient hatte. Bei einer ihrer Auseinandersetzungen hatte Kapu-nohu einen Großteil seines Machtbereichs verloren. Sein Schwager hingegen hatte als Belohnung zwei von Niuli'is Töchtern geheiratet. Kapu-nohu provozierte eine Schlacht, in der dreitausend feindliche Krieger getötet wurden, und Kapu-nohu erbeutete alle ihre Federmäntel, was eine unvorstellbare Schmach darstellte. Letzten Endes durchbohrte sein Speer den Giganten Pao-pele, der sich einer Keule gewaltigster Ausmaße bediente: Sie berührte die Wolken des Himmels, und vierhundert Männer mussten sie tragen.

„Magst du mir beistehen und auf meiner Seite gegen Häuptling Ka-kui-hewa kämpfen?“, ließ ‘Olopana, ein weiterer Schwager, anfragen. Kapu-nohu war bereit, nach O‘ahu zu reisen. Selbstverständlich errangen die beiden Kampfgefährten einen überlegenen Sieg. „Jetzt bin ich hungrig“, knurrte Kapu-nohu. Seine Schwester forderte ihn auf, sich zu bedienen: „Was möchtest du essen?“ Acht *kalo*-Felder wurden von Kapu-nohu verzehrt.

Später ließ sich Kapu-nohu auf Kaua‘i nieder. Eines Tages wurde er vom berühmten Steinewerfer Ke-mamo zu einem Wurfzweikampf herausgefordert, wobei die Wette um Leben und Tod ging. Ke-mamo beabsichtigte, mit einem Stein gegen Kapu-nohus Speer anzutreten. Tatsächlich machte Ke-mamo eine ausgezeichnete Figur, es gelang ihm ein hervorragender Wurf, sein Stein flog über Wälder und Täler, weiter und weiter, bis er an einem Berg zerbrach. Daraufhin fegte Kapu-nohus Speer die Kokosnüsse von den Palmen am Strand, erreichte das Meer und flog immer weiter – von Kaua‘i bis nach O‘ahu und weiter bis zur Großen Insel. Beim Aufprall des Speers am Mauna Kea schlugen die mitgeführten Wassertropfen Löcher in den Felsen, als wäre er ein Sieb.

Über seinen Pakt mit dem Geistergott Kani-ka‘a zeigte sich Kapu-nohu maßlos beglückt, sodass er ihm ein Lied des Dankes widmete.

Der Schläfer ‘Opele und sein Sohn Ka-lele

‘Opele besaß eine merkwürdige Eigenart: Er war abwechselnd sechs Monate wach und sechs Monate in einem todesähnlichen Schlafzustand, unterdessen schwebte sein Geist mit Poli-‘ahu vergnügt in den Lüften, denn die Schwester von Pele und Göttin des schneebedeckten Vulkans Mauna Loa war eine perfekte Begleiterin. Wenn ein Sturm mit Donner und Blitzen ausbrach, kehrte er zurück ins Leben. Bereits bei seiner Geburt im Wai-pi‘o-Tal auf Hawai‘i befand sich ‘Opele in Trance. Seine Eltern hielten ihren Sohn für tot, hinterlegten den Neugeborenen in einer Höhle und vergaßen ihn. Als ‘Opele erwachte, rief er nach ihnen. Sie hörten das Lied und erinnerten sich an ihren Sohn. Der saß in einem Baum, wo er scharlachrote Hibiskusblüten zu einer Kette flocht.

Das Land zu kultivieren wurde zur Leidenschaft von ‘Opele. Er betreute Felder nicht nur auf Hawai‘i, sondern auch auf Maui und O‘ahu und erfreute sich am Wachsen seiner Pflanzen. Jedes Mal, wenn er wieder in Trance fiel, ernteten andere die Früchte seiner Aussaat.

Irgendwann hatte ‘Opele nicht genügend Acht gegeben, als er von seinem Schlaf erfasst wurde, allzu nahe hatte er sich an einem Fluss hingestreckt. Das Wasser erfasste ihn und trieb seinen Körper flussabwärts, wo er am Strand von einigen Männern der Insel Kaua‘i gefunden wurde, die sich auf die Suche gemacht hatten nach einem Menschenopfer für ihren heimischen Tempel.

Sechs Monate lag ‘Opele auf dem Altar, ohne dass sein Fleisch verweste. Durch einen Donnerschlag wurde er wieder zum Leben erweckt. Ein alter Mann erbarmte sich seiner, nahm ihn mit in sein Haus und gewährte ihm Gastfreundschaft. Der Alte dachte: „Dieser Mann wäre ein idealer Gatte für meine Tochter Maka-lani." Tatsächlich fand 'Opele Gefallen an dem Mädchen, und sie heirateten. Allerdings hatte 'Opele wenig Lust, allzu viel Zeit mit der Liebe zu verschwenden. Weitaus wichtiger erschien ihm, sich an die Arbeit zu machen. Er bebaute eine ansehnliche Fläche Land und brachte zudem reichlich Fische heim. 'Opele hatte seine Frau vor seiner Gewohnheit gewarnt, in Trance zu geraten, aber weder Maka-lani noch ihre Familie mochten diese Geschichte glauben. Als er wieder einmal weggetreten war, wollten sie herausfinden, ob er womöglich tot sei. Sie banden ihm Steine an die Füße und warfen ihn ins Meer. Innerhalb von sechs Monaten erwachte er während eines Gewitters und kehrte zurück zu seiner Frau, hielt sich indessen nicht allzu lange bei ihr auf, Sex war ihm weniger wichtig als seine Plantagen.

Dennoch wurde Maka-lani irgendwann schwanger und gebar einen Sohn: Ka-lele-a-lua-kā. Ab diesem Zeitpunkt hatte 'Opele keine Trancezustände mehr – dagegen hatte er seine magischen Kräfte auf Ka-lele übertragen, was er damals noch nicht ahnte. Ka-lele sollte ohne Vater aufwachsen: Bald nach der Geburt trieb es 'Opele zurück zu seinen Feldern auf O'ahu. Bei seiner Abreise von Kaua'i hinterließ er seinem Sohn einen Speer als eventuelles späteres Erkennungszeichen.

Bei dem Jungen machten sich im Laufe der Zeit seltsame Fähigkeiten bemerkbar: Man sprach davon, dass er Klippen hinaufspringen oder auf der Wasseroberfläche gehen konnte. Auch dem Häuptling von Wai-lua kamen diese Gerüchte zu Ohren, und er forderte Ka-lele zum Zweikampf heraus. Davor hatte er geätzt: „Nichts als Prahlereien." Sehr bald hatte er keine Gelegenheit mehr zu spotten, denn Ka-lele hatte ihn getötet. Der Häuptling von Hana-lei provozierte gleichfalls einen Zweikampf. Ka-lele tötete auch ihn, um beide in dem Tempel zu opfern, den sein Vater errichtet hatte.

Wenig später segelte Ka-lele in Begleitung eines Freundes namens Kāluhe nach O'ahu. Unterwegs trafen sie Ke-'ino, einen Jungen, der zu faul war, Speisen zu reinigen, bevor er sie aß. Mit seinen beiden Freunden ließ sich Ka-lele auf O'ahu nieder. Als er gelegentlich die Umgebung erforschte, begegnete er seinem Vater, der auf einem Feld seiner Arbeit nachging. An dessen Speer erkannte 'Opele seinen Sohn und schloss ihn überglücklich in die Arme.

Mit seinen Freunden Kāluhe und Ke-'ino hatte sich Ka-lele in einer Hütte, hoch oben auf einem Berg, niedergelassen. Nachts amüsierten sie sich, indem sie sich all ihre Wünsche erfüllten: Der eine genoss üppiges und fettes Essen, indes bevorzugte der andere eine hübsche Frau, denn Ka-lele hatte sich in die Tochter des Königs Kākuhi-hewa verliebt. Dem König blieb nicht verborgen, dass jede Nacht oben in der Hütte Licht brannte, wodurch sein Misstrauen geweckt wurde, da er einen Verrat fürchtete, eine Verschwörung seiner Feinde. Deshalb sandte er einen Spion, dessen Auftrag lautete, an der Tür zu lauschen. Vor dem Eingang der Hütte war ein Speer in den Boden gerammt, wodurch dem Späher signalisiert wurde, dass die Bewohner der Hütte unter dem Tabu eines Häuptlings standen. Daher wagte er es nicht, sich näher heranzuschleichen und kehrte unverrichteter Dinge zurück. König Kā-kuhi-hewa wurde von seinem Magier unterrichtet, dass Ka-lele ein Mann sei, der so manches riskiere: „Du solltest ihn auf deine Seite bringen, denn er kann dir nützlich sein in der Auseinandersetzung gegen deinen Erzfeind Kū-ali'i." Kā-kuhi-hewa akzeptierte diesen Rat. Ka-lele wurde eine noble Unterkunft in unmittelbarer Nähe des Königs versprochen sowie die Erfüllung all seiner Wünsche. Ka-lele und sein Freund Kāluhe sollten die Töchter des Königs als Ehefrauen erhalten. Sogar den Vielfraß Ke-'ino war König Kā-kuhi-hewa bereit, in Kauf zu nehmen.

Ein fußmaroder Diener wurde gesandt, um die jungen Männer von ihrer Berghütte hinunter ins Tal zu begleiten. Außerordentlich langsam kamen sie vorwärts, sodass Ka-lele während eines gewaltigen Regengusses ausreichend Zeit blieb, ans andere Ende der Insel zu wandern und ein Bad zu nehmen, um beschnitten zu werden. Danach stieß er wieder zu ihnen, wobei keiner seine Abwesenheit registriert hatte. Gemeinsam erreichten sie das Lager des Königs.

Bald standen die Vorzeichen günstig für die Schlacht von König Kā-kuhi-hewa gegen seinen Rivalen Kū-ali'i. Als die Schlacht begonnen hatte, begab sich Ka-lele auf einen Hügel, von wo aus er das Kampfgeschehen perfekt überblicken konnte. Unverzüglich erhob er seine Arme. In seinen Händen hielt er eine magische Macht verborgen. Sobald er seine Handflächen aneinander rieb, wurde der Angriff der feindlichen Krieger zurückgeschlagen. Zwei Mal klatschte er – im nächsten Augenblick fiel ein gegnerischer Häuptling tot um. Ka-lele wirbelte seine Hände durch die Luft, als würden sie nach Speeren und Pfeilen, nach Lanzen und Keulen greifen. Schon türmte sich vor seinen Füßen ein gigantischer Haufen erbeuteter Waffen, die er in Sicherheit brachte, ohne sich vom Fleck zu rühren. Dann streckte er seinen Zeigefinger gegen Kū-ali'i und zwang ihn, die Herrschaft über sein Hoheitsgebiet aufzugeben. Kū-ali'i verzögerte Ka-lele vorerst den Gehorsam. Indem er einen Arm gewandt durch die Luft sausen ließ, entledigte Ka-lele Häuptling Kū-ali'i seines herrschaftlichen Federmantels. Nackt und ausgeliefert flehte Kū-ali'i um sein Leben.

Obwohl Häuptling Kā-kuhi-hewa als Sieger aus dieser Schlacht hervorging, fügte er sich dem Mächtigeren und überließ Ka-lele die Herrschaft über sein nunmehr vergrößertes Königreich.

Der Waldgott und das Kanu

Koa-Bäume, aus denen die haltbarsten Kalebassen hergestellt wurden, wuchsen in der Nähe des sandigen Meeresufers. Hingegen gediehen jene *koa*-Bäume, die zur Herstellung von Kanus und Surfbrettern dienten, auf schwer zugänglichen Bergabhängen. Aufgrund der häufigen Winde wuchsen diese *koa*-Bäume langsam und waren meist verkrüppelt.

Kū-pulupulu war der Gott des *koa*-Waldes. Wer den Wald betrat, befand sich in seinem Einflussbereich. Jeder Fußtritt wurde von empfindlichen Ohren gehört, jede Bewegung von scharfen Augen registriert. Um Kū-pulupulu freundlich zu stimmen, empfahl es sich, entsprechende Zauberformeln und Beschwörungen zu sprechen.

Sollte ein *koa*-Baum für ein Kanu gefällt werden, erforderte dies eine bestimmte Zeremonie: Sobald der Baum ausgewählt worden war, nahm der Magier seinen Feuerstock und rieb ihn so lange, bis sich der Holzstaub entzündete. Damit wurde ein Feuer entfacht, um die Steine für einen Erdofen zu erhitzen, in dem ein Festmahl zubereitet wurde – ein schwarzes Schwein und ein Huhn –, während der Magier eine Beschwörung sprach: „*Oh Kū-pulupulu, hier ist ein Schwein, hier ist ein Huhn, hier ist Essen für die Götter.*“ Von den *'aumakua*, den Geistern der Vorfahren, wurde erwartet, dass sie an dem Fest als Schatten teilnahmen, um den Kanumachern Beistand für ihre Arbeit zu gewähren.

Nachdem er seine Beschwörung gesprochen und den Göttern Speisen angeboten hatte, begab sich der Magier zur Ruhe und schlief bis zum nächsten Morgen. Am folgenden Tag wurde damit begonnen, den Baum zu fällen. Mit seiner heiligen Steinaxt hieb der Magier gegen den Stamm und beschwor die weiblichen Gottheiten: „*Oh Lea und Ka-pā-o-alaka'i! Hört die Axt! Das ist die Axt, die den Baum für das Kanu fällt. Oh Kū-akua! Oh Pa'a-pa'a-inā! Gebt Acht, wenn der Baum fällt, lasst ihn nicht splittern oder brechen – damit auch das Kanu nicht zerbrechen möge.*"

Begann der Baum zu wanken, seine Blätter und Zweige zu rascheln, herrschte das Tabu des Schweigens. Einzig das Geräusch des stürzenden Baumes sollte den Göttern zu Ohren kommen. War der Baum gefallen, wurde abgewartet, ob Lea sich blicken ließ. Lea war die Gattin von Kū-moku-hāli'i, dem Gott der Kanumacher. Sie existierte in zweifacher Gestalt: als menschliches Wesen und als Vogel. Erschien sie als Vogel, war sie stets ein *'elepaio*, von kleiner Gestalt mit gesprenkelten Federn, rot und schwarz an den Flügeln, der Specht der Hawaiianer. Wenn sie sanft rief, gab sie sich ihren Namen selbst: „'E-le-pai-o, 'E-le-pai-o, 'E-le-pai-o!"

Ertönte ihr Ruf, während der Baum gefällt wurde, und ließ sich die Göttin anschließend darauf nieder, um auf ihm zu klopfen, bekam sie ihn als Geschenk. Der Magier verkündete: „Dieser Baum ist verfault, überlassen wir ihn der Göttin."

Hielt sich Lea jedoch von dem gefällten Baum fern, war dieser für ein Kanu geeignet. Der Magier hüllte sich in ein weißes Zeremoniengewand, schritt um den Baum herum, stieg auf den Stamm, seine Axt in der Hand, und rief: „*Schlagt mit der Axt, schlagt und höhlt ihn aus! Ihr Götter, gewährt uns ein Kanu!*" Mit seiner Axt hieb er gegen den Baum, bis er die Krone erreicht hatte, die es abzutrennen galt, und umwand sie mit einer *'ie'ie*-Ranke, einem Klettergewächs. „Hackt die Krone ab!" Sodann verordnete er Stille. „Nunmehr ist das königliche Tabu aufgehoben, einen *koa*-Baum zu fällen." Die Arbeiter höhlten den Stamm aus, bis die rohe Form bereit war, an den Strand geschleppt und dort vollendet zu werden.

Manches Mal ergaben sich nach dem Fällen eines *koa*-Baumes unvermutete Probleme – nämlich dann, wenn der Waldgott Kū-pulupulu sich übergangen fühlte. Er hatte die Zeremonie beobachtet und den Beschwörungen gelauscht, aber irgendetwas war falsch gelaufen, weshalb er die Arbeit der Männer störte, als sie die Äste vom Stamm trennten. Ein heftiger Wind blies, Regen fiel. Dennoch begannen die Männer, den Stamm für ein Kanu auszuhöhlen. Waren sie damit fertig, begannen sie, das Kanu ins Tal zu befördern, dabei entstand der Eindruck, dass es den Abhang hinaufglitt. Kū-pulupulu stemmte sich mit aller Kraft dagegen, wodurch das Kanu zunehmend schwerer wurde. Dermaßen fest drückte der Waldgott, dass er selbst ins Rutschen geriet und beinahe abgestürzt wäre. Als er das Kanu losließ, entglitt es den Männern und schlitterte unkontrolliert talwärts.

Die Männer hievten das Kanu in das Bett eines Flusses. Sie hofften, das Wasser und die glitschigen Steine würden den Gott irritieren. Indessen hastete Kū-pulupulu an die Quelle des Flusses und leitete das Wasser in ein neues Bett. Sofort flitzte er wieder hinunter und schob das Kanu in dem ausgetrockneten Flussbett ein Stück hinauf. Obwohl sie bereits ziemlich ermattet waren, gaben die Männer nicht auf. Schließlich verklemmte sich das Kanu derart fest zwischen den Felsen des ehemaligen Flussbetts, dass weder Kū-pulupulu noch die Männer imstande waren, es von der Stelle zu bewegen. Da es inzwischen Nacht geworden war, ließen sie es dort liegen. Kū-pulupulu freute sich spitzbübisch über die Niederlage der Kanumacher.

Der Haigott Kau-huhū

Der Häuptling Kupa besaß zwei bemerkenswerte Trommeln, die er in seinem Haus aufbewahrte. Wie alle Häuptlinge verfügte er über eine eigene Hütte im Bereich des Tempels, wohin er sich zu bestimmten Zeiten des Jahres zurückziehen konnte. Seine Geschicklichkeit, diese Trommeln zu spielen, war dermaßen groß, dass er damit den Magiern seine Wünsche offenbaren konnte.

Irgendwann war Kupa zu seinen bevorzugten Fischplätzen auf das Meer hinausgesegelt, als sich die beiden Söhne des Magiers Ka-mālō in den Tempel schlichen, um Kupas wunderbare Trommeln auszuprobieren. Sie betraten das Haus des Häuptlings, nahmen seine Trommeln und begannen, darauf zu schlagen. Die Leute hörten den vertrauten Klang, wagten es aber nicht, einen Fuß in den heiligen Tempelbezirk zu setzen. Sehr wohl beobachteten sie alles, bis die Jungen ihres Spiels überdrüssig wurden und heimgingen.

Als Kupa zurückkehrte, berichtete man ihm von dem Vorfall. Er war sehr erzürnt und befahl, die Jungen zu ergreifen und in den Tempel zu schaffen, wo sie auf dem Altar geopfert wurden.

Als Ka-mālō die Nachricht vom Tod seiner Söhne erreichte, schwor er Rache. Da seine eigene Macht nicht ausreichte, gegen den Häuptling zu bestehen, suchte er nach fremdem Beistand und wandte sich an Hellseher und Magier, doch sie ängstigten sich schrecklich vor Häuptling Kupa und verweigerten ihre Unterstützung:

Einer schickte Ka-mālō zum nächsten. Selbst Opfergaben an die Götter zeigten keinerlei Erfolg.

Ka-mālō war schon recht verzagt, als er zu jenem Tempel gelangte, wo der Haigott Kau-huhū verehrt wurde. Die Magier des Haigottes weigerten sich ebenfalls, ihm beizustehen, wiesen ihm dennoch den Weg zur Höhle, in der Kau-huhū mit seiner Dienerschaft wohnte. Drachen bewachten die Behausung.

Auf seiner Schulter trug Ka-mālō ein schwarzes Schwein, das er schon lange herumgeschleppt hatte, um es demjenigen darzubieten, der ihm Hilfe angedeihen lassen würde. Als er sich der Höhle näherte, erblickte ihn der Wächter. „Hier kommt ein Mann mit Futter für den Großen Hai." Ka-mālō hatte keine Angst vor dem Drachen, empfand sogar Sympathie für ihn. „Verschwinde", drohte der Drache, „hier erwartet dich der Tod, denn dies ist ein verbotener Ort!"

„Mein eigenes Leben kümmert mich wenig, ich will Rache nehmen für den Tod meiner Söhne."

Diese Aussage ließ den Drachen aufhorchen. Und Ka-mālō erzählte seine Geschichte: dass Häuptling Kupa seine Söhne ermordet hatte – als Strafe, weil sie auf seiner Trommel gespielt hatten –, und dass niemand bereit gewesen war, ihn bei seiner Rache zu unterstützen. „Sollte mir Kau-huhū die Hilfe versagen, bin ich bereit, zu sterben."

„Es ist eine glückliche Fügung", erwiderte der Drache, „dass Kau-huhū unterwegs zum Fischen ist. Wäre er anwesend, hättest du keine Chance, ihm gegenüberzutreten, ohne auf der Stelle gefressen zu werden. Du würdest keine Gelegenheit haben, ihm etwas zu erklären. Dich zu unterstützen ist für mich ein großes Risiko, dennoch will ich es wagen, dich zu verstecken – bis der Moment günstig ist und du den Großen Gott um einen Gefallen bitten kannst."

Der Drache wählte als Versteck für Ka-mālō einen Haufen abgeschälter *kalo*-Pflanzen – Reste, die weggeworfen wurden, um die Wurzeln der Pflanzen zu zerstampfen. „Hier musst du in völliger Ruhe ausharren, bis die Zeit reif ist, dich bemerkbar zu machen." Ka-mālō versprach, sich daran zu halten. „Beobachte die nächsten acht Brandungswellen, die vom Meer hereinkommen. Dann warte in deinem Versteck auf eine Gelegenheit, mit dem Haigott zu sprechen. Mit der letzten der acht Wellen wird er sich an Land spülen lassen."

Die Brandung brach sich an den Riffen, die der Höhle vorgelagert waren. Höher und höher wurden die Wellen, bis die achte draußen auf dem Meer emporwuchs, um sich am Ufer zu überschlagen. Dem Schaum des Wassers entstieg der Haigott. Er veränderte seine Gestalt und schritt als menschliches Wesen in die Höhle. „Irgendwo verbirgt sich ein Mensch, ich rieche seine Nähe." Der Haigott schnupperte an dem Abfallhaufen, konnte aber nichts entdecken.

Die Drachen leugneten beharrlich die Anwesenheit eines Menschen. Doch der Haigott widersprach: „Gewiss ist jemand in der Höhle. Wenn ich ihn finde, seid ihr des Todes." Vergeblich untersuchte Kau-huhū die Wände der Höhle, musterte alle entlegenen Bereiche. Er brüllte, so laut er konnte, doch lediglich ein Echo antwortete ihm. Kaum hatte er seine Suche aufgegeben und sich anderen Dingen zugewandt, quäkte Ka-mālōs Schwein. Kau-huhū warf sich auf den Haufen der *kalo*-Abfälle und wühlte darin herum, sodass ihm Ka-mālō und das schwarze Schwein nicht länger verborgen blieben.

Kau-huhū packte Ka-mālō und zerrte ihn aus dem Abfall empor. Ka-mālōs Kopf und seine Schultern befanden sich bereits in seinem großen Maul. Derart schnell ging alles, dass Ka-mālō kaum Zeit hatte, sich zu äußern. Im letzten Moment, als die Zähne ihn bereits erfassten, rief Ka-mālō: „Höre zuerst, was ich dir zu sagen habe, Kau-huhū, dann magst du mich fressen!"

Verblüfft ließ der Haigott von Ka-mālō ab und sagte: „Sprich schnell, meine Geduld ist begrenzt. Sprich!"

Ka-mālō fasste sich kurz. „Allein du kannst mir Beistand gewähren." Ein selten gekanntes Mitgefühl ergriff Kau-huhū. Die ganze Zeit über hatte Ka-mālō sein Schwein bei sich behalten, das er als Opfer mit sich trug. Diese Gabe bot er nun dem Haigott dar. Kau-huhū akzeptierte das Angebot und sagte würdevoll: „Wärst du wegen etwas anderem gekommen, hätte ich dich gefressen, doch dein Anliegen ist heilig. Ich werde dein Verbündeter sein, um Häuptling Kupa zu bestrafen. Du hast mein Ehrenwort."

Der Haigott ermahnte Ka-mālō zu warten, bis er wiederkehren würde. „Wenn du eine kleine, weiße Wolke siehst, die über Kupas Tempel schwebt, wird sich ein Regenbogen über das Tal wölben. Dann weißt du, dass ich gekommen bin, um dir bei deiner heiligen Rache beizustehen. Immerhin bist du der einzige Mensch, der mir jemals gegenüberstand und ungeschoren davonkam."

Die Tage und die Monate vergingen träge, doch Ka-mālō übte sich in Geduld. Vom ständigen Beobachten des Himmels brannten seine Augen – bis irgendwann eine weiße Wolke erschien, begleitet von einem Regenbogen, beides sehnsüchtig von ihm erwartet. „Kau-huhū hat sein Versprechen gehalten“, frohlockte Ka-mālō.

Einem furchtbaren Sturm folgte ein Wolkenbruch, dessen Sturzflut talwärts drängte und alles mit sich riss. Die Mauern von Kupas Tempel wurden niedergewalzt und Kupa wurde mitsamt seinen Leuten in den Ozean gespült. Dort wartete bereits der Haigott Kau-huhu mit seinem hungrigen Gefolge. Die Haie hielten einen Festschmaus, sodass sich das Wasser rot färbte.

Der Haimensch Nāna-uē

Ka-moho-ali'i war der König aller Haie, die sich in den hawaiianischen Gewässern tummelten. Irgendwann schwamm er nahe der Wasseroberfläche umher, als ihm eine außergewöhnlich hübsche Frau ins Auge sprang, die – wie jeden Abend – nackt im Meer badete. Das Licht des Vollmondes vervollkommnete ihre Figur zusätzlich.

In dieser Nacht verließ Ka-moho-ali'i das Wasser und verwandelte sich in einen Menschen. Wie stets bei solch einem Anlass nahm er eine würdevolle und adelige Gestalt an. Er gesellte sich unter die Häuptlinge, genoss deren Gastfreundschaft und beteiligte sich an ihren Spielen, wobei er unablässig Ausschau hielt nach jener Frau, die er im Meer erblickt hatte. Sie schien vom Erdboden verschluckt. Bei seiner Suche musste er umsichtig vorgehen, sonst hätte er sich bei den Häuptlingen verdächtig gemacht. Nach etlichen Tagen entdeckte er Ka-lei, als sie wieder nackt badete. Ohne ihre Zustimmung zu erfragen, nahm er sie zur Frau.

Ka-lei gebar einen Sohn und nannte ihn Nāna-uē, *um ihn weinen*. Seit der Geburt klaffte im Rücken des Kindes eine Öffnung, die sich nach und nach zu einem Hairachen mit scharfen Zähnen entwickelte. Strengstens verbot Ka-moho-ali'i seiner Frau, dem Kind jemals einen Bissen Fleisch zu geben. Danach verschwand er auf Nimmerwiedersehen, wobei er Ka-lei seine wahre Identität verschwieg, dass er der König aller Haie war. Um seinen Sohn Nāna-uē kümmerte er sich gleichfalls nicht.

Ka-lei bedeckte das Loch im Rücken ihres Sohnes mit feinem *kapa*-Stoff und versuchte, ihn von anderen Kindern fernzuhalten. Niemand sollte sein Geburtsmal zu Gesicht bekommen. Sie widmete ihm viel Zeit und Aufmerksamkeit. Sobald sie mit Nāna-uē in die Nähe des Meeres oder eines Teiches kam, sprang Nāna-uē ins Wasser und wurde zu einem Hai. Das Maul auf seinem Rücken öffnete sich und fasste nach Beute.

Jahrelang bereitete Ka-lei ihrem Sohn vegetarische Gerichte, um ihn von der Versuchung abzuhalten, den Geschmack von Fleisch kennenzulernen. Jedoch als Nāna-uē erwachsen geworden war, nahm ihn sein Großvater ins Essenshaus der Männer mit, was seine Mutter nicht verhindern konnte – damals durften Männer und Frauen ihre Mahlzeiten nicht gemeinsam einnehmen. Für die Männer wurden alle Arten von Fleisch in reichlicher Menge dargeboten. Nāna-uē war unmäßig, sein Appetit schier unstillbar.

Fortan vermied es Nāna-uē, in Begleitung von Kumpanen an den Strand zu gehen. In diesen Tagen geschah es mehrmals, dass ein Schwimmer oder ein Fischer von einem Hai gefressen wurde. Ka-lei ahnte, wer dafür verantwortlich war. Indessen wurde Nāna-uē zunehmend kecker bei seinen Beutezügen: Er erkundigte sich sogar, ob jemand beabsichtigte, demnächst zum Fischen oder Surfen aufs Meer zu gehen, während er in einiger Entfernung ins Wasser sprang. Seine sonderbaren Gewohnheiten blieben keineswegs unentdeckt, weshalb ihn die Leute mieden.

Einmal bereiteten die Arbeiter des Häuptlings *kalo*-Felder für die Aussaat vor. „Weshalb trägst du ein derart merkwürdiges Tuch um deinen Rücken?“ Scherzend zog einer der Männer den Umhang von Nāna-uēs Schultern. „Ein Haimensch! Schaut, das große Maul!“ Erschreckt von dieser Entdeckung, umringten die Männer Nāna-uē. Derart bloßgestellt, fühlte sich Nāna-uē ausgeliefert und reagierte deshalb aggressiv. Wahllos schnappte er mit seinen Haizähnen um sich, wobei er den Männern tiefe Fleischwunden zufügte, einen Arm zerbiss er gänzlich. In Panik versuchte er, das Meer zu erreichen, doch die Männer warfen ihn zu Boden und fesselten ihn. „Bereitet einen Erdofen vor“, bestimmte der Häuptling, „darin wollen wir Nāna-uē braten.“ Wie ein Lauffeuer verbreitete sich die Nachricht von diesem merkwürdigen Wesen, halb Mensch und halb Hai.

Inzwischen hatte Nāna-uē sein seelisches Gleichgewicht wiedererlangt, gelassen plante er seine Flucht – indem er sich in einen Hai verwandelte, zerbiss er die Seile und stürzte sich in einen Fluss. Keiner der Männer wagte es, im Wasser einen Zweikampf zu riskieren. Stattdessen verfolgten sie ihn entlang des Ufers, warfen Steine und Speere nach ihm, allerdings erfolglos, sodass Nāna-uē ins Meer entkam.

Einige Zeit trieb er sich in den hawaiianischen Gewässern umher, doch war er mit seinem Dasein als Hai keinesfalls zufrieden. Der menschliche Teil seines Wesens drängte ihn zurück an Land. In den Gewässern um die Insel Maui erspähte Nāna-uē bei dem Ort Hāna die Schwester eines lokalen Häuptlings. Er verliebte sich in die Prinzessin und heiratete sie. Indessen wurde das Zusammenleben bald mühsam, nachdem seine Frau ihn dabei beobachtet hatte, wie er heimlich davonschlich, um im Meer auf Jagd zu gehen. Sein Hunger nach Menschenfleisch wurde von Mal zu Mal unersättlicher, sodass er unvorsichtig wurde, und irgendwann ertappte man ihn auf frischer Tat.

Die Fischer waren wütend und bereiteten sich auf einen Kampf vor. Hin und her überlegten sie, wie sie ihre Netze am wirkungsvollsten anbringen sollten. Sie baten die Götter des Meeres, ihnen beizustehen, wodurch es ihnen letztendlich gelang, dass sich Nāna-uē hilflos in ihren Netzen verhedderte. Gnadenlos droschen sie mit ihren Keulen auf den Wehrlosen ein. Vollkommen entkräftet gelang es Nāna-uē nicht mehr, sich der Seile zu entledigen.

Keine einzige Minute zögerten die Fischer, zerrten Nāna-uē ans Ufer und zerteilten dessen Körper in winzige Stücke. Um sich vor seinem Geist zu schützen, verbrannten sie die Reste des Haimenschen.

‘Iwa, der Meisterdieb

In der Ortschaft Puna auf der Großen Hawai‘i-Insel lebte ein Fischer namens Ke-‘a‘au. Er besaß eine magische Muschel, mit deren Hilfe er jederzeit überaus erfolgreich fischen konnte. Allemal kehrte Ke-‘a‘au mit einem prall gefüllten Kanu zurück. Wegen dieser Fähigkeit wurde er sehr bewundert, und man sprach auf der ganzen Insel über ihn. Sogar König ‘Umi kam dies zu Ohren. Er sandte einen Boten, der Ke-‘a‘au den Befehl überbrachte, dem König gegenüberzutreten, um ihm die Kraft seiner Muschel zu demonstrieren. Da der König über die Macht verfügte, sämtliche Besitztümer seiner Untertanen für sich in Anspruch zu nehmen, nötigte er Ke-‘a‘au, ihm die Muschel zu überlassen.

Über den Verlust seiner Muschel war Ke-‘a‘au sehr betrübt, und er grübelte, wie er wieder in ihren Besitz gelangen könnte. Deshalb besuchte er einen Mann, der als geschickter Dieb galt, und er bat ihn, dem König die Muschel zu stehlen. Als Bezahlung offerierte er ein Schwein, etliche Früchte, etwas *‘awa* sowie einige Muscheln. „Tut mir leid, die Sache ist mir zu gefährlich, ich kann dir nicht helfen.“ Mit diesen Worten lehnte der Dieb das Angebot ab.

Doch Ke-‘a‘au gab nicht auf. Überall erkundigte er sich nach einem geschickten Dieb. Eines Tages wurde ihm zugetragen, dass auf der Insel O‘ahu ein solcher leben würde. Sogleich verfrachtete er alle Geschenke in sein Kanu und ruderte los, um ‘Iwa aufzusuchen. „Einverstanden“, sagte ‘Iwa, „ich werde die Muschel für dich stehlen, doch vorerst schlachten wir das Schwein und verzehren es gemeinsam. Mit hungrigem Bauch reist es sich schlecht, und auch beim Stehlen sollte einem nicht der Magen knurren."

Als der Zeitpunkt der Abreise gekommen war, sagte 'Iwa zu Ke-'a'au: „Du nimmst im Bug des Kanus Platz, während ich das Paddel übernehme. Halte genau Ausschau nach dem Land, das vor uns liegt." Daraufhin sprach er zu seinem Paddel: „Lass das Meer mit 'Iwa zusammentreffen." Vier Paddelschläge genügten, um von O'ahu nach Hawai'i zu gelangen.

Nahe der Küste beobachteten sie einige Fischer. Es war einfach zu erkennen, dass es sich bei dieser Gruppe um König 'Umi mit seinem Gefolge handelte. Eines der Kanus war mit einem Schatten spendenden Dach aus Palmwedeln ausgestattet. „Ist dies das Boot des Königs?", fragte 'Iwa, um sich zu vergewissern. Da Ke-'a'au eifrig nickte, paddelte 'Iwa vorsichtig näher und machte sich bereit, zu tauchen. „Ich werde jetzt die Muschel stehlen", informierte er Ke-'a'au.

Er ließ sich ins Wasser gleiten und tauchte hinab. Aus dem Boot des Königs hing eine Angelschnur, an der sich die Muschel befand. 'Iwa löste die Muschel von der Leine und verknotete sie mit einem Riff. Die Muschel unter seinen Arm geklemmt, gelangte 'Iwa an die Wasseroberfläche und schwamm zu dem Kanu zurück, wo Ke-'a'au ungeduldig auf ihn wartete. „Hier ist deine Muschel", sagte 'Iwa und überreichte sie Ke-'a'au, der vor Erstaunen kein Wort herausbrachte. In aller Eile paddelten sie davon.

Als 'Iwa an der Angelschnur des Königs gezogen hatte, dachte 'Umi, ein Tintenfisch hätte angebissen. Nachdem er die Leine ins Boot geholt hatte, hing daran weder ein Fisch noch die Muschel. Standhaft weigerte er sich, sein Kanu zurück an den Strand zu steuern, vielmehr kommandierte er seinen Leuten, nach der Muschel zu tauchen. Unter keinen Umständen wollte er die Stelle verlassen, wo die Muschel verlorengegangen war. Zehn Tage und zehn Nächte verharrte ‘Umi in seinem Kanu. Man versorgte ihn mit Essen und Getränken, und er schlief kaum. Keiner der Taucher schaffte es, bis hinunter zum Meeresgrund zu gelangen und die Muschel zu finden.

König ‘Umi sandte Kundschafter aus, um bei Ke-‘a‘au nachzuforschen, ob er etwas über den Verbleib der Muschel wisse. Da Ke-‘a‘au nicht daheim war, zeigte ‘Iwa dem Gesandten, wo Ke-‘a‘au seine Tintenfische trocknete und wie viele er gefangen hatte. „Berichte deinem König“, sagte ‘Iwa, „dass sich die Muschel nicht mehr an der Angelschnur befindet, die Schnur dagegen von einem Stein festgehalten wird.“

Kaum hatte der König diese Nachricht vernommen, schickte er seine schnellsten Läufer los, damit sie ‘Iwa zu ihm brachten. Doch ‘Iwa lief wesentlich schneller als die Boten des Königs. „Du hast mich rufen lassen“, sagte ‘Iwa, als er vor König ‘Umi stand, „und ich bin gekommen. Ich nehme an, du bist neugierig zu erfahren, was mit der Muschel geschehen ist.“

„Erzähle, was du weißt“, forderte der König. „Sonst lasse ich dich töten.“ ‘Iwa berichtete, dass er es gewesen sei, der die Muschel von der Angelschnur des Königs gelöst und die Schnur an ein Riff geknotet habe. „Soll ich dir glauben oder lügst du? Keiner meiner Taucher vermochte den Meeresgrund zu erreichen.“ Um die Wahrheit seiner Behauptung zu beweisen, tauchte 'Iwa hinunter und brachte dem König ein Stück jener Korallen, an die er seine Leine geknüpft hatte.

„Ich könnte dich bestrafen, doch will ich dir eine Aufgabe stellen", sprach König 'Umi, denn er wollte die Geschicklichkeit des Diebes testen. „Zwei alte Frauen bewachen im Tempel meine heilige Steinaxt. Jede von ihnen trägt, wie eine Blumenkette, um ihren Hals das Ende eines Seils. In der Mitte dieses Seils ist meine Axt festgebunden. Dir wird es nicht gelingen, sie zu stehlen."

„Dennoch werde ich den Versuch wagen", erwiderte 'Iwa. Er wartete, bis die Sonne nahezu untergegangen war, dann ging er zu 'Umis Tempel, als wäre er ein Bote des Königs und würde ein Gesetz verkünden: *„Schlaft, Leute, schlaft wegen der heiligen Steinaxt. Sein Tabu: Lasst niemanden aus dem Haus; sein Tabu: Lasst keinen Hund bellen; sein Tabu: Lasst keinen Hahn krähen; sein Tabu: Lasst kein Schwein grunzen. Macht keinen Lärm, sondern schlaft, Leute, schlaft, bis das Tabu aufgehoben ist."*

Fünf Mal wiederholte er die Litanei des Tabus. Danach suchte er den Tempel auf, wo die alten Frauen die Steinaxt bewachten. Eindringlich fragte er: „Ist der Schlaf über euch beide gekommen?" Sie antworteten: „Wir sind hellwach und schlafen keinesfalls." – „Das ist sehr gut", nickte 'Iwa bedächtig, „ich möchte nämlich König 'Umis heilige Axt berühren, um zurückzukehren und ihm zu berichten, dass meine Hand seine Axt berührt hat."

Bei diesen Worten näherte er sich der Axt – und mit einem kräftigen Ruck zog er die Enden des Seils um die Hälse der beiden Wächterinnen, sodass sie keine Luft mehr bekamen. Diesen Moment nützte er, um das Seil zu zerreißen und die Axt zu ergreifen. Schnell wie der Wind flüchtete er.

Mühevoll befreiten sich die Wächterinnen von ihrer Fessel und erhoben ein wildes Geschrei: „Gestohlen wurde die heilige Axt des Königs! Der Dieb ist entkommen!" Bevor irgendjemand die Verfolgung aufnehmen konnte, war 'Iwa längst auf und davon. Im Haus des Königs legte er sich zur Ruhe.

Am nächsten Morgen fanden ihn die Leute des Königs noch schlafend. Sie vermuteten, er wäre die Nacht über gar nicht fortgewesen. Sobald 'Iwa erwachte, wurde er zum König kommandiert: „Ich hatte mir gleich gedacht, dass du die Axt niemals wirst stehlen können."

„Vielleicht hast du Recht", entgegnete 'Iwa, „allerdings habe ich hier eine Steinaxt, die ich letzte Nacht gefunden habe. Möchtest du sie sehen?" Auf den ersten Blick erkannte König 'Umi seine heilige Axt. „Wie hast du es geschafft, sie zu stehlen?" 'Umi konnte es nicht begreifen, und 'Iwa hüllte sich in Schweigen.

„Bist du bereit, dich in einem Wettkampf mit den sechs besten Dieben meines Königreichs zu messen? Der Sieger wird belohnt, der Unterlegene getötet." 'Umi erwartete, dass 'Iwa zögern würde, wenn es um sein Leben ginge.

„Du meinst, ich allein stelle mich einem Team von sechs Konkurrenten?", fragte 'Iwa, um sicherzugehen, dass er den König nicht missverstanden hatte. „Ich bin bereit, die Herausforderung anzunehmen."

Auch den sechs Dieben, die 'Umi als Gegner ausgewählt hatte, gefiel der Plan – einer gegen sechs: „Gewiss werden wir den Wettbewerb für uns entscheiden."

„Ihr habt eine Nacht Zeit, um so viel wie möglich zu stehlen. Wer die meisten Güter erbeutet, ist Sieger." Dies waren die Bedingungen, die König ‘Umi festgelegt hatte.

Die Nachricht von diesem Wettkampf erreichte bald die abgelegensten Täler, und man traf Vorkehrungen, sämtliche Besitztümer vor den Dieben zu schützen.

Während die sechs Diebe lautlos aufbrachen, um zu stehlen, was ihnen in die Hände fiel, legte sich ‘Iwa nieder, um zu ruhen. „‘Iwa schläft, so wird er nicht gegen uns bestehen." Sie waren sich ihres Sieges sicher. Tatsächlich war gegen Morgen ihre Hütte prall gefüllt mit gestohlenen Gegenständen, wogegen ‘Iwa nach wie vor schlief. Müde und hungrig waren die sechs Diebe vom Stehlen geworden, und sie entschieden, dass sie nunmehr eine Rast verdient hätten. Sie bereiteten ein Mahl vor und tranken *‘awa*. „Wir können unseren Sieg bereits feiern, zumal ‘Iwa noch überhaupt nichts gestohlen hat." In der Gewissheit ihres Sieges aßen und tranken sie, bis sie von Trunkenheit befallen einschliefen.

‘Iwa hingegen erhob sich, eilte in die Hütte der sechs Diebe und brachte deren gesamte Beute in sein eigenes Haus. Um seine Geschicklichkeit zu demonstrieren, schlich er in ‘Umis Schafzimmer, entwendete dessen Decke und fügte sie den geraubten Gütern hinzu. Dann legte er sich in seiner Hütte nieder und tat, als würde er schlafen, bewachte jedoch argwöhnisch seine Beute.

Als der König erwachte, bemerkte er das Fehlen seiner Decke, konnte sie aber nirgendwo finden. „Deshalb friere ich dermaßen", dachte er und hegte sogleich einen Verdacht, indem er sich des Wettkampfes der Diebe entsann. Mit seinem Gefolge betrat er die Hütte der sechs Diebe. Nichts, absolut nichts war darin zu erblicken. Anschließend suchte der König ‘Iwas Hütte auf, die reichlich mit Diebsgut gefüllt war, darunter auch seine eigene Decke.

Die sechs Diebe wurden getötet, ‘Iwa hingegen erlangte dauerhaft die Freundschaft des Königs.

Punia und der König der Haie

Kai-'ale-'ale, der König der Haie, lebte im Meer der Hawai'i-Inseln und herrschte über zehn andere Haie. Sie bewohnten eine Höhle nahe der Wasseroberfläche, wohin sich auch Hummer gerne zurückzogen.

Die Hawaiianer kannten die Höhle zwar und wussten, dass man dort die besten und größten Hummer finden konnte. Aber wie an sie herankommen? Wegen Kai-'ale-'ale traute sich niemand, in die Höhle zu tauchen, denn seine zehn Haie hielten Wache, allzeit bereit, jeden Eindringling zu verschlingen.

In der Nähe dieser Höhle wohnte ein Junge namens Punia, dessen Vater von einem Hai gefressen worden war. Seit dem Tod des Vaters waren Fische für Punia und seine Mutter eine Rarität auf ihrem Speisezettel. Zwar hatten sie genügend Süßkartoffeln, um nicht zu hungern, doch oftmals seufzte Punias Mutter: „Hätten wir wenigstens einen Fisch oder einen Hummer als Beilage zu den Kartoffeln." Punia überlegte, wie er den Wunsch seiner Mutter befriedigen könnte.

Eines Tages stand er am Ufer oberhalb jener Höhle, blickte hinunter in das klare Wasser: Deutlich konnte er Kai-'ale-'ale sowie die anderen zehn Haie erkennen. Punias Schatten weckte sie aus ihrem Schlaf.

So weit er konnte, beugte sich Punia über die Kante des Abhangs, unter dem sich die Höhle befand, als hätte er das Erwachen der Haie nicht bemerkt. Damit sie ihn auch gewiss hören konnten, sprach Punia ziemlich laut: „Um Hummer für mich und meine Mutter zu fangen, werde ich hinunter in die Höhle tauchen, denn ich weiß, der Haikönig Kai-'ale-'ale schläft fest. Mit jeder Hand werde ich einen Hummer ergreifen, damit meine Mutter und ich uns nicht mehr allein von Süßkartoffeln ernähren müssen."

Etwas undeutlich zwar, dennoch verständlich, vernahm Punia das Gespräch der Haie. Kai-'ale-'ale flüsterte den Haien zu: „Wir werden dorthin sausen, wo Punia taucht, und ihn wie seinen Vater verspeisen."

Doch Punia war ein schlauer Bursche, der sich nicht so leicht von den dummen Haien überlisten ließ. Nachdem er Kai-'ale-'ale belauscht hatte, warf er einen Stein weit hinaus ins Meer. Sogleich sausten die Haie dorthin, wo der Stein auf das Wasser prallte. Ihre Höhle blieb unterdessen unbewacht. Blitzschnell tauchte Punia hinunter, ergriff zwei Hummer und hatte längst wieder das Ufer erreicht, als die Haie zurückkehrten.

Damit die Haie ihn auch genau hören konnten, sprach Punia: „In jeder Hand halte ich einen Hummer, den ich mir aus der Höhle der Haie geholt habe. Jetzt kann ich mit meiner Mutter etwas Schmackhaftes zu den Süßkartoffeln genießen. Denn der zehnte Hai – jener mit dem dünnen Schwanz – hat mir verraten, wie ich Kai-'ale-'ale überlisten könne."

Als Kai-'ale-'ale hörte, was Punia sagte, beorderte er alle Haie zu sich und ließ sie in einer Reihe Aufstellung nehmen. Alle zehn waren anwesend – und tatsächlich hatte der zehnte einen dünnen Schwanz.

„Du warst also der Verräter, Dünn-Schwanz", erregte sich Kai-'ale-'ale, „dafür sollst du büßen!" Der Haikönig duldete keine Rechtfertigung und befahl, den Dünnschwänzigen zu töten.

Indessen überraschte Punia seine Mutter mit den beiden Hummern. Gemeinsam genossen sie ein köstliches Mahl. Nachdem sie die Hummer genossen hatten, suchte Punia wieder den Platz oberhalb der Höhle auf. Wie das erste Mal lockte er die Haie: „Ich werde in die Höhle tauchen, wenn alle Haie schlafen, um mir in aller Ruhe zwei Hummer zu holen: einen für meine Mutter und einen für mich. Unsere Süßkartoffeln werden dadurch schmackhafter sein." Neuerlich warf er einen Stein, diesmal in eine andere Richtung.

Kaum hatte der Stein die Wasseroberfläche erreicht, flitzten die Haie dorthin, ließen ihre Höhle abermals unbewacht. Im nächsten Moment tauchte Punia und fasste mit jeder Hand einen Hummer. Wenige Sekunden später erwartete er am Strand die Rückkehr der Haie. „Es war der neunte Hai, jener mit dem großen Magen, der Punia beraten hatte."

Derart narrte Punia die Haie. Jedes Mal beschuldigte er einen bestimmten Hai: den mit dem kleinen Auge, jenen mit dem grauen Fleck auf der Seite. Der genannte Hai wurde augenblicklich von den anderen gefressen – bis einzig Kai-'ale-'ale übriggeblieben war.

Nachdem alle zehn Haie tot waren, ging Punia in den Wald und hackte zwei Pflöcke Hartholz, beide etwa einen Meter lang. Danach suchte er nach einem Stück vom Holz *'aulima*, um es an einem Stück Holz *'aunaki* zu reiben und derart Feuer zu entfachen. Zudem sammelte er Holzkohle und packte einen Vorrat an Essen in *kī*-Blätter. Das ganze Bündel trug er an den Strand.

Wieder nahm Punia seinen Platz oberhalb der Höhle ein, die Kai-'ale-'ale nunmehr alleine bewachte, und sagte: „Wenn ich also tauche, wird mich Kai-ʻale-ʻale beißen, und mein Blut wird auf der Wasseroberfläche schwimmen. Sobald meine Mutter dies sieht, wird sie mich zurück ins Leben holen. Erfasst mich allerdings Kai-ʻale-ʻale mit seinem Maul zur Gänze, werde ich niemals mehr ins Leben zurückkehren können."

Kai-ʻale-ʻale lauschte Punias Worten und überlegte: „Ich werde dich nicht beißen, sondern dich verschlucken. Mein Maul werde ich so weit öffnen, dass ich dich mit einem Bissen verschlingen kann."

Ein bisschen Angst hatte Punia schon, ob sein Plan gelingen würde. Wird Kai-ʻale-ʻale seine Kiefer weit genug aufreißen? Wird sein Trick funktionieren? Geradewegs tauchte er in Richtung des geöffneten Mauls von Kai-ʻale-ʻale, während er sein Paket fest umklammert hielt. Im nächsten Augenblick wurde er vom Rachen des Hais geschnappt. Blitzschnell klemmte er seine Holzpflöcke in das aufgerissene Maul des Hais, sodass Kai-ʻale-ʻale es nicht mehr schließen konnte. Wütend schlug er um sich.

Sobald Punia ins Innere des Hais gelangt war, entzündete er die Holzkohle und röstete nicht nur seine mitgebrachten Speisen, sondern kratzte auch Fleisch von den Magenwänden des Hais. Das Feuer in seinem Magen schmerzte Kai-ʻale-ʻale dermaßen, dass er wild umherschwamm. Schließlich gelangte er an die Küste von Hawaiʻi. „Wenn Kai-ʻale-ʻale dorthin schwimmt, wo sich die Wellen brechen, bin ich gerettet", rief Punia so laut er konnte, „doch sollte er den Strand erreichen, bin ich verloren."

Natürlich hörte Kai-ʻale-ʻale, was Punia sagte. Mit voller Wucht schwamm er ans Ufer. Hilflos lag er im Sand und konnte nicht mehr zurück ins Meer.

Punia kroch aus dem Hai heraus und rief: „König Kai-‘ale-‘ale ist gekommen, um uns mit einem Besuch zu beehren!“

Als die Menschen dies hörten, liefen sie an den Strand, bewaffnet mit Speeren, Keulen und Messern, und töteten Kai-‘ale-‘ale.

Von diesem Tag an konnte Punia unbehelligt in die Höhle tauchen, sodass er und seine Mutter ihre Süßkartoffeln fortan mit Hummer verfeinern konnten.

Māmala, die Surferin

Kou, wie einst der Hafen von Honolulu genannt wurde, war unter den Häuptlingen ein beliebter Platz für Spiele und Sport. Etwas ostwärts von Kou befand sich ein Teich mit einem wunderschönen Hain von Kokosnussbäumen, die dem Häuptling Hono-ka-ʻupu gehörten. Dort befand sich ein schmaler Eingang zu einem Hafen, durch den die besten Surfwellen hereinkamen. Die Wellen trugen Namen wie Ke-kai-o-Māmala, *Das Meer von Māmala*. Waren die Wellen höher, nannte man sie Kanuku-o-Māmala, *Die Nase von Māmala*.

Māmala war eine Prinzessin von halbgöttlichem Wesen. Das bedeutete, dass sie jede Gestalt annehmen konnte, die ihr gefiel: Einmal war sie eine riesige Eidechse oder ein Krokodil, dann wiederum erschien sie als hübsche Frau. Nachdem sie den Hai Oʻuha zum Gatten genommen hatte, der als Haigott im Meer nahe Wai-kīkī sein Heim besaß, verwandelte sie sich ebenfalls in einen Hai. Māmala und Oʻuha tranken zusammen *ʻawa* und spielten *kōnane* auf dem großen, flachen Felsen in Kou.

Māmala war eine hervorragende Surferin. Überaus geschickt tanzte sie auf den wildesten Wellen. Jene Wellen, die sie am meisten liebte, entstanden draußen auf dem Meer, wo die Winde heftig bliesen und weiße Gischt die Wellen krönte, sobald sie in regelmäßiger Unordnung die Bucht von Kou erreichten. Die Leute am Strand applaudierten angesichts ihres außerordentlichen sportlichen Wagemuts.

Nachdem sich der Häuptling Hono-ka-ʻupu entschlossen hatte, Māmala zu seiner Frau zu nehmen, verließ sie Oʻuha und übersiedelte zu ihrem neuen Gatten. Oʻuha war wütend und trachtete danach, Hono-ka-ʻupu und Māmala zu töten, wenn sie im Meer schwammen oder Māmala surfte. Sie ahnten Oʻuhas Attacken und hatten entsprechend Vorsorge getroffen, sodass Oʻuha davongejagt wurde. Er entkam in den See Ka-ʻihi-kapu bei Wai-kīkī. An dessen Ufer erschien er mit Körben voller Krabben und frischen Fischen, die er den Frauen mit den Worten anpries: „Da drinnen ist etwas Lebendiges für eure Kinder." Sobald Oʻuha seinen Korb öffnete, sprangen die Fische und Krabben heraus und entwischten ins Wasser. Die Frauen lachten über den Gott-Menschen, der sich als Verkäufer blamiert hatte.

Da die Hawaiianer – wie alle Polynesier – nicht ertragen konnten, wenn ihnen, in den Augen anderer, Schmach oder Schande zugefügt wurde, floh Oʻuha vor dem Spott der Frauen. Er warf seine menschliche Gestalt von sich und vermied es fortan, jemals wieder als Mensch aufzutreten. Schlussendlich wurde er zum Haigott der Küste zwischen Wai-kīkī und Kohe-lele.

Ein Hai wird vor Wai-kīkī bestraft

Eine der legendären Gestalten der Hawaiianer ist Ka-'ehu-iki-manō-o-pu'u-loa, ein kleiner gelber Hai von Pu'u-loa, wie Pearl Harbor einst hieß. Ka-'ehu verfügte über magische Kräfte und große Weisheit, die ihm sein Vorfahre, der Haigott Ka-moho-ali'i, ein Bruder der Feuergöttin Pele, übertragen hatte.

Einen Teil seines Lebens hatte er mit seinen Eltern verbracht, die vor der Küste von Puna im südöstlichen Teil der Hawai'i-Insel die Küste bewachten. Irgendwann waren seine Eltern mit ihm weitergezogen, hatten den mächtigsten Haigöttern einen Besuch abgestattet und sich letztlich in den Gewässern von O'ahu niedergelassen. Eines Tages befiel Ka-'ehu ein drängendes Heimweh nach der Gegend von Puna.

Ka-'ehu rief die mit ihm befreundeten Haie zusammen, um sich auf den Weg zu machen von den Küsten O'ahus nach Hawai'i. Bei Wai-kīkī begegneten sie Pehū, einem Hai, der von Maui zu Besuch gekommen war und in den Gewässern lebte, die Hono-kāhau beherrschte. Pehū war ein Hai, der Menschen fraß. Ungeduldig schwamm er hin und her, wartete auf einen Surfer, der sich weit genug hinauswagte, um ihn zu verschlingen.

„Was treibst du hier?“, fragte ihn Ka-'ehu. Worauf Pehū antwortete: „Ich fange mir zum Frühstück eine Krabbe.“

„Ich werde dir helfen, diese Krabbe zu fangen“, versprach Ka-'ehu und riet Pehū, nahe an das Korallenriff zu schwimmen, dagegen würde er sich mit seinem Gefolge hinaus ins Meer begeben. „Ist erst eine Anzahl von

Surfern weit genug draußen, werden ich und meine Haie auf den Plan treten und sie zurück zur Küste jagen." Sodann könne Pehū gemächlich seine Frühstückskrabbe verzehren. Diese Strategie gefiel dem Hai von Maui. Er schwamm näher an das Riff und versteckte sich in dessen Schatten.

Zu seinen Freunden sagte Ka-'ehu: „Wir müssen diesen menschenfressenden Hai töten, der unsere Leute verstört. Derart danken wir ihnen, dass sie uns in Pu'u-loa verehren. Wir werden Pehū ins seichte Wasser schubsen."

Eine Zahl von Surfern balancierte auf den Wellen, als Pehū die anderen Haie rief, sie mögen kommen. Doch Ka-'ehu vertröstete ihn, er solle auf eine bessere Gelegenheit warten. Bald danach paddelten zwei Männer auf ihren Surfbrettern hinaus, dorthin, wo die größten Wellen sich brachen.

Ka-'ehu gab das Signal zum Angriff. Er flüsterte seinen Freunden zu, sie sollten unter die Welle tauchen, sobald diese den wartenden Pehū erreicht habe, und die Männer mit ihren Surfbrettern auf eine Seite drängen, Pehū hingegen in die andere Richtung, was ihn verwirren würde. Sodann wollten sie Pehū, während er in den Wellen schwamm, über das Riff stoßen.

Als Pehū sich anschickte, einen der Surfer anzufallen, wunderte er sich, dass der Mann in die entgegengesetzte Richtung trieb. Ka-'ehu und seine Haikollegen tauchten unter Pehū und hoben ihn aus dem Wasser, indem sie eng beieinanderblieben. Sie bugsierten Pehū in eine Spalte des Korallenriffs, sodass sein Kopf festgehalten wurde. Wild drosch Pehū mit seiner Schwanzflosse drauflos, wodurch er immer heftiger festklemmt wurde, bis er nicht mehr entkommen konnte.

Die Surfer erschraken, als sie den Schwarm von Haien erblickten, die hektisch vor dem Korallenriff hin und her schwammen. Vor Pehū hatten sie nun keine Angst mehr. Also schwammen sie hinaus zu der Spalte, töteten Pehū und schnitten ihn in Stücke. Da sie Haare und Knochen in seinem Magen fanden, war erwiesen, dass dieser Hai Menschen verschlungen hatte. Sie brachten die Fragmente des gewaltigen Fisches nach Pele-'ula, wo sie ein großes Feuer in einem eigens dafür errichteten Erdofen entzündeten und alle Teile von Pehūs Körper darin verbrannten.

Ka-'ehu schwamm mit seinem Gefolge nach Hawai'i als ein Ritter des Meeres, erlebte noch viele Abenteuer und bestrafte übelwollende Bewohner des Ozeans.

Die verliebten *kalo*-Pflanzen

Ein Häuptling besaß ein sehr feines *kalo*-Feld, auf das er besonders stolz war. Die herzförmigen Blätter der *kalo*-Pflanzen schmeckten gekocht wie Spinat, und die zerstampften Wurzeln wurden, mit Wasser vermengt, zu *poi* verarbeitet, eine Art Kartoffelpüree. Diese stärkehaltige Speise war ebenso beliebt wie nahrhaft. Jeden Tag überprüfte der Häuptling, ob die Pflanzen seines Feldes auch schnell und perfekt gediehen.

In einer Ecke seines Feldes wuchsen Seite an Seite zwei *kalo*-Pflanzen, hübscher und kräftiger als alle anderen, wodurch sie sich ganz besonders von den anderen Pflanzen unterschieden: Sie waren ineinander verliebt. Gegenseitige Bewunderung erfüllte die beiden Pflanzen und gipfelte im Versprechen unsterblicher Zuneigung.

Eines Tages besprach der Häuptling mit seinen Dienern, welche Speisen für ein Festmahl zubereitet werden sollten. Er wünschte, die besonders hübschen *kalo*-Pflanzen aufgetischt zu bekommen. Doch einer der Diener hatte die innige Zuneigung der beiden Pflanzen bemerkt und verriet ihnen, dass der Häuptling sie zu verspeisen gedachte.

„Wir lieben uns“, flüsterten sie einander zu, „deshalb wollen wir so lange wie möglich am Leben bleiben.“ Sie übersiedelten in eine andere Ecke des Feldes und überließen es ihren Nachbarn, an ihrerstatt aus der Erde gezogen zu werden.

Dem Häuptling blieb ihre neue Umgebung nicht lange verborgen, und er verlangte aufs Neue, dass man sie pflücke. Wieder entkamen sie. Mehrere Male gelang ihnen die Flucht, bis der Häuptling dermaßen wütend wurde, dass er anordnete, nach ihnen zu suchen und sie auf jeden Fall zu ernten, wo immer im Feld sie sich befänden.

In ihrer Not blieb ihnen nichts anderes übrig, als sich in einem benachbarten Feld zu verstecken. Sie zogen ihre Wurzeln aus dem Boden und benützten ihre Blätter als Flügel. Es währte nicht lange, bis sie auch an diesem Ort entdeckt wurden. „Wir müssen weiter weg." Als Zeichen des Einverständnisses legten sie ihre Blätter aneinander.

Die Kunde von ihrer Flucht verbreitete sich bis in die entlegensten Winkel der Inseln, denn der Häuptling hatte all seine Freunde benachrichtigt, dass sie ihn unterstützen mögen, der beiden Pflanzen habhaft zu werden. Es schien keinen Platz mehr zu geben, wo sie sicher sein konnten. Auf ihrer Flucht suchten sie sogar Schutz unter Bananenstauden. „Was auch geschehen mag, wir bleiben zusammen", versicherten sie einander.

Doch kaum hatten sie ihre Wurzeln in die Erde gesenkt, um ein wenig zu rasten, verriet ein Freund des verärgerten Häuptlings ihr Versteck, wogegen ein anderer sie vor den Verfolgern warnte. Mittels ihrer Blätter erhoben sie sich in die Lüfte, bis sie vor Müdigkeit nicht weiterkonnten und sich in einem abgelegenen *kalo*-Feld niederließen.

Man hatte für sie bereits einen Erdofen vorbereitet, sodass sie wieder ihre Blätter bewegen mussten, um ein neues Asyl zu finden. Wohlwollende Winde trugen sie weit fort, bis sie eine Gegend erreichten, wo ein freundlicher Häuptling sie unbehelligt gedeihen ließ. Dort ließen sie sich endgültig nieder. Sie erreichten ein hohes Alter, und unzählige Nachkommen waren die Folge ihrer beharrlichen Liebe.

GLOSSAR

‘ahakea *(Bobea timonioides)*: ein kleiner Baum; die zehn Zentimeter großen Blätter haben eine ledrige Textur; die grünen Blüten sind leicht duftend. Endemisch auf Hawai‘i. Zählt zur Familie der Kaffee-Gewächse.

‘ahi *(Thunnus albacares)*: Gelbflossen-Thun oder Gelbfinnen-Thun. Die zweite Rückenflosse und die Afterflosse sind strahlend gelb. Die Farben des Körpers gehen von metallisch-blau auf dem Rücken ins Silbrige auf dem Bauch über. Auf dem Bauch befinden sich zudem zwanzig schräg verlaufende, vertikale Linien. Er wird bis zu 2,40 Meter lang und zweihundert Kilogramm schwer.

aku *(Katsuwonus pelamis)*: Der gestreifte Thun oder Echte Bonito ist die einzige Art der Gattung Katsuwonus innerhalb der Makrelen und Thunfische. Auf der Bauchhälfte seines Oberkörpers hat er vier bis sieben dunkle Längsstreifen. Er wird zirka einen Meter lang und dreißig Kilogramm schwer. Obwohl er einer der verbreitetsten Fische in den hawaiianischen Gewässern ist, ist er schwer zu fangen; es müssen dabei besondere Tricks angewandt werden.

‘alae *(Gallinula chloropus sandwichensis)*: Aschenhennen oder Moorhühner, endemisch auf Hawai‘i. Sie haben ein schwarzes Gefieder, die Spitze des Schnabels ist gelb. Über den Rest des Schnabels bis zur Hälfte des Kopfes zieht sich ein roter Schild. Sie ernähren sich von

Weichtieren, Wasserpflanzen und Gras. Der Ruf der Vögel wird als schlechtes Omen angesehen.

ali'i: die Adeligen, die Oberschicht, die Häuptlinge, die Oberen.

'aulima: Holz, das mit einem Stab aus → **'aunaki** Holz gerieben wird, um Feuer zu erzeugen. Diese Tätigkeit des Reibens nennt sich *hia*.

'aumakua: Familien- oder Hausgötter, vergöttlichte Geister der Vorfahren. Sie können die Form eines Haies, einer Eule, eines Habichts, eines Tintenfisches, einer Schnecke, eines Wurmes, eines Aals, einer Ratte, eines Hundes, eines Felsens, einer Wolke oder einer Pflanze annehmen. **'aumākua** (= Plural) warnen oder rügen Sterbliche durch Träume, Visionen, Zurufe oder Besuche. Einen Hausgott zu verehren kann im Sinne der eigenen Sicherheit niemals schaden. Wenn's nicht hilft, schadet es nicht.

'aunaki: Holzstab, der mit → **'aulima** Holz gerieben wird, um Feuer zu erzeugen.

'awa: ein berauschendes Getränk von bitter-scharfem Geschmack, das aus der Wurzel der *'awa*-Pflanze *(Piper methysticum)* gewonnen wird. Die Wurzel wurde so lange gekaut, bis sich daraus Bällchen formen ließen. Diese wurden in die halbierte Schale einer Kokosnuss gesetzt und mit Wasser sowie Halmen des *ahu-'awa*-Sauergrases (*Cyperus javanicus* oder *Cyperus hypochlorus*) im Uhrzeigersinn verrührt. Die Reste der *'awa*-Wurzel wurden ausgepresst, sodann alle Faserteile entfernt. Der erste Schluck des Getränks diente als Opfergabe für die Geister der Vorfahren. Der König hatte die Ehre, den letzten Becher zu leeren. – Frühestens nach zwei Jahren konnten die Wurzeln geerntet werden. Die besten waren bis zu zwanzig Jahre in der Erde – je älter, desto besser war die Qualität. Das Getränk entspannte Muskeln und Körper, lähmte aber zugleich die Zunge. Wenn jemand zu viel *'awa* trank, konnte es passieren, dass er sich nicht mehr bewegen konnte und einschlief, wo er gerade saß. Das Wort *'awa* bedeutet bitter. Gesüßt wurde das Getränk mit Süßkartoffeln oder Zuckerrohr. *'awa* half gegen Zahnschmerzen, Kopfschmerzen, reinigte die Nieren und war heilsam bei Lungenproblemen. – Ein göttliches Getränk!

'āweoweo *(Chenopodium oahuense* oder *Chenopodium sandwicheum)*: ein endemischer Strauch mit fleischigen, leicht behaarten Blättern, der fünf bis zwanzig Meter hoch werden kann. Ähnlich den Gänsefußgewächsen.

'e'epa: Gnome oder Kobolde; unergründlich, hinterlistig, meist körperlich deformiert und in den Wäldern beheimatet; ausgestattet mit außergewöhnlichen magischen Kräften. Sie duldeten keine Eindringlinge in ihrem Reich.

'elepaio *(Chasiempis sandwichensis)*: ein kleiner Vogel, auch Fliegenschnäpper genannt; bedeckt mit gesprenkelten Federn sowie mit roten und schwarzen Federn an den Flügeln; der Specht der Hawaiianer. Ein sehr aktiver und angstloser Vogel, der in der hawaiianischen Mythologie die Göttin und Beschützerin der Kanumacher repräsentiert und manchmal Wanderern folgt. Seinen Namen verdankt er seinem Ruf: „'el-e-pai-o".

hālau: Langhaus, in dem Kanus gelagert, Hulatänze unterrichtet und praktiziert wie auch Versammlungen abgehalten wurden.

hau *(Hibiscus tiliaceus)*: ein Tieflandbaum, der oftmals als Windschutz eingesetzt wird, da er dicht über dem Boden wächst. Die Blätter sind abgerundet und herzförmig. Die fünf großen Blütenblätter verändern sich während des Tages von gelb zu einem matten Rot. Früher musste die Bewilligung des Häuptlings eingeholt werden, um den Baum zu fällen. Er liefert ein leichtes, weißes Holz mit einem braunen Kern, das für die Auslegerarme der Kanus, ebenso für Speere und das Gerippe von Drachen verwendet wurde. Auch Schnüre und Seile wurden daraus gefertigt. Um anzuzeigen, dass ein Revier unter dem Gesetz (Tabu) eines Häuptlings stand, wurden *hau*-Zweige an der Küste ausgelegt. Lupea, die Schwester der Göttin Hina, wurde in einen *hau*-Baum verwandelt. Saft und Blüten wurden in der Medizin angewandt.

hīnālea *(Hepatus triostegus)* oder (*Acanthurus triostegus sandvicensis*), das sind gestreifte „Sträflings-Doktorfische"; **hīnālea lauwili** *(Thalassoma duperrey)*: Duperreys Junker; **hīnālea lua-hine** *(Thalassoma ballieui)*: Schwarzschwanz-Junker; **hīnālea nuku'i'iwi** *(Gomphosus varius)*: Langnasen-Lippfisch; *(Coris gaimard)*: Clown-Junker oder Gelbschwanz-Brasse. Kleine bis mittelgroße, überaus bunte Fische zahlreicher Arten verbergen sich in den Spalten von Korallenriffen, sodass Taucher sie nicht leicht zu Gesicht bekommen. Nach dem Genuss von *'awa* wurde *hīnālea* roh gegessen.

ho'ohala *(Pandanus odoratissimus)*: eine andere Bezeichnung für den → **hala**-Baum. Auch Screw Pine, Pandanuspalme oder Schraubenbaum genannt, da die Blätter schraubenförmig um den Stamm gewunden sind. Die Luftwurzeln vermitteln den Eindruck, als würde der Baum „gehen" oder auf Stelzen stehen. Da die Blätter sehr biegsam sind, wurden daraus Matten, Körbe, Fächer, Sandalen und Röcke geflochten. Er findet auch in der Heilkunde Anwendung. Die Zapfen erinnern in ihrem Aussehen entfernt an eine Pineapple (Hawai'i-Ananas). Sie wurden als Pinsel bei der Bemalung von → **kapa** verwendet.

humuhumu-nukunuku-ā-pua'a *(Rhinecanthus aculeatus)*: Drückerfisch, auch Picasso-Fisch genannt. Nationalfisch Hawai'is. Übersetzt: *grunzendes, plumpes Schwein* oder *mit einer Schnauze wie ein Schwein*. Der *Humuhumu-nukunuku-ā-pua'a* soll grunzende Geräusche von sich geben, und auch sein orangegelbes Maul erinnert an das eines Schweins. Am Rücken trägt er schwarze Dornen, die er als Waffe gegen Feinde einsetzt. Er ist ein langsamer Schwimmer, lebt in Riffs und wird bis zu dreißig Zentimeter groß. Laut Mythologie hat sich der Schweinegott Kama-pua'a in diesen Fisch verwandelt, als er von der Vulkangöttin Pele in die Flucht geschlagen wurde.

'ie'ie-Strauch *(Freycinetia arborea)*: ein Klettergewächs, endemisch auf Hawai'i. Aus den Zweigen wurden Körbe geflochten. Eine von fünf Pflanzen, die auf dem Altar der Hulagöttin Laka gebräuchlich waren.

ikoi: eine Waffe. An einem langen und starken Seil ist eine Keule oder ein schweres Stück Holz befestigt. Man schwingt das Seil wie ein Lasso, sodass Beine und/oder Arme des Gegners umwickelt und gefesselt werden.

imu: Erdofen.

'iole *(Rattus exulans, Rattus hawaiiensis)*: eine kleine Rattenart, die bereits vor der Ankunft der Europäer auf Hawai'i heimisch war und sich von Wurzeln und Samen ernährt.

Kahiki: Tahiti; aber auch in der Bedeutung eines weit entfernten Landes.

kahuna: Zauberer, Magier, Hexer, Priester, Minister. In jedem Fall ein Experte im jeweiligen Fach (sowohl männlich als auch weiblich). Der Plural lautet: *kāhuna*.

kalo: der hawaiianische Name für → **Taro**, da es weder T noch R im hawaiianischen Alphabet gibt.

kapa-Stoff, der hauptsächlich aus der Rinde des Maulbeerbaums *(Broussonetia papyrifera)* gewonnen wurde. *kapa* bedeutet: geschlagen. Die innere Rinde wurde von der äußeren entfernt, in fließendem Wasser eingeweicht, wodurch die Stärke herausgewaschen wurde. Danach begannen Trocknungsprozesse und das Schlagen der Rinde – eine Aufgabe, die von Frauen übernommen wurde. Durch jedes weitere Schlagen wurde *kapa* dünner und gewann an Ausdehnung. Schließlich wurde es zwischen Blättern zur Fermentation gelagert, um die Fasern weicher zu machen, in der Sonne getrocknet und gebleicht, um danach bemalt oder mit Stempelaufdrucken verziert zu werden. Jede *kapa*-Macherin hinterließ ihr Wasserzeichen. Die Qualität des Stoffes war abhängig von der Güte der Rinde sowie von der Geschicklichkeit der Macherin; *kapa* war haltbar, wasserabweisend und waschbar.

kī ist der hawaiianische Name von → **Ti**, da es im Hawaiianischen kein T gibt.

kilu: ein Spiel mit Kokosnüssen oder kleinen Kürbissen. Die Spieler (♀ & ♂) singen, während sie den kleinen Kürbis in Richtung eines Objekts werfen, das vor jemandem des anderen Geschlechts platziert ist. Wenn er/sie trifft, gibt es einen Kuss oder mehr; es ist ein Spiel von „Zügellosigkeit“ und „Liederlichkeit“, weil es eine starke sexuelle Komponente aufweist. Die jugendfreie Variante nennt sich *pūheheo*.

koa *(Acacia koa)*: hawaiianisches Mahagoni mit hellgrauer Rinde; es diente der Herstellung von Kanus, Surfbrettern, Kalebassen und der → **‘ukulele**. Der kleine Baum wurde manchmal dem Altar von Laka hinzugefügt, um Tänzer von ihrem „Lampenfieber“ zu befreien.

Kohe-lepelepe und **Kohe-lele**: Nachdem die Missionare dahintergekommen waren, was der Name des Vulkankegels auf O'ahu bedeutet, haben sie ihn rasend schnell in Koko Head und Koko Crater umbenannt, denn *Kleine Schamlippen* oder *Fliegende Vagina* (von Peles Schwester Kapo) konnte nicht geduldet werden, daher übernahmen sie lieber den Namen eines nahegelegenen, kleinen Kanuanlegeplatzes, der *koko* genannt wurde, denn mit *Blut* hatten sie kein Problem.

kōnane: ein Spiel, ähnlich dem Damespiel mit Steinen, die in einer Linie auf einer Stein- oder Holz-Unterlage positioniert werden.

kukui *(Aleurites moluccana)*: Candlenut Tree, Lichtnussbaum. Er gedeiht in feuchten, tropischen Regionen; heimisch in Polynesien, Malaysia und auf den Philippinen; der Nationalbaum Hawai'is. Der Baum fand vielfache Anwendung: Das Öl der weißen Nüsse wurde für Steinlampen benützt. Die ungeschälten Nüsse wurden aufgespießt und wie Kerzen verwendet – daher der englische Name des Baumes. Aus den weißen Blüten wurden Blumenketten (→ **lei**) geknüpft. Rinde, Blüten und Nüsse wurden im medizinischen Bereich angewandt, zum Beispiel bei Entzündungen des Mund- und Halsbereichs, bei Verstopfung oder gegen hohen Blutdruck. Die Rinde lieferte eine rotbraune Farbe, mit der → **kapa** verziert wurde; der gummiartige Saft verstärkte die Festigkeit des Stoffes. Der Ruß verbrannter Nüsse wurde als Farbe für Tätowierungen oder für die Bemalung von Kanus verwendet. Das Öl der Nuss – es erinnert an Leinsamenöl – erhöhte die Haltbarkeit der Fischnetze. Indem die Fischer pulverisierte Nüsse auf die Wasseroberfläche bliesen, entstand ein Ölfilm, der eine bessere Unterwassersicht ermöglichte.

kupua: ein Halbgott oder ein Wesen, das darüber entscheiden konnte, als Tier oder als Mensch zu erscheinen. Es gab *kupua*-Gnome, *kupua*-Frauen und *kupua*-Männer, die alle über magische Zauberkräfte und wundersame Fähigkeiten verfügten, was bei manchen bereits der Name signalisiert.

le‘hua: die Blüte, aber auch der Strauch des Hibiskus (→ **‘ōhi‘a**).

lei: Blumenketten, berühmt für Hawai‘i. *Leis* schreibt bloß ein Fremdling (*haole*), Hawaiianer sagen und schreiben für den Plural *nā lei*.

lū‘au-Fest: keine ganz alte Bezeichnung – sie geht zurück auf das Jahr 1856, als der „Pacific Commercial Advertiser“ sie erstmals benützte. Früher bezeichnet als: *‘aha‘aina* (Nachtmahl, Essensversammlung) oder *pā‘ina* (kleine Party mit Essen).

maile *(Alyxia oliviformis)*: einheimischer Strauch mit duftenden Blättern. Es gibt vier verschiedene Formen, die sich durch Größe und Form der Blätter unterscheiden; verwendet für Dekorationen und Blumenketten bei wichtigen Anlässen. Daher gibt es vier halbgöttliche Schwestern (Maile pākaha, Maile kaluhea, Maile-lau-li‘i und Ka-hala-o-māpuana) mit menschlichen und pflanzlichen Eigenschaften. Sie alle sind untergeordnete Göttinnen des Hula. Die Hulagöttin Laka wird mit *maile*-Planzen auf ihrem Altar verehrt und angebetet.

malo: Lendentuch der Männer.

mana: spirituelle, transzendente Energie oder auch übernatürliche oder göttliche Kraft, die sich auf verschiedenste Art und Weise zeigen kann.

mo'o: Drachen, Schlangen, Eidechsen, Wassergeister, die oftmals menschliche Gestalt annehmen konnten.

niu: *(Cocos nucifera)*: Kokospalme. Die Hawaiianer nützten alle Teile des Baums.

noio *(Anous minutus melanogenys)*: hawaiianische Seeschwalbe oder Weißköpfiger Noddy, der sich von Fischen ernährt. Endemisch auf allen Hawai'i-Inseln. Früher als Gott oder → **'aumakua** verehrt.

'ōhelo *(Vaccinium reticulatum)*: ein kleiner, einheimischer Strauch. Er trägt wohlschmeckende rote oder gelbe Beeren, die an Preiselbeeren erinnern. Der Vulkangöttin Pele waren diese Beeren heilig.

'ōhi'a *(Metrosideros macropus* oder *Metrosideros collina)*: Hibiskus. Er kann ein Baum oder ein Strauch sein, wächst auf feuchten Böden, und es gibt viele Arten mit unterschiedlich gefärbten Blüten. Das Holz ist hart und daher für Fußböden oder Möbel geeignet. Einst für Bildnisse, Speere und Hämmer verwendet; bedeutsame Rolle bei der Parfümherstellung (→ **le'hua**).

olonā-Pflanze *(Touchardia latifolia)*: vorwiegend auf Hawai'i heimisch. Ein Gewächs, aus dem Fischnetze und Körbe hergestellt wurden, als weder Plastik noch Eisennägel bekannt waren. Die Rinde lässt sich relativ leicht ablösen. Darunter befindet sich eine Faser, die angeblich um ein Vielfaches haltbarer als Hanf ist. Die *olonā*-Faser wurde überall dort genutzt, wo Seile oder Fäden erforderlich waren. Feine Fasern wurden zum Vernähen von → **kapa** verwendet; auch wurde damit die Nabelschnur von Neugeborenen abgebunden.

pali: Klippe, Abgrund.

pā'ū: Frauenrock.

poi: Brei (→ **Taro** und **kalo**)

pōpolo *(Solanum nigrum)*: schwarzes Nachtschattengewächs mit Dolden kleiner, schwarzer, essbarer Beeren. Auch junge Triebe und Blätter werden noch grün gegessen. Wichtig in der hawaiianischen Heilkunde.

pueo *(Asio flammeus sandwichensis)*: Kurzohr-Eule. Endemisch auf allen Hawai'i-Inseln. Sie jagt in Wäldern, aber auch im Grasland; sie wurde als Gott und als Schutzgeist verehrt; oftmals ein wohlwollender → **'aumakua**.

Taro *(Colocasia esculenta)*: immergrüne, ausdauernde, krautige Pflanze aus der Familie der Aronstabgewächse, die eine Höhe von einem Meter bis zu zwei Meter erreicht; ist eine der wichtigsten stärkehaltigen Pflanzen der tropischen Gebiete. Die Blätter (→ **lūʻau**) haben eine herzförmige Gestalt, ihr Geschmack ähnelt dem von Spinat. Die Wurzeln wurden zerstampft und mit Wasser aufgegossen, der daraus entstandene Brei wird → **poi** genannt. Man aß *poi* entweder frisch oder man ließ ihn einige Tage fermentieren, wodurch er einen sauren Geschmack annahm. Je nach Konsistenz wurde er als „einfingrig“, „zweifingrig“ oder „dreifingrig“ bezeichnet. → **kalo**

Ti *(Cordyline terminalis)*: ein Liliengewächs, das bereits von den frühesten Siedlern nach Hawaiʻi gebracht wurde. Es gedeiht im tropischen Bereich des Pazifiks und in Südostasien. Als Glücksbringer pflanzten die Hawaiianer *Ti* rund um ihre Hütten. Die Pflanze ist dem Gott Lono sowie der Hulagöttin Laka heilig. Sie ist ein Zeichen adeliger Geburt und göttlicher Kraft. Den Blättern wurde nachgesagt, bösen Zauber abzuwehren. Die Magier (→ **kahuna**) trugen *Ti*-Kleider, wenn sie eine spirituelle Zeremonie leiteten. Noch heute werden *Ti*-Blätter bei religiösen Feiern benützt, um neue Gebäude und Projekte einzuweihen. Mit *Ti*-Blättern deckte man Häuser und verpackte Lebensmittel, um sie aufzubewahren oder zu garen. Man verwendete sie als Fischköder, fertigte Hularöcke daraus oder deckte damit den Tisch für ein Festmahl. Auch fand die Pflanze medizinische Anwendung: Bei Fieber wurde der nackte Körper in *Ti*-Blätter gewickelt. → **kī**

ʻukulele: eine viersaitige, kleine Gitarre portugiesischen Ursprungs aus der Familie der Lauteninstrumente. Übersetzt: *springender Floh*. So lautete der hawaiianische

Spitzname von Edward William Purvis, britischer Armeeoffizier, der sich während der Regentschaft von König Kalākaua (geb. 1836, regierte von 1874 bis 1883) auf Hawai'i niederließ. Er war klein und schnell und machte das Instrument populär, das 1879 von portugiesischen Imigranten aus Madeira unter der Bezeichnung *machete* oder *cavaquinho* nach Hawai'i eingeführt wurde.

ulua *(Carangoides orthogrammus)*: Stachelmakrele. Die Fische dieser Familie gehören zu den schnellsten und gefräßigsten des Meeres. Ihr Lebensbereich ist die Tiefsee, doch fallen sie mitunter über die Bewohner eines Riffs her, um sich satt zu fressen. Bei seinen Angriffen verlässt sich der *ulua* auf seine Geschwindigkeit; sein Appetit ist erstaunlich. Seine Schnelligkeit und Zähigkeit stellen für jeden Fischer eine Herausforderung dar: Es ist der für seine Größe am heftigsten kämpfende Fisch. Einmal an der Angel, taucht er in tiefe Bereiche und gibt nicht auf, bevor er völlig erschöpft ist. Selbst Jungfische sind furchtlose Kämpfer. Auf dem Markt bringt ein *ulua* einen guten Preis.

wauke *(Broussonetia papyrifera)*: Papiermaulbeerbaum. Auch Feigen zählen zu dieser Art. Der Baum ist sehr schnellwüchsig – mit einem Zuwachs von über zwei Meter in der Länge und mehr als zwei Zentimeter im Durchmesser pro Jahr.

wiliwili *(Erythrina sandwicensis;* früher: *Erythrina monosperma)*: ein Laubbaum mit Hülsenfrüchten, der seine Blätter während des Sommers verliert und im Herbst neue entwickelt; und danach blüht. Er gedeiht in rauesten Gebieten, wo wenige andere Pflanzen überleben können, wie etwa auf Lavaströmen. Er ist resistent gegen Dürre, Wind und Hitze. *wiliwili* bedeutet: verdreht, verbogen. Er liefert ein leichtes, aber schwer zu bearbeitendes Holz, aus dem die Schwimmkörper der Auslegerkanus und die Schwimmer für Fischnetze hergestellt wurden. Die Blüten leuchten in einem intensiven Rot, die Samen werden für Blumenketten (→ **lei**) verwendet. Der Kranz, mit dem James Cook begrüßt wurde, enthielt diese Samen.

www.wieser-verlag.com